Emma Bonino
Freiheit verpflichtet

Der Verlag dankt dem Ministerium für Auswärtige Angelegenheiten und Internationale Kooperation, das die deutschsprachige Ausgabe dieses Werkes mit einem Zuschuss zu den Übersetzungskosten förderte.

Questo libro è stato tradotto grazie ad un contributo alla traduzione asseegnato dal Ministero degli Affari Esteri e delle Cooperazione Internazionale.

Emma Bonino, Italiens bekannteste Bürger- und Frauenrechtlerin engagierte sich nach einem Linguistikstudium an der Wirtschaftsuniversität Luigi Bocconi in Mailand als Mitbegründerin des Informationszentrums für Sterilisierung und Abtreibung. Seit 1976 Parlamentsabgeordnete für den Partito Radicale und ab 1979 Sitz im Europäischen Parlament. Von 1995 bis 1999 EU-Kommissarin. Nach ihrem Ausscheiden aus der EU-Kommission Durchführung der Kampagne „Emma for President", die ihre Wahl zur Staatspräsidentin Italiens forderte. 2004 Wiederwahl als EU-Abgeordnete. Von 2006 bis 2008 Handels- und Europaministerin im zweiten Kabinett von Romano Prodi. 2008 Vizepräsidentin des Italienischen Senats. Von April 2013 bis Februar 2014 italienische Außenministerin in der Regierung Letta.

EMMA BONINO

Freiheit verpflichtet

Gespräche mit Giovanna Casadio

Mit einem Nachwort von Daniel Cohn-Bendit

Aus dem Italienischen von Bettina Jänisch und Davide Miraglia

CEP Europäische Verlagsanstalt

Titel der Originalausgabe: I Doveri Della Libertà
© 2011 Guis. Laterza & Figli

Bibliografische Information der Deutschen Nationalbibliothek
Die Deutsche Nationalbibliothek verzeichnet diese Publikation
in der Deutschen Nationalbibliografie; detaillierte bibliografische
Daten sind im Internet über http://dnb.d-nb.de abrufbar.

© der deutschen Ausgabe CEP Europäische Verlagsanstalt,
Hamburg 2015
Lektorat: Patrick Pohlmann
Satz: Susanne Schmidt
Coverabbildung: © picture alliance/dpa
Signet: Dorothee Wallner nach Caspar Neher „Europa", 1945
Alle Rechte, insbesondere das Recht der Übersetzung,
Vervielfältigung (auch fotomechanisch), der elektronischen
Speicherung auf einem Datenträger oder in einer Datenbank,
der körperlichen und unkörperlichen Wiedergabe (auch
am Bildschirm, auch auf dem Weg der Datenübertragung)
vorbehalten.

Printed in Germany
ISBN 978-3-86393-054-7

Informationen zu unserem Verlagsprogramm finden Sie im
Internet unter www.europaeische-verlagsanstalt.de

Widmung

Für meinen Vater und meine Mutter, die dieses Buch stark
inspiriert haben, es jedoch nicht mehr lesen konnten
Für diejenigen, die nicht aufgeben
Für Marco Pannella

Danksagung

Für die Hilfe beim Verfassen dieses Buchs geht ein besonderer Dank an Angiolo Bandinelli. Ich danke auch Gianfranco Spadaccia, Roberto Cicciomessere und Filippo Robilant für die wertvollen Vorschläge sowie allen, die mich bei diesem Abenteuer begleitet haben.

Dieses Interview wurde am 27. September 2011 abgeschlossen.

Inhalt

Ohne Rechtsstaat keine Rechte   9

Learning by doing   34

Die Karikatur der Freiheit   53
Zwischen öffentlichen Verboten und persönlichen Freibriefen

Wo bleibt Europa?   80

Der Markt, die Freiheit und die Regeln   100

Die andere Hälfte der Welt   131

Körper und Politik   149

Konflikte, Pazifismus und Gewaltfreiheit   169

Die Freiheit zu informieren, das Recht zu wissen   182

Daniel Cohn-Bendit   197
La Bonino

Ohne Rechtsstaat keine Rechte

Frage: *Frau Bonino, Freiheits- und Bürgerrechte – die sich wie ein roter Faden durch die Geschichte und Kämpfe der radicali und Ihre eigenen ziehen –, bilden das Rückgrat der Demokratie. Ist die 15-jährige Berlusconi-Ära in Italien für die Aushöhlung dieser Rechte verantwortlich?*

Antwort: Zuallererst möchte ich dazu sagen, dass in Italien der Rechtsstaat tot ist. Er ist in den Institutionen gestorben und läuft Gefahr, auch im öffentlichen Bewusstsein zu sterben. Nehmen wir ein Beispiel: Jemand erhält eine unzutreffende Zahlungsaufforderung. Statt sich aufzuregen und darüber nachzudenken, wie er zu seinem Recht kommen kann, kommt ihm als allererstes in den Sinn zu fragen: „Kennst du nicht jemanden, der vielleicht ...?". In einem normalen Land gibt es für solche Fälle eine Anlaufstelle, vielleicht sogar über das Internet – ohne Schlange stehen und Parkplatzsuche. Hierzulande wird gar nicht erst der Versuch unternommen, den Sachverhalt aufzuklären, sondern es tritt immer derselbe Reflex auf, ob es sich nun um kleine oder größere Probleme handelt: Es wird nach Beziehungen gerufen, nach einem Ausweg, nach der „Familie" – aber nie nach dem Gesetz oder den Rechten der Bürger. Dabei mag es sich um einen alten italienischen Reflex handeln, aber mittlerweile breitet er sich immer mehr aus. Und die Führungselite überbietet sich dabei, mit schlechtem Beispiel voranzugehen: Ungezählt sind die Fälle unrechtmäßiger Interessenvermengungen zwischen führenden Politikern und Geschäftsleuten oder Mittelsmännern jeglicher Couleur, den „Eingeweihten" und „Lobbyisten" *all'italiana*, die für jede Machenschaft und jeden faulen Trick bereitstehen und dabei helfen, die

Gesetze zu umgehen und die Gesellschaft und diejenigen, die regelmäßig ihre Steuern zahlen, zu betrügen. Manche Leute pflegen das etwas freundlicher auszudrücken und sprechen von Stimmentausch.

Wir sind ein Land mit einem Kurzzeitgedächtnis, das muss einmal ganz deutlich ausgesprochen werden. Ich habe Berlusconi immer als exemplarisches Produkt der Parteienherrschaft angesehen, der darüber hinaus die Rolle eines überaus effektiven Beschleunigers bei der Zersetzung der Institutionen gespielt hat. Abgesehen davon, ist er auch ein unermüdlicher Kämpfer – allerdings nur für seine eigenen Interessen. Wer aber für die Deformation unserer Demokratie allein einen Silvio Berlusconi als Urheber allen Übels verantwortlich macht, erklärt alle anderen für unschuldig. Mehr noch, mit einer solchen Analyse erteilt man sich selbst die Absolution. Berlusconi ist lediglich das Resultat dessen, was unter dem Begriff „Mani pulite"[1] bekannt geworden ist.

Ich erinnere mich noch gut an die Achtzigerjahre, die Zeit der Parteienherrschaft mit ihren Skandalen und der totalen Einmischung der Parteien in das Wirtschaftsleben des Landes, als die Schmiergeldanteile nach einer goldenen Regel verteilt wurden – 30 % – 20 % – 10 % –, je nachdem, ob man Mehrheitspartei war oder nicht usw. 1979 wurde auch RAI 3 gegründet. In keinem anderen Land gibt es drei öffentlich-rechtliche Fernsehsender: Wir hatten einen christdemokratischen, einen sogenannten laizistischen sozialistischen und schließlich einen kleineren linken, kommunistischen Sender. Damals gab es allerdings noch nicht diesen populistisch-regionalistischen Einfluss, der heute kulturell eine große Bedeutung hat. (Und dass man sich vom Populismus verabschieden wird, ist durchaus noch nicht entschieden). Unsere Analyse, mit der wir allerdings

---

[1] Der Begriff *Mani pulite* („saubere Hände", sinngemäß „weiße Weste") bezeichnet juristische Ermittlungen gegen Korruption und illegale Parteienfinanzierung in Italien Anfang der Neunzigerjahre. Diese waren eine der Ursachen für das Ende der sogenannten „1. Republik", die Auflösung fast der gesamten alten Parteienlandschaft.

ziemlich allein dastehen, besagt, dass die Italiener in einem a-demokratischen System leben, das inzwischen bereits zu einer selbstreferenziellen Oligarchie erstarrt ist – angefangen mit dem Verrat an der Verfassung über die verzögerte Anwendung derselben bis zur Entstellung von ganzen Rechtsinstituten. Nehmen wir als Beispiel die Referenden, die man mit allen Mitteln versucht hat, zu untergraben.[2]

Das große Verdienst der Referenden vom Juni 2011, der vier Volksentscheide, bei denen am Ende gegen die Privatisierung der Wasserwerke, gegen die Kernenergie und gegen das Gesetz zur Aussetzung von Strafprozessen aufgrund eines hohen Staatsamts[3] abgestimmt wurde, liegt in der Wiederbelebung eines demokratischen Rechtsinstrumentes im Bewusstsein der Bevölkerung, das bereits abgeschafft zu sein schien und allgemein als nutzlos und hoffnungslos galt.[4]

Die Besonderheit des Referendums in Italien, welches von unseren Verfassungsvätern mit höchst originellen Merkmalen ausgestattet wurde, ist im Ausland nicht leicht zu erklären, denn dort versteht man unter Referenden Plebiszite oder sie haben, wie in Frankreich, den Charakter

---

2   Hier bezieht sich Emma Bonino auf etliche von den Radikalen initiierte Referenden, die vom Kassationsgericht für unzulässig erklärt wurden. Ferner beklagen die Radikalen, dass von den Regierungsparteien oft vorgezogene Wahlen anberaumt wurden, um anstehende Referenden zu umgehen, da nach der italienischen Verfassung Referenden nicht in unmittelbarer zeitlicher Nähe zu Wahlen stattfinden dürfen.
3   Das im April 2010 verabschiedete Gesetz sah vor, dass der Ministerpräsident und die Minister der Regierung „im Interesse der Erfüllung der ihnen von der Verfassung auferlegten Aufgaben" selbst darüber entscheiden konnten, einem gegen sie eröffneten Gerichtsverfahren fernzubleiben und es damit auszusetzen. Nachdem dieser Passus vom Verfassungsgericht für unzulässig erklärt worden war, wurde die Entscheidung über das zulässige Fernbleiben eines Regierungsmitglieds von einem Prozess wieder auf den Richter übertragen. Im Anfang 2011 darüber abgehaltenen Referendum sprach sich die Mehrheit der Wähler für die völlige Abschaffung des Gesetzes aus.
4   Da seit 1997 kein Referendum mehr das Quorum von 50 % erreicht hatte, sahen viele dieses Instrument als nutzlos an.

von Meinungsumfragen. Bei uns haben sie einen anderen Hintergrund: Über die Referenden sollten die Italiener die Möglichkeit erhalten, gegebenenfalls eine Übermacht der politischen Mehrheit begrenzen und kontrollieren zu können. Nach der Erfahrung der Diktatur hatten die Verfassungsväter bei der Wiederherstellung des Parlamentarismus die geniale Eingebung, dass es in einer Demokratie vor allem um Machtausgewogenheit geht, um ein System von gegenseitiger Kontrolle, checks and balances. Und so wurde entschieden, den Bürgern einen zweiten Stimmzettel an die Hand zu geben, der eine Widerspruchsmöglichkeit für die Minderheiten darstellt, da zur Initiierung eines Referendums lediglich 500.000 beglaubigte Unterschriften erforderlich sind. Damit kann man die von einer parlamentarischen Mehrheit beschlossenen Gesetze aufheben. Dieses revolutionäre Rechtsinstitut wurde sogleich blockiert und wirkungslos gemacht, indem das Ausführungsgesetz auf Eis gelegt und erst in den Siebzigerjahren[5] verabschiedet wurde. Und es war die Rechte, die die Verabschiedung schließlich möglich machte, weil sie dadurch das Scheidungsrecht verhindern wollte, was dann allerdings schiefgegangen ist. Im Laufe der folgenden Jahre konnten wir dann miterleben, wie dieses Rechtsinstitut durch die Anwendung rein politischer Zulässigkeitskriterien zerfleischt wurde: Ganz nach Belieben wurde das eine Referendum genehmigt und ein anderes nicht, obwohl die Verfassung ausdrücklich vorschreibt, dass lediglich Referenden zu Amnestien, internationalen Abkommen und Steuerfragen unzulässig sind. Das Gericht führte aber alle möglichen Gründe auf: Manche Referenden wurden für zu spezifisch erklärt, andere wiederum für zu allgemein, wieder andere wurden nicht zugelassen, weil sie zu einer Gesetzeslücke geführt hätten usw. Dreimal war die Atomkraft Gegenstand von Anträgen für ein Referendum: Beim ersten Mal, 1980, wurde es nicht zugelassen; beim zweiten Mal, 1987, nach Tschernobyl, dann doch. Diese Praxis

---

5 Während die Verfassung im Jahre 1947 in Kraft trat.

veranlasste den Verfassungsrechtler Livio Paladin seinerzeit zu der Feststellung, dass die einzige Gewissheit in dieser Sache die Ungewissheit sei (was immer noch zutrifft). Es folgte die Phase des Boykotts von Referenden, des Aufrufs zur Stimmenthaltung[6] – mit der Empfehlung, „lieber ans Meer zu fahren" als wählen zu gehen: zunächst von Craxi (1991)[7], dann von Berlusconi (2000)[8] und zuletzt 2005 die entsprechende Aufforderung von Kardinal Ruini anlässlich der Referenden zur künstlichen Befruchtung[9].

Gemäß der Verfassung sind die Referenden rechtsverbindlich, sodass der Bürger weiß, dass er es mit genau festgelegten, garantierten Regeln zu tun hat. Doch wenn die Regeln insbesondere von denjenigen nicht respektiert werden, die sie selbst beschlossen haben, kann man nicht mehr von einem Rechtsstaat sprechen: Damit wird das Recht aufgehoben, und das einzige, worauf man bauen kann, sind Gefälligkeiten, Beziehungen und die Sicherung von Pfründen. Man nehme nur die staatliche Parteienfinanzierung: Bei dem entsprechenden Referendum im Jahre 1993 haben die Bürger entschieden, sie abzuschaffen. Aber nein: Sie wurde wieder eingeführt, sogar verzehnfacht, und euphemistisch in Wahlkampfkostenerstattung

---

6   Im Laufe der Zeit hat man in gewissen politischen Kreisen begriffen, dass der einfachste Weg, um Referenden scheitern zu lassen, die Aufforderung zum Referendumsboykott ist. Denn es ist einfacher, die für das Scheitern erforderlichen 51 % der Nichtbeteiligung zu erreichen, wenn sich die Zahl der politisch beeinflussten Nichtwähler zu der der üblichen Nichtwähler addiert, als sich der Abstimmung in direkter Form an den Wahlurnen zu stellen.

7   Erfolgreiches Referendum über die Einführung einer einfachen Präferenz auf dem Stimmzettel (*preferenza unica*) bei der Wahl zum Abgeordnetenhaus.

8   Sieben Referenden, u.a. zum Wahlrecht und zum Arbeitsrecht, bei denen das Quorum nicht erreicht wurde.

9   Insgesamt vier Referenden zu unterschiedlichen Aspekten der medizinisch unterstützten Zeugung, nachdem das Verfassungsgericht die Abhaltung eines einzigen Referendums über die Abschaffung des Gesetzes zur künstlichen Befruchtung abgelehnt hatte. Das Quorum wurde nicht erreicht.

umbenannt: eine glatte Tatsachenverfälschung. Ein anderes Beispiel, die zivilrechtliche Haftung von Richtern und Staatsanwälten. In dieser Angelegenheit führte damals der Fall Tortora[10] zu einem Dammbruch, und die Italiener sprachen sich beim Referendum von 1987 dafür aus, dass, wer Fehler macht, dafür auch geradezustehen hat, selbst als Richter. Ich erinnere daran, dass Enzo Tortora verhaftet, vor Gericht gestellt und in erster Instanz zu zehn Jahren Haft verurteilt wurde, auf der Grundlage von völlig ungeprüften Aussagen einiger Kronzeugen, aber dann nach

---

10 Enzo Tortora (1928 – 1988), einer der bekanntesten Fernsehmoderatoren Italiens, wurde 1983 wegen Zugehörigkeit zur Camorra in Tateinheit mit Drogenhandel angeklagt. Der Anklage lagen keinerlei Beweise vor, sie stützte sich ausschließlich auf belastende Aussagen einiger krimineller Kronzeugen, die mit ihren Aussagen auf Strafminderung hofften. Ein Jahr nach seinem Arrest nahm Tortora den Vorschlag an, für die *Partito Radicale* bei den Wahlen zum Europäischen Parlament zu kandidieren. Er wurde in der Folge zum Symbol einer umfassenden Kampagne gegen die willkürliche Untersuchungshaft und die Verdachtskultur in einem Land, dessen Justiz zu viele Fehlurteile verursachte und wenig Rechtsgarantien für Angeklagte bot. Als Europaabgeordneter verzichtete Tortora auf die parlamentarische Immunität, um die Fortsetzung des Prozesses zu ermöglichen. Er wurde in erster Instanz zu zehn Jahren Gefängnis verurteilt, worauf er sein Mandat zurückgab und sich den Justizbehörden stellte. Unter Hausarrest setzte er sich weiterhin unermüdlich für die Rechte anderer Justizopfer ein. Anlässlich des Falls Tortora setzten die *radicali* ein Referendum in Gang, um Justizangehörige, die sich schwerer Fahrlässigkeit in ihrer Amtsausübung schuldig machen, zivilrechtlich haftbar zu machen. 1986, drei Jahre nach seiner Verhaftung, wurde Tortora freigesprochen. 1987 wurde seine Unschuld vom italienischen Revisionsgericht in letzter Instanz bestätigt. Daraufhin verklagte Tortora die Untersuchungsrichter, die das Ermittlungsverfahren gegen ihn eingeleitet und ihn verurteilt hatten, auf 100 Milliarden Lire Schadensersatz, zahlbar an die „Initiative für Gerechtigkeit", eine Organisation, die sich für Justizopfer einsetzt. Beim Referendum im November 1987 stimmten 80 % der Wähler für die Gesetzesänderung, die eine zivilrechtliche Haftung von Justizangehörigen ermöglichte. Im daraufhin im April 1988 vom Parlament verabschiedeten Gesetz wurde die Forderung der Wähler allerdings völlig verzerrt. In der Zwischenzeit war Tortora an Krebs erkrankt und verstarb am 18. Mai 1988.

einem hartnäckigen juristischen wie politischen Kampf der *radicali* sowohl vom Berufungsgericht als auch vom Kassationsgericht freigesprochen wurde. Und das Wahlsystem? 1993 haben sich die Italiener für das Mehrheitswahlrecht ausgesprochen. Die Antwort der Parteien war ein modifiziertes Verhältniswahlrecht mit geschlossenen Wahllisten.[11] Auf einmal berufen sich nun einige auf das Rechtsinstitut des Referendums, um aus diesem politischen Stillstand zu kommen, als ob es eine Art Allheilmittel wäre.

Frage: *Die Institutionen wurden also durch die Verdrehung der Regeln geschwächt?*

Antwort: In Italien gibt es kein Gesetz, das eingehalten wird, es gibt keinen Respekt gegenüber der Legalität, und wir erinnern uns nicht mehr an das, was einst die goldenen Regeln des modernen liberaldemokratischen Systems waren: die Gewaltenteilung, die Verantwortung für die Gewährleistung staatlicher Funktionen, die Idee, dass die Parteien wichtig und notwendig sind, damit die Menschen Ideen entwickeln und ihre Meinungen zum Ausdruck bringen können, und nicht nur dazu dienen, sämtliche Machtpositionen zu besetzen. Die Demokratie ist, einfach ausgedrückt, ein Rechtsstaat, der seine eigenen Regeln beachtet. Und es sind ganz gewiss nicht nur wir *radicali*, die auf diese Mängel hinweisen, sondern sie werden fast täglich von mehreren Seiten angeprangert. Überall ist das Geschrei riesengroß, aber wenn es darum geht, wirklich ernsthaft etwas zu verändern und einen Ausweg aufzuzeigen, ziehen sich alle zurück oder liefern Rezepte und Lösungen, die innerhalb des Systems bleiben und es nicht einmal ankratzen. Das ist ein deutliches Zeichen dafür, in welchem Ausmaß dieses Krebsgeschwür unsere Institutionen angegriffen und geschwächt hat. Die Menschen haben Angst, aktiv zu werden, denn sie befürchten, für ihre

---

11 Von den Parteien aufgestellte gemeinsame Wahllisten, bei denen es nicht möglich ist, eine Vorzugsstimme abzugeben.

Zivilcourage persönlich büßen zu müssen: Sie fühlen sich durch das Gesetz einfach nicht mehr geschützt und sind deshalb wie gelähmt.

Der Europäische Gerichtshof für Menschenrechte schreibt für jeden Häftling mindestens eine Fläche von sieben Quadratmetern vor. Diese Gerichtsentscheidung hat allerdings keinerlei Auswirkungen, da sie nicht eingehalten wird. Also, nach welchen Regeln wird hier gespielt? Der Kampf für bessere Gefängnisbedingungen und eine Justizreform duldet keinen Aufschub. Die entwürdigenden Zustände und die Überfüllung der Gefängnisse sind das Ergebnis von kriminogenen Gesetzen und einer ungerechten Justiz. Dabei denke ich auch an den Straftatbestand des illegalen Aufenthalts für irreguläre Migranten. Zu sagen, dass jemand aufgrund seines Aufenthaltsstatus eine Straftat begeht, ist etwa so, wie zu behaupten, dass jemand bestraft werden muss, weil er schwarze Haare hat ... Der irreguläre Einwanderer hat aufgrund seines Status keine Straftat begangen. Wenn er eine begeht, muss sie natürlich verfolgt werden, aber dass ein Rechtsstaat ihn allein aufgrund seines Status bestraft, ist nicht hinnehmbar. Entsprechendes gilt, wenn jemand für den Eigenkonsum von Rauschmitteln bestraft wird. Das mag vielleicht eine Sünde sein – vorausgesetzt, dass Gott etwas gegen Drogen hat –, aber es stellt keine Straftat dar. Glücklicherweise hat das Kassationsgericht vor Kurzem zu Recht entschieden, dass das Gießen einer Hanfpflanze auf der eigenen Terrasse nicht bestraft werden kann – auch wenn der Anbau einer Hanfpflanze formal eine Straftat darstellt –, aus dem einfachen Grund, dass eine Hanfpflanze allein niemandem schaden kann. Und dennoch ist dies ein Land, in dem es in zehn Jahren 650 Selbstmorde in Gefängnissen gegeben hat und sich 83 Gefängniswärter das Leben genommen haben. Bei einer Demonstration auf der Piazza Navona haben wir eine Liste der Unmenschlichkeit aufgestellt und jeden einzelnen der 842 Todesfälle im Gefängnis zwischen 2002 und 2011 aufgezählt. Achthundertzweiundvierzig. Wo bleibt die Menschlichkeit, wenn wir so etwas zulassen?

Und wie soll man ein Land bezeichnen, in dem Dinge geschehen können wie der Fall von Stefano Cucchi[12], dem jungen Drogenabhängigen, der an seinen in römischen Gefängnissen erlittenen Misshandlungen gestorben ist? Irgendetwas funktioniert da doch nicht, oder? Millionen – 9 Millionen! – schwebende Verfahren zu haben, stellt ein großes soziales Problem dar, oder? Das bedeutet mindestens 18 Millionen betroffene Personen: Denn da sind der Beschuldigte und der Kläger, der Angeklagte und das Opfer, und dann gibt es noch ihre Familienangehörigen. Und nach wie vor ist es ein Tabu, die Strafverfolgungspflicht[13] zu hinterfragen. Inzwischen gibt es in Italien jedes Jahr circa 200.000 Fälle von Verjährungen. Das kommt einer Art unausgesprochener Amnestie gleich, bedingt durch die in guter Absicht getroffenen Entscheidungen der Richter und der Staatsanwälte, die die zugrunde liegenden Kriterien nicht zu verantworten haben. Eine Justizreform ist unaufschiebbar. Wir wollen noch einmal daran erinnern, dass aus der Untersuchung, die der Europäische Gerichtshof für Menschenrechte über seine Entscheidungen in den fünfzig

---

12 Der 31-jährige Stefano Cucchi wurde am 15. Oktober 2009 wegen des Besitzes geringer Mengen Drogen in Rom festgenommen. Am nächsten Tag wurde Cucchi kurz einem Haftrichter vorgeführt. Seiner anwesenden Familie fiel auf, dass sein Gesicht angeschwollen war. Nach einigen Tagen Haft wog er zehn Kilo weniger, zwei Wirbel und der Kieferknochen waren gebrochen. Nach fast einer Woche in den Händen der Polizei war Stefano Cucchi tot. Die Familie machte die Fotos des Verstorbenen öffentlich: Die schockierenden Bilder zeigen einen völlig dehydrierten und abgemagerten Mann, dessen Körper offensichtlich schwere Misshandlungen aufweist.

13 Die Radikalen beklagen, dass aufgrund der durch das strafrechtliche Legalitätsprinzip vorgeschriebenen Pflicht zur Strafverfolgung so viele Ermittlungsverfahren eröffnet und Anklagen erhoben werden, dass die Überlastung der Staatsanwälte und Gerichte zur Verjährung vieler Prozesse führt. Dadurch werde das Legalitätsprinzip zur Farce. Dagegen würde das Opportunitätsprinzip es den Strafverfolgungsbehörden ermöglichen, bei geringer Schuld oder wenn andere schwerwiegendere Straftaten zu verfolgen sind, ein Verfahren gegebenenfalls einzustellen. Dies würde nach Ansicht der *radicali* die Staatsanwaltschaft entlasten und Verjährungen vermeiden.

Jahren zwischen 1959 und 2009 durchgeführt hat, hervorgeht, dass Italien aufgrund der überlangen Prozessdauer in Zivil- und Strafverfahren bereits 1095 Mal verurteilt wurde, Frankreich demgegenüber 278 Mal, Deutschland 54 Mal und Spanien 11 Mal. Die italienische Justiz hat ihre Funktion als stabilisierende und resozialisierende Kraft verloren, sie bietet weder Hoffnung noch Trost, sondern führt stattdessen zu Leid und Ungerechtigkeit.

Angesichts dieser Situation hat Marco Pannella eine breit angelegte Kampagne für eine radikale Reform auf den Weg gebracht, die von einer umfassenden, dabei aber an strenge Bedingungen geknüpften Amnestie ausgehen sollte.

---

14 Als Konsequenz aus der Entscheidung, sich fortan nur noch länderübergreifenden politischen Kampagnen zu widmen, wurde 1989 der *Partito Radicale* aufgelöst und auf dem Budapester Kongress die *Transnational Radical Party* gegründet. Sie war damit die erste westliche Partei, die in einem Land des damaligen Ostblocks tagte. Generalsekretärin der neugegründeten Partei war von 1989 bis 1993 Emma Bonino. 2007 wurde die Partei in *Nonviolent Radical Party, Transnational and Transparty* (NRPTT / Gewaltlose Radikale Partei, Transnationale und Parteiübergreifende Partei) umbenannt. Seit 1995 ist sie als Nichtregierungsorganisation beim Wirtschafts- und Sozialrat der Vereinten Nationen (ECOSOC) registriert und hat dort einen allgemeinen beratenden Status der sogenannten I. Kategorie inne. (wie etwa auch das Rote Kreuz und Amnesty International). Gemäß ihres Statuts darf die NRPTT als solche nicht an Wahlen teilnehmen. Seit der Auflösung des *Partito Radicale* sind die *radicali* daher immer mit verschiedenen Listen bei Wahlen angetreten: *Lista Pannella, Lista Bonino, Lista Pannella Bonino, Lista Coscioni, Rosa nel Pugno, Amnistia Giustizia e Libertà* usw. 2001 wurde wiederum eine italienische radikale Bewegung namens *Radicali Italiani* gegründet, die jedoch als solche ebenfalls nie an Wahlen teilgenommen hat. Auf dem Römer Kongress im November 2012 wurde dies offiziell im Statut festgelegt. Weitere angegliederte Verbände der NRPTT sind die *Associazione Luca Coscioni, Hands Off Cain, No Peace without Justice*, der LGBT-Verband *Certi Diritti, Anticlericale.net, Esperanto Radikala Asocio, die International Antiprohibitionist League* und die *Lista Marco Pannella*. Aufgrund dieser Organisationsform wird in der italienischen Politik und den Medien von einer „Radikalen Galaxie" (*Galassia Radicale*) gesprochen, in der die NRPTT die Sonne und ihre föderativen Verbände die Planeten darstellen.

Auf der Konferenz „Gerechtigkeit! Im Namen des Gesetzes und des souveränen Volkes", die von der *Nonviolent Radical Party, Transnational and Transparty* (NRPTT)[14] am 28. Juli 2010 unter der Schirmherrschaft des Präsidenten der Republik und mit der Unterstützung des Senats veranstaltet wurde, mahnte Präsident Giorgio Napolitano, dass die Initiative Marco Pannellas ein „verfassungsrechtliches und ziviles Problem von vorrangiger Dringlichkeit" in Angriff nehme, im Rahmen „einer nicht bloß formalen und rückhaltlosen Betrachtung der Probleme und Grenzen unserer Demokratie". Pannella befand sich seit dem 19. April jenes Jahres im Hungerstreik (eine Zeit lang auch im Durststreik). Schließlich unterschrieben 141 Senatoren für die Einberufung einer Sondersitzung des Senats, die sich mit den Gefängnissen und der Justizreform beschäftigen sollte. Sowohl der Justizminister als auch die Mehrheit der Parlamentarier sprachen sich dabei gegen die Möglichkeit einer Amnestie aus. Im Plenarsaal war immer wieder zu hören, dass die Amnestie nur eine vorübergehende Notlösung wäre, in deren Folge sich die Gefängnisse zwar kurzzeitig leeren, aber bald wieder füllen würden, und dass es von daher besser sei, den Weg von Reformen zu gehen, wie der Entkriminalisierung bestimmter Straftatbestände und einer Reform des Untersuchungshaftrechts.

Ich habe dagegen eingewandt, dass die Amnestie die Vorbedingung und notwendige Voraussetzung jedweder Reform sei. Schon 2006 hatte es eine Debatte zwischen den großen Mehrheiten des PD (*Partito Democratico*) und des PDL (*Popolo delle Libertà*) und einem Teil der extremen Linken gegeben, in der der Entwurf einer Amnestie und eines Straferlasses[15] diskutiert worden war. Ein Kompromiss wurde nur im Hinblick auf die Gewährung eines

---

15 Der Unterschied zwischen Amnestie (*amnistia*) und einfachem Straferlass (*indulto*) besteht im italienischen Strafrecht darin, dass durch eine Amnestie sowohl die Strafe als auch das Urteil aufgehoben werden, während durch den Straferlass lediglich die Strafe ganz oder teilweise erlassen wird.

Straferlasses erzielt. Damals hieß es, dass die Amnestie später folgen würde, am Ende eines Reformkurses, in dessen Zentrum die Verabschiedung eines neuen Strafgesetzbuches stehen sollte. Was ist aus diesem Strafgesetzbuch geworden? Die Amnestie stellt daher auch in technischer Hinsicht eine Vorbedingung für eine Reform des Strafvollzugssystems und der Justiz im Allgemeinen dar.

In einer funktionierenden Demokratie einer pluralistischen und offenen Gesellschaft müssen die Regeln klar sein und respektiert werden. Natürlich ist kein Land in dieser Hinsicht perfekt, auch nicht die anderen westlichen Demokratien. Aber bei uns besteht faktisch ein unvollkommenes Einparteisystem (*monopartitismo imperfetto*)[16]. Die Parteien haben sich den Staat einverleibt, was ihnen nur deshalb gelingen konnte, weil sie zuallererst ihre eigenen Belange im Sinn hatten: das eigene Überleben, die Aufteilung der Macht, aber ganz sicher keinen Wettstreit der Ideen. Und hier ist, denke ich, auch ein bedeutendes Erbe der Linken, meiner politischen Freunde, verloren gegangen oder ausgeklammert worden: Im Grunde glauben sie nicht an die Bürger und ihr unterdrücktes Bedürfnis nach politischer Teilhabe.

Frage: *Das ist eine Provokation.*

Antwort: Mag sein, aber es ist eine Überlegung wert. Der Faschismus hatte die Vorherrschaft der Partei über den Staat eingeführt, indem er eine Form der Einparteiherrschaft errichtete. Wenn man von einer kurzen Periode in der Nachkriegszeit absieht (genauer gesagt, jener von De Gasperi und Einaudi), haben die Parteien des Nationalen Befreiungskomitees (*Comitato di Liberazione Nazionale*) eine Mehrparteienherrschaft eingeführt. Der einzige, der

---

16 Hier spielt Emma Bonino mit den Wörtern, die die Staatsform Italiens beschreiben: *„bicameralismo perfetto"*, „vollkommener Bikameralismus", ein Zweikammersystem, in dem beide Kammern die gleiche Funktion und Bedeutung haben.

aufrichtig genug war, diese Kontinuität offen zuzugeben, war Giuliano Amato während seiner Zeit als Ministerpräsident in seiner Antwort auf eine Parlamentsdebatte. Es handelt sich um eine wahre Metamorphose des Bösen, die vom Faschismus bis in die heutige Zeit unsere Demokratie deformiert und unsere Verfassung ausgehöhlt hat.

Frage: *Ist Ihre Sichtweise hier nicht etwas elitär? Schließlich liegen, wenn auch mit Diskontinuitäten und Brüchen, die Wurzeln der* radicali *im Umfeld der Zeitschrift* Il Mondo *von Pannunzio, Rossi und Scalfari, einer Elite, deren politische Leitidee die bürgerliche und wirtschaftliche Freiheit war.*

Antwort: Jede politische und geistige Strömung hat ihre Eliten, selbst die Kommunisten, und jene radikale, linksliberale Gruppe, die sich um Pannunzio und *Il Mondo*, versammelte, bestand aus großartigen Vordenkern, die prägenden Einfluss auf eine Reihe von Journalisten und Intellektuellen Italiens hatten. Ihre Begrenztheit bestand jedoch darin, dass sie es nicht vermochte, die engen Grenzen einer elitären Politik zu verlassen und sich der Allgemeinheit der Bürger und allen sozialen Schichten zuzuwenden. Ich glaube, dass man uns schwerlich diese Begrenztheit zuschreiben kann. Wenn es einen wirklich dauerhaften und bedeutenden Bruch der Generation der *radicali* von Pannella, Roccella, Spadaccia, Bandinelli, Stanzani, Mellini gegenüber jener von *Il Mondo* gibt, ist es gerade die Fähigkeit, sich nicht den Eliten, sondern den breiteren Bevölkerungsschichten zuzuwenden, indem sie ihre Rechte einforderte, aber auch ihren Interessen und Gefühlen Ausdruck verschaffte. Wir waren nie radikal-elitär, sondern volksnahe *radicali*. Es ist kein Zufall, dass uns nie vorgeworfen wurde, *radikal chic* zu sein, ein Ausdruck, der zu einer bestimmten Zeit in Mode gekommen ist. Mit unseren Standpunkten und unserer Sprache galten wir schon immer als alles andere als *chic*.

Ohne diese Fähigkeit hätten wir nie unsere – prinzipiell ausgegrenzten – Themen und Kampagnen in die politische

Agenda des Landes einbringen können. Und schon gar nicht hätten wir Kampagnen durchführen und gewinnen können. Soll ich sie in Erinnerung rufen? Die Liste ist eindrucksvoll: Nicht nur die Kriegsdienstverweigerung und das Scheidungsrecht, sondern auch – als Konsequenz aus dem Scheidungsgesetz – die Familienrechtsreform, die Abschaffung des Straftatbestands des Ehebruchs, die Abschaffung der „Ehrenmorde" als Rechtfertigungsgrund und das Wahlrecht mit achtzehn; dann noch die Gerichtsreform, die Reform des Militärstrafgesetzbuchs und der psychiatrischen Anstalten, die Entkriminalisierung und Legalisierung der Abtreibung, die Entkriminalisierung des Drogenkonsums. Dank der Fähigkeit, uns in der Bevölkerung Gehör zu verschaffen, konnten wir in den Achtzigerjahren die Öffentlichkeit auf den massenhaften Hungertod in der Welt aufmerksam machen und in den Neunzigern mithilfe eines Referendums die Reform des institutionellen Wahlsystems erreichen. (Jenes Referendum wird zwar mit dem Namen Segni[17] verbunden – die „Liga für die Reform des Wahlsystems" wurde aber von uns gemeinsam mit Bartolo Ciccardini gegründet.) In der zweiten Hälfte der Neunzigerjahre folgten dann die Referenden für Reformen zur Liberalisierung der Wirtschaft (auch im Streit mit den Gewerkschaften über den Artikel 18[18] und über den automatischen Abzug des Mitgliedsbeitrags vom Lohn). Ganz zu schweigen von den bioethischen Themen – von der Forschungsfreiheit über die künstliche Befruchtung bis hin

---

17 Mario Segni, ein früherer langjähriger Abgeordneter der *Democrazia Cristiana*, gründete 1994 den *Patto Segni* (Bündnis Segni), dessen Hauptanliegen die Umstellung vom Verhältnis- zum Mehrheitswahlrecht war.

18 Artikel 18 des 1970 in Kraft getretenen Arbeiterstatuts (*Statuto dei diritti dei lavoratori*) garantiert den italienischen Arbeitnehmern einen weitgehenden Kündigungsschutz. Dieser Paragraf macht Betrieben mit mehr als 15 Beschäftigten betriebsbedingte Kündigungen viel schwerer als etwa das deutsche Arbeitsrecht. Dementsprechend wird die überwiegende Mehrheit der Arbeitsgerichtsprozesse zugunsten der Arbeitnehmer entschieden.

zur Patientenverfügung. Wobei uns bewusst ist, dass wir in diesen Fragen die einzige politische Kraft sind, die eine wirkliche Alternative zur Haltung der Kirche bietet, und deshalb ignoriert und zensiert werden.

Ob wir nun siegreich waren oder nicht – wobei die Niederlagen von heute die Siege von morgen sein könnten, wenn man nur mit gleichen Waffen kämpfen würde – wir haben uns nie an kleine Minderheiten gewandt, sondern immer versucht, die Empfindungen der breiten Masse und der potenziellen Mehrheiten anzusprechen. Gegenüber einer von der Parteienherrschaftspolitik und ihrer vorausgeplanten Agenda, der Verschlossenheit jedem Thema gegenüber, das eine Erschütterung der politischen Gleichgewichte nach sich ziehen könnte, mögen wir manchmal „unzeitgemäß" erscheinen. Marco Pannella sagt: „Wir sind Menschen einer anderen Zeit, hoffentlich einer zukünftigen." Am Anfang schienen alle unsere Kampagnen „unzeitgemäß" zu sein. Doch dann haben sie die politische und zivilgesellschaftliche Kultur dieses Landes verändert und sind irgendwann zum Gemeingut breiter Massen geworden. Nehmen wir als Beispiel den Antiprohibitionismus: Über 30 Jahre lang ist das einer unserer „unzeitgemäßen" Kämpfe gewesen. Es war die Zeit der Giovanardis[19] und der Prohibitionisten aller Länder, der Mafia und des Drogenhandels. Kürzlich kam aus Lateinamerika und von der UNO ein von ehemaligen Staatschefs wie Fox und Cardoso, vom ehemaligen UN-Generalsekretär Kofi Annan und Hunderten von Nobelpreisträgern und Intellektuellen unterzeichnetes Dokument zu uns, welches besagt, dass die Prohibition gescheitert ist und zur Bekämpfung der Kriminalität andere Wege eingeschlagen werden müssen. Seit 30 Jahren sagen wir, dass der richtige Weg nicht die Prohibition, sondern die Legalisierung (nicht die Liberalisierung) ist.

---

19 Erzkonservativer Politiker, der aufgrund des auf ihn zurückgehenden strengen Antidrogengesetzes, bekannt als *legge Fini-Giovanardi*, zum Symbol der Prohibitionisten wurde.

Als ich im Jahre 2000 meinen Kampf gegen die weibliche Genitalverstümmelung begann, war der Chor einhellig: „Nein, Afrikas Problem ist die Armut, das ist doch ein elitäres Thema". Natürlich spielte dabei auch eine Rolle, dass die Frauen nie wirklich zählen, und dass es um die Unverletzlichkeit des Körpers und das Recht auf Sexualität ging. Stattdessen hieß es: „Gebt ihnen ein wenig Reis oder Maniok", und dann: „Wenn ihr verstümmeln wollt, bitte ..." Aber Freiheit bedeutet doch vor allem demokratische und zivilgesellschaftliche Entwicklung. Ich schätze den Ökonomen Amartya Sen sehr, der immer betont, dass der bewusste Bürger Förderer seiner eigenen Entwicklung ist – anders könne Entwicklung gar nicht stattfinden. Und das ist nicht elitär, sondern schlicht Ausdruck von Bewusstsein und Freiheit des Menschen. Elitär sind dagegen diejenigen, die den Armen billige Almosen in Form von etwas Reis spenden, ihnen aber das Bedürfnis nach Menschenwürde absprechen, nach dem Motto, Menschenwürde betreffe nur diejenigen, die gelehrt darüber diskutieren können. Wir *radicali* sind keine Elite, allerdings leider eine Minderheit, nicht jedoch – so glaube ich – im Hinblick auf unser Verhältnis zu den Bürgern, sondern gegenüber einer politischen Klasse, die erbarmungslos selbstbezogen und egozentrisch ist. Die *radicali* sind demgegenüber so fundamental anders, dass dies als unangenehm empfunden wird. Und um sich nicht damit auseinandersetzen zu müssen, tut man alles, uns nicht einmal in Erscheinung treten zu lassen.

Frage: *Die Demokratie ist also ein System, das von Institutionen, Regeln, Rechten und Garantien lebt. In der Politik*

---

20 Satyagraha (sanskritisch Satya – „Wahrheit" und *Agraha* – „Streben nach", also „Streben nach Wahrheit") ist eine von Mahatma Gandhi entwickelte und propagierte politische Strategie, die darauf abzielt, den Gegner durch gewaltloses Verhalten und die Bereitschaft, Schmerz und Leiden auf sich zu nehmen, auf die eigene Seite zu ziehen.

der radicali *scheinen es allerdings gerade die Provokationen zu sein, die die Demokratie wachhalten ...*

Antwort: Unsere Kampfmethoden – von Satyagraha[20] bis zu Aktionen des zivilen Ungehorsams – sind keine Provokationen im herkömmlichen Sinne. Sie zielen nicht darauf ab, die Leute zu irritieren oder eine physische Gegenreaktion auszulösen; sie sind eher darauf ausgerichtet, „andere" Gedanken zu bestimmten Problemen zu provozieren, von denen öffentlich nicht gesprochen werden soll. Die Verteilung von Marihuana auf einem öffentlichen Platz war beispielsweise damals eine gezielte Aktion, um zu testen, ob die Politik bereit ist, über den Prohibitionismus und Antiprohibitionismus zu diskutieren. „Provozieren" – *pro-vocare* – bedeutet für uns buchstäblich „hervorrufen" beziehungsweise „vorantreiben". Dementsprechend handelt es sich nie um improvisierte, sondern um in ihren Konsequenzen wohldurchdachte Aktionen. Als wir 1997 den Bürgern, die sich dafür in einer langen Schlange anstellten, das im Rahmen der staatlichen Parteienfinanzierung erhaltene Geld in Form von 10000-Lire-Scheinen mit dem Stempel des Parteilogos „zurückerstatteten", hatten wir uns Gedanken gemacht, was wir für ein Signal aussenden wollten, und dabei auch die Tatsache berücksichtigt, dass wir dieses Geld in den Jahren zuvor stets in Form von Informationen „zurückerstattet" hatten, indem wir es *Radio Radicale* zur Verfügung stellten. Aber auf diese Weise ließ sich die Frage der Kosten der Parteienherrschaft aufwerfen, denn darin liegt die eigentliche Geldverschwendung. Das Problem sind nicht, wie es immer heißt, die Kosten der Politik – Politik hat einen Wert und somit auch Kosten –, sondern jene der Parteienherrschaft und der legalisierten Betrugsmanöver bei der Zertifizierung der Wahlkampfkosten, wie sie vom Rechnungshof angeprangert werden.

Außer unserem Kopf und unserer Intelligenz ist unser Körper das einzige Instrument beziehungsweise Druckmittel, über das wir verfügen. Als gewaltloser Mensch, der aber nicht bereit ist, zu allem Ja und Amen zu sagen, muss ich mir etwas einfallen lassen: Ich habe und wir haben unseren Körper, benutzen wir ihn also. Wenn ich die Chance hätte, wie andere Leute in einer Talkshow oder den Nachrichtensendungen Worte an das Land zu richten, würde ich unter Umständen auf den Durststreik verzichten. Der springende Punkt ist jedenfalls, dass mein beziehungsweise unser Mittel die Überzeugungsarbeit ist. Wie Aldo Capitini[21] einmal erklärte: „Ich sage nicht: Wir werden in naher oder in ferner Zukunft eine vollkommen gewaltfreie Gesellschaft haben… Im Wesentlichen geht es mir darum, mein durchaus bescheidenes Leben, diese Stunden, diese wenigen Tage, einzusetzen und das Gewicht meiner Überzeugungsarbeit auf die innere Waagschale der Geschichte zu legen."

Der zivile Ungehorsam rührt von einer präzisen Vorstellung her, nämlich, dass das Gesetz die Zustimmung der Öffentlichkeit beziehungsweise der Mehrheit der Bürger haben muss. Wenn es diese Zustimmung nicht gibt beziehungsweise man sie überprüfen möchte, muss man aktiv werden. Die Hände in den Schoss zu legen, wäre ein schwerer Fehler. Als Bürger muss man sich dieser Verantwortung stellen. Und in einem solchen Fall kann und sollte man auch den Gehorsam verweigern, jedoch immer unter der Voraussetzung, dass man bereit ist, etwas dafür zu riskieren, denn beim zivilen Ungehorsam muss man extrem konsequent sein.

---

21 Aldo Capitini (1899 – 1968) war ein Philosoph, Pazifist, Gründer des *Movimento Nonviolento* und gilt als der „italienische Gandhi".
22 „Die bleierne Zeit" ist der Titel eines Films Margarethe von Trottas aus dem Jahr 1981, der von zwei politisch aktiven Schwestern erzählt, von denen sich eine den Terroristen anschließt. Die Geschichte lehnt sich an die Biografie der Schwestern Christiane und Gudrun Ensslin an. Der Ausdruck „bleierne Zeit" bezog sich gemäß Trotta eigentlich auf die 1950er Jahre. Als der Film beim Filmfestival von Venedig unter dem Titel „Anni di piombo" uraufgeführt wurde, verstand man ihn in Italien aber als Anspielung auf das Blei der Projektile in den Jahren der terroristischen Gewalt. In der Folge wurde der Ausdruck auch im Deutschen zum geflügelten Wort.

Frage: *In den Jahren der sogenannten „bleiernen Zeit"*²² *wurde der Rechtsstaat durch den Terrorismus außer Kraft gesetzt. War es kein Widerspruch für eine Partei von Recht und Gesetz, sich mit denjenigen auseinanderzusetzen und zur Zeit der Entführung Aldo Moros Verhandlungen anzustreben, die Pannella in einem Brief in der Zeitung* Lotta Continua *„Mörder-Genossen" nannte?*

Antwort: Weder wir noch Leonardo Sciascia²³ haben jemals das Wort „Verhandlung" ausgesprochen, und wir haben schon gar nicht nach einer Lösung mittels Verhandlungen gesucht oder so etwas angestrebt. Wir haben immer ausschließlich von „Dialog" gesprochen, und wir wussten, dass wir uns das erlauben konnten, weil es – obwohl man uns infamer Weise einer politischen Nähe beschuldigte – eine eindeutige und klare Trennlinie zu den Roten Brigaden gab: unsere Gewaltlosigkeit und die Respektierung der Verfassung, die wir ihrer Gewalt, aber auch der Regime-Politik jener Jahre entgegenstellten. Wenn es eine Partei gab, die verhandeln wollte, tat sie das im Verborgenen. Wir dagegen bemühten uns offen und vor aller Augen um einen Dialog, denn jeder Dialog besteht aus Kommunikation, Öffentlichkeit, Transparenz. Wie wir später aus den von den Untersuchungsausschüssen zusammengetragenen Akten erfahren haben, wäre es, wenn man das gewollt hätte, nicht allzu schwierig gewesen, die Spuren ausfindig zu machen und sie über die Mittelsmänner bis zu Morucci und Faranda²⁴ und damit den Roten Brigaden und vielleicht zum „Gefängnis" von Aldo Moro zurückzuverfolgen.

Dialog bedeutete für uns, politische Initiative zu ergreifen, die innerparteilichen demokratischen Organe zu

---

23 Der Schriftsteller Leonardo Sciascia (1921 – 1989) war von 1978 bis 1983 Parlamentsabgeordneter für die *Radikale Partei*. Er beschäftigte sich akribisch mit der Entführung Aldo Moros und ist Verfasser des auch auf Deutsch erschienenen Buches „Die Affäre Moro".
24 Valerio Morucci und seine Lebenspartnerin Adriana Faranda waren zwei Anführer der Roten Brigaden, die eine wichtige Rolle bei der Entführung Moros spielten.

aktivieren und die Regierung und alle politischen Kräfte durch offene Debatten im Parlament zum Verantwortungsbewusstsein aufzufordern. Genau das Gegenteil von dem, was in jenen 55 quälenden Tagen der Entführung Aldo Moros getan wurde. *Die Politik der Standhaftigkeit* [25] – in deren Rahmen sowohl im Parlament als auch in den führenden Parteiengremien Sonderbeauftragte eingesetzt wurden – lief darauf hinaus, dass man bewegungslos verharrte und den destabilisierenden Aktionen der Roten Brigaden tatenlos zusah. Die amerikanische Regierung hatte zur Unterstützung bei der Suche nach dem Versteck und der Befreiung Moros einen ihrer führenden Entführungsexperten entsandt. In den USA scheut man sich nicht, mit Entführern zu „verhandeln", und dies ganz sicher nicht, um ihren Forderungen nachzugeben, sondern mit dem Ziel, Zeit zu gewinnen, um das Leben der Entführten zu retten und die Entführer festzunehmen, ohne dass es Opfer gibt. Man schickte ihn aber nach Hause. Diese Politik, die eher regungslos als standhaft war, brauchte ihn nicht: eine Politik, die ihre Macht nur vortäuschte und es dabei nicht vermochte, ihre Ohnmacht zu verbergen, indem sie nichts anderes tat, als auf ein Ereignis zu warten, das nach Lage der Dinge angesichts des Fehlens jeder Art von Initiative nichts anderes als der Tod Aldo Moros sein konnte.

Was die „Mörder-Genossen" angeht, so kamen diese Brigadisten ja nicht aus dem Nichts, sie waren oder hielten

---

25 Nach der Entführung Aldo Moros im Jahre 1978 forderten die Roten Brigaden den Austausch Moros gegen inhaftierte Kampfgenossen. Ihr strategisches Ziel bestand darin, auf diese Weise in Verhandlungen auf Augenhöhe mit dem Staat einzutreten. Die Regierung und die große Mehrheit der im Parlament vertretenen Parteien, die sogenannte „Front der Standhaften" (*fronte della fermezza*), lehnte jedoch jegliche Form von Verhandlungen mit den Terroristen ab. Demgegenüber vertrat die Minderheit der „Front der allen Möglichkeiten gegenüber Offenen" (*fronte possibilista*), der neben den *radicali* unter anderem auch der Vorsitzende der Sozialisten, Bettino Craxi, angehörte, die Auffassung, dass eine eventuelle Verhandlung beziehungsweise ein Dialog mit den Roten Brigaden zur Rettung Aldo Moros die Würde des Staates nicht beeinträchtigt hätte.

sich zumindest für die Enkel der Oktoberrevolution, die kommunistischen Scharfrichter über die Gewalt der Bourgeoisie, Nacheiferer der Partisanen und Rächer der „verratenen Resistenza".[26] Ähnlich wie ihr rechtes Pendant, die Terroristen der NAR (*Nuclei Armati Rivoluzionari*),[27] die Kinder und Nacheiferer der faschistischen Gewalt waren. In ihrer grob zusammengeflickten Ideologie glaubten sie, einen Krieg gegen den imperialistischen Staat der multinationalen Konzerne zu führen, der ein „Staatsmassaker" angerichtet habe. Sie waren relativ wenige und militärisch und geheim organisiert. Doch hinter ihnen stand eine große Generationsbewegung, die sich über Jahre in den außerparlamentarischen Gruppen theoretisch mit der revolutionären Gewalt der Massen befasst und sie mitunter auch schon angewandt hatte.

Wie viele unserer Äußerungen sorgte auch diese Einschätzung für einen Skandal, weil wir damit eine zugleich einfache und komplexe Wahrheit aussprachen, die man bis dahin vergeblich versucht hatte, zu leugnen und zu unterdrücken. Es war eine Realität, mit der wir – frei von Ängsten und Bedenken, wie sie in der Führungsschicht des PCI (*Partito Comunista Italiano*) vorherrschten – mit unseren klar liberaldemokratischen, laizistischen und aktionistischen

---

26 Der Begriff „Resistenza" bezeichnet den Widerstandskampf verschiedener Parteien und politischen Gruppen während des Zweiten Weltkriegs gegen die italienischen Faschisten und die deutschen Nationalsozialisten, die Teile Italiens nach dem Waffenstillstand von Cassibile vom 3. September 1943 besetzt hielten. Einen wesentlichen Beitrag zur Resistenza leisteten die Kommunisten. Die Tatsache, dass die Kommunistische Partei im Nachkriegsitalien – obwohl sie bei Wahlen die relativ höchsten Stimmzahlen bekam – von den übrigen Parteien systematisch von der Macht ausgeschlossen wurde, führte bei vielen Linken dazu, von einer „verratenen Resistenza" zu sprechen. Andere bezogen sich mit diesem Ausdruck eher auf die als „historischer Kompromiss" bezeichnete Annäherung zwischen DC und PCI, die ihnen als Verrat an den Idealen der Resistenza erschien.

27 Die *Nuclei Armati Rivoluzionari* (NAR / Bewaffnete Revolutionäre Zellen), waren eine neofaschistische terroristische Gruppe.

Wurzeln[28] offen umgehen konnten. Der Rechtsstaat befand sich schon seit einiger Zeit in der Krise, und ich glaube, dass der Terror der Roten Brigaden diesen Prozess noch beschleunigt hat: Durch die in der Folge erlassenen Sondergesetze und -befugnisse, durch konstruierte Anklagen und dadurch, dass die Regierung das Phänomen des Terrors zu einem bloßen kriminellen Akt erklärte und versuchte, jede gegen das System gerichtete Bewegung zu kriminalisieren, auch wenn sie nichts mit dem „bewaffneten Kampf" zu tun hatte. In unserem Kampf gegen den Terrorismus verfolgten wir die Linie der Rechtsstaatlichkeit, die sich auf Toleranz, Respekt für die Rechte des Individuums und Rechtsgarantien gründet. In Italien war das nur möglich, wenn man sich energisch gegen die von der Justiz und der Regierung der nationalen Einheit verfolgte Politik, die verfassungsrechtlichen Garantien zu beschneiden, zur Wehr setzte.

Indro Montanelli, der sonst mehr als einen Grund fand, gegen uns zu polemisieren, bezeichnete es als unser Verdienst, mit unserer gesamten Politik, unserem „Dialog" und unserer Gewaltlosigkeit dem Terrorismus die Sympathien vieler Jugendlicher jener Generation entzogen zu haben, die sonst den Weg der Gewalt gewählt hätten. Wenn ich an unsere langjährigen Gespräche mit *Lotta Continua*[29] denke, die von gegenseitiger Achtung und Freundschaft,

---

28 Die Aktionspartei (*Partito d'Azione*) war eine Partei in der Tradition der gleichnamigen Partei Giuseppe Mazzinis aus der Zeit des Risorgimento. Gegründet wurde sie im Juli 1942 von ehemaligen Mitgliedern der liberal-sozialistischen Bewegung *Giustizia e Libertà*, die ihrerseits 1929 als oppositionelle Kraft gegen den Faschismus gegründet worden war. Ideologisch bezog sie sich auf den liberalen Sozialismus Carlo Rossellis und Piero Gobettis. In der direkten Nachkriegszeit war der *Partito d'Azione* an der Regierung beteiligt und stellte mit Ferruccio Parri von Juni bis November 1945 den Ministerpräsidenten. Ein interner Konflikt führte zusammen mit der Wahlniederlage 1946 zur Auflösung der Partei.

29 *Lotta Continua* (Ständiger Kampf) war eine außerparlamentarische linksradikale Gruppe, die aus der Studentenbewegung 1969 hervorging und u.a. die gleichnamige Zeitung herausgab.

aber auch von harter Polemik geprägt waren, trifft das zweifelsohne zu. Wir hatten sicherlich einen gewissen Einfluss auf die Entscheidung ihrer Führungskräfte für einen demokratischen und gewaltfreien politischen Kampf, die schließlich zur Auflösung der Bewegung führte.

In einem Land, in dem mitunter aufgrund von Ressentiments und Groll auch nach Jahrzehnten ungelöste Konflikte immer wieder aufbrechen können, liegt mir sehr daran, an zwei Punkte zu erinnern. Erstens: Wenige Wochen nach dem Tod von Aldo Moro wurden die Italiener zu zwei Referenden an die Urnen gerufen, nachdem die Parlamentsmehrheit und das Verfassungsgericht zuvor vergeblich versucht hatten, sie zu verhindern. Es ging um die Abschaffung der *legge Reale*[30] sowie der staatlichen Parteienfinanzierung. Mit 23,5 % der Stimmen für die Abschaffung der *legge Reale* und 43,6 % für die Aufhebung der staatlichen Parteienfinanzierung erlitten wir eine Niederlage, aber die Debatte, die wir in Gang setzen konnten, war ein Ereignis von außerordentlicher demokratischer Kraft und sorgte für frischen Wind in der bleiernen Atmosphäre der Tage nach der Entführung Aldo Moros. Zweitens: In dieser bedrückenden und leidvollen Zeit trat Adelaide Aglietta, deren organisatorische und politische Arbeit zum Erfolg der Unterschriftsammlungen für jene Referenden geführt hatte, vom Amt als Parteisekretärin zurück, um als Schöffin des Schwurgerichts in Turin am Prozess gegen die Führungskräfte der Roten Brigaden, angefangen mit Renato Curcio und Alberto Franceschini, teilzunehmen. Aus Angst hatten Dutzende der Turiner Bürger das Schöffenamt abgelehnt, indem sie auf gesundheitliche Gründe verwiesen. Durch Adelaides Zusage konnte nach vielen Wochen endlich ein Schwurgericht gebildet werden. Obwohl sie von den Roten Brigaden bedroht wurde, verzichtete sie auf eine Polizeieskorte und jede andere Art von Schutz. Ganz ungeachtet sonstiger, durchaus berechtigter Meinungsverschiedenheiten kann ich es dem Richter

---

30 Sondergesetz für die öffentliche Sicherheit.

Caselli[31] nicht verzeihen, dass er bei seiner Aufarbeitung dieser Geschichte die wichtige Rolle nicht erwähnt hat, die Adelaide spielte, indem sie sowohl die Bedrohung durch die Roten Brigaden als auch die Angst der Turiner zu überwinden half. Wenn wir nicht dem Klischee entsprechen, das man sich von uns macht, übergeht man uns lieber oder schweigt uns tot, denn wenn man darüber berichten würde, was wir geleistet und bewegt haben, würde dies das Klischee zum Einstürzen bringen.

Genau darin bestand unsere Form des Widerstands gegen den „bewaffneten Kampf": mit unserer Haltung, unseren politischen Entscheidungen den Blick auf eine andere, verfassungskonforme Idee vom Staat und die Chancen einer vollendeten Form der Demokratie zu lenken.

Frage: *Man kann mit Fug und Recht sagen, dass Sie zur politischen Klasse zählen. Und die politische Klasse Italiens steht unter dem Vorwurf, eine „Kaste" geworden zu sein. Der globale Trend der politischen Kultur der Moderne mit ihren zivilgesellschaftlichen Auseinandersetzungen geht heute in Richtung öffentlicher Plätze, Bürgerbewegungen, Mobilisierung im Internet. Ihre politische Vision ist libertär, sogar provokativ und zugleich voller Respekt für die Institutionen und die Gesetzlichkeit: eine einzigartige Mischung.*

Antwort: Auch wenn ich keine Demagogin bin, glaube ich, dass Politik eine vornehme Aufgabe ist. Ich kämpfe gegen die Deformierung des Systems, gegen die Verletzungen der Bürgerrechte, gegen die Okkupation der Institutionen durch die Parteien, aber ich glaube nicht daran, dass sich all das durch eine Revolution oder die Gewalt der Straße einfach auf einen Schlag erreichen lässt (ich spreche hier von der Gewalt, nicht von Demonstrationen auf

---

31 Gian Carlo Caselli äußerte sich in dem Dokumentarfilm „Anni spietati – Una città e il terrorismo: Torino 1969 – 1982" („Erbarmungslose Jahre"; Igor Mendolia, 2007) über seine Zeit als Richter beim Prozess gegen die Roten Brigaden in Turin.

öffentlichen Plätzen). Ich möchte weiterhin kämpfen, ich gebe nicht auf, doch ich beschränke mich nicht nur auf den Protest, im Gegenteil, ich habe etwas dagegen, wenn gesagt wird, die *radicali* würden „protestieren". Mir geht es darum zu beweisen, dass eine andere, alternative, wenn nötig sogar „unpopuläre" Politik möglich sein könnte. Ich habe das Amt als EU-Kommissarin gemäß der institutionellen Rolle ausgeübt, ohne mich von der Bürokratie oder den persönlichen Vorteilen von meinen Prinzipien abbringen zu lassen; als Ministerin für internationalen Handel habe ich so gearbeitet, wie ich es für richtig hielt, nämlich mit einem liberalen und reformerischen Ansatz. Es gehört zu unserem Rüstzeug als *radicali*, unsere Aufgaben in den Institutionen in einer klaren, glaubwürdigen und positiven Art und Weise zu erfüllen, selbst wenn man kurz zuvor noch an einem Sit-in oder einem Hungerstreik teilgenommen hat. Denn auch bei letzteren handelt es sich letztlich immer um Initiativen des Dialogs, die Gegenüberstellung unterschiedlicher Positionen.

Auch die Bewegungen, die in der jüngsten Zeit entstanden sind und das Ausmaß an Unzufriedenheit und Überdruss der Menschen deutlich gemacht haben, werden sich an einem bestimmten Punkt mit den Institutionen auseinandersetzen müssen. Ein Aufstand auf der Straße kann einiges zum Einstürzen bringen, doch wenn man die Institutionen wieder aufbauen muss, gelten andere Regeln, ein anderer Sinn für Verantwortung ist dann unabdingbar. Aus diesem Grund bezeichnen wir uns als „Reformer" und nicht als „Reformisten". „Reformist" ist ein Begriff, der missbraucht wurde, wie auch „Liberaler". Alle sind Reformisten, alle sind Liberale. Aber sie wissen nicht, wie eine echte Reform aussieht. Mein Leitspruch sind die Worte von Jean Monnet: „Nichts ist möglich ohne die Menschen, nichts ist von Dauer ohne Institutionen." Die Menschen kommen und gehen, aber die Menschheit besteht fort. Es ist wahr, dass die legacy, die Hinterlassenschaft eines Menschen als Vorbild dienen kann, doch es sind die Institutionen, die das Zusammenleben regeln.

Learning by doing

Frage: *Wie kamen Sie zur Politik?*

Antwort: Der Auslöser war meine illegale Abtreibung im Jahre 1974. Ich war fast 27 Jahre alt, mein Gynäkologe hatte mir gesagt, dass ich unfruchtbar sei, trotzdem wurde ich schwanger. Ich erinnere mich noch an die Antwort des Arztes auf meine Frage, was ich nun tun solle: „Ein werdendes Leben zu töten, kostet eine Million Lire". Geld, das ich natürlich nicht hatte. Man erzählte mir von Doktor Giorgio Conciani in Florenz. Ich fuhr also nach Florenz und fand mich einem sehr anständigen Herrn gegenüber, der mir zu erklären versuchte, dass er nicht die Ausschabung, sondern die Absaugmethode praktizierte. Ich wollte davon nichts wissen und hören. Als ich danach nach Hause zurückfuhr, dachte ich: Das kann doch nicht sein, dass ich in der Nacht an die Tür eines Unbekannten klopfen muss! Ich fühlte mich gedemütigt.

Von da an beschloss ich, auf Verhütungsmittel zurückzugreifen, und besuchte regelmäßig die AIED (*L'Associazione Italiana per l'Educazione Demografica* / Vereinigung für demografische Bildung).[1] Das Referendum zur Scheidung hatte schon stattgefunden. Aber daran habe ich überhaupt keine Erinnerung mehr. Meine Mutter erzählte mir, dass wir zusammen zur Abstimmung gegangen seien, aber ich weiß nicht einmal mehr, wie ich gewählt habe.

---

1   Die AIED ist eine nichtkommerzielle Organisation, die 1953 von einer Gruppe von Journalisten, Wissenschaftlern und Kulturschaffenden gegründet wurde und sich für die Rechte von Frauen und Paaren und sexuelle Aufklärung einsetzt. Darüber hinaus bietet sie in verschiedenen Bereichen medizinische Hilfe an.

In der AIED arbeitete ich als ehrenamtliche Mitarbeiterin und hatte dort mit vielen Frauen zu tun. Für sehr viele von ihnen war es für Verhütung schon zu spät und sie suchten nach einer Möglichkeit abzutreiben. Einige von ihnen schickte ich zu Doktor Conciani. Im September 1974 las ich eine Notiz in der Zeitung, dass eine gewisse Frau Adele Faccio am Corso di Porta Vigentina in Mailand ein Informationszentrum zur Sterilisation und Abtreibung namens CISA (*Centro per l'informazione, la sterilizzazione e l'aborto*) eröffnet habe. Ich stellte mich dort vor und Adele erklärte mir ihre Hilfskampagne für Frauen. Zum ersten Mal hörte ich den Ausdruck „ziviler Ungehorsam". Jeden Dienstag war Sprechstunde, was der Polizei offensichtlich bekannt war. Ich fragte, ob ich mithelfen könnte. So ging ich dienstags dorthin, wir richteten die Beratungsstelle ein und erklärten den Frauen, dass wir öffentlich arbeiteten, dass sich unter uns möglicherweise Polizisten und Spione befinden könnten und dass es sich dabei um eine politische Kampagne zur Änderung des Abtreibungsgesetzes handelte. Die Frauen kamen wieder, hatten weniger Schuldgefühle, waren gelassener und selbstbewusster in ihrem Wunsch nach Empfängnisverhütung.

So begann mein politisches Engagement, mit Adele, mit dem Kampf gegen die heimlichen Abtreibungen, die Hebammen (die die Abtreibungen vornahmen) und die „goldenen Löffel".[2] An Adele beeindruckte mich ihr Mut, über diese Dinge öffentlich zu reden, was für die damalige Zeit völlig unüblich war. Ich selbst hatte die Erfahrung einer Abtreibung gemacht, sprach aber in der Öffentlichkeit nicht darüber. Die Mailänder Ärzte, die uns bisher geholfen hatten, ließen uns, aus der nachvollziehbaren Besorgnis heraus, verhaftet zu werden, plötzlich im Stich. Im November jenes Jahres kam ich auf den Gedanken, dass

---

2   Vor der Legalisierung der Abtreibung wurde bei heimlichen Abtreibungen der Uterus mit einem löffelartigen Instrument ausgeschabt. Der Ausdruck *cucchiai d'oro*, „goldene Löffel" stand daher als Synonym für heimliche illegale Abtreibungen.

wir uns an Doktor Conciani wenden könnten. Unter der Woche unterrichtete ich als Aushilfslehrerin in der Provinz von Mailand und samstags und sonntags begleitete ich Gruppen von Frauen im Zug nach Florenz. Die Frauen erzählten ihre Geschichten und solidarisierten sich miteinander. Es war eine außergewöhnliche Erfahrung: eine dreistündige Fahrt, auf der die Frauen sich ihr Selbstbewusstsein eroberten.

Frage: *Ihr politisches Engagement begann also aus einer privaten Erfahrung heraus. Ist das Persönliche politisch?*

Antwort: Das Private ist nicht öffentlich. Aber das Persönliche ist sehr wohl politisch. Die persönlichen Ereignisse, die zu gesellschaftlichen werden, wie die partnerschaftliche Beziehung, die verantwortungsvolle Elternschaft, der Umgang mit Krankheit oder das würdevolle Sterben, sind Politik. Das Persönliche ist politisch und muss daher geregelt werden. Die klerikalen Verbote – (Scheidungsverbot, Abtreibungsverbot, Ablehnung einer Familienrechtsreform) – dienen dazu, das Parlament zu kontrollieren und damit zu verhindern, dass diese Angelegenheiten durch säkulare und demokratische Verfahren geregelt werden. Sie stellen damit die Legitimität des Rechtsstaats in Abrede, um uns gleichzeitig, im riesigen Widerspruch dazu, zu einem ethischen Staat hinzuführen, der uns von oben seine Moral auferlegen will.

---

3   Der *Movimento Sociale Italiano* (MSI / Soziale Italienische Bewegung) war eine neofaschistische Partei, die 1946 von Kämpfern der Repubblica Sociale Italiana (RSI / Italienische Sozialrepublik) und einzelnen Führern des *Partito Fascista Repubblicano* (PFR / Republikanische Faschistische Partei) gegründet wurde. Die RSI – auch bekannt als Republik von Salò – war ein faschistischer Staat in Norditalien unter Führung des abgesetzten italienischen Diktators Mussolini, der von den deutschen Besatzern proklamiert worden war und vom 23. September 1943 bis zum 25. April 1945 existierte. Staatspartei wurde der eigens gegründete PFR. 1994 wurde der MSI vom damaligen Vorsitzenden Gianfranco Fini in die rechtskonservative *Alleanza Nazionale* (AN / Nationale Allianz) überführt.

Im Januar des Jahres 1975 berichtete die vom MSI-Parlamentarier Giorgio Pisanò[3] geleitete Wochenzeitung *Candido* über die Abtreibungen in Florenz. Offensichtlich durch die Staatsanwaltschaft angestiftet, berichtete sie auch über die Existenz der ambulanten Praxis, in der Doktor Conciani operierte. Bis dahin lag der Bericht noch im Rahmen einer normalen journalistischen Tätigkeit, denn die Arbeit unserer Beratungsstellen war vollkommen öffentlich, wurde sogar in den Zeitungen publik gemacht, und insofern war es ein Leichtes, auf die Praxis zu kommen. Im Übrigen befand sie sich in Räumen der Geschäftsstelle des *Partito Radicale* und des CISA, wie anhand des Türschilds zu erkennen war. Pisanò versuchte aber darüber hinaus, gegen die Abtreibungspraxis in Florenz eine diffamierende Kampagne zu starten, woraufhin wir ihn verklagten. Er behauptete, dass wir mit den Abtreibungen die Partei und überdies außerparlamentarische Gruppen finanziert hätten. Später entschuldigte er sich öffentlich bei uns und gab zu, dass diese Anschuldigungen völlig unbegründet waren.

Als bei der Razzia in der Praxis Conciani zwei Krankenschwestern und alle Frauen, die sich dort aufhielten, festgenommen wurden, waren wir nicht dabei, da wir nur am Wochenende nach Florenz fuhren. Adele machte sofort eine öffentliche Erklärung, in der wir als CISA und *Partito Radicale* die volle politische und organisatorische Verantwortung für die Aktivitäten der Praxis übernahmen, und unsere Namen – Gianfranco Spadaccia[4], Marco Pannella, meinen und ihren – bekanntgaben.

Anschließend organisierten wir Demonstrationen für die sofortige Freilassung der Inhaftierten. Es war absurd, die Frauen ins Gefängnis zu stecken, und nicht gegen die politisch und organisatorisch Verantwortlichen vorzugehen: In diesem Punkt forderte Spadaccia den Oberstaatsanwalt von Florenz geradewegs heraus, und ein paar Tage später wurden Haftbefehle gegen Spadaccia und Adele erlassen.

---

4   Damaliger Generalsekretär und langjähriger Aktivist des *Partito Radicale*.

Frage: *Sie traten also in dieser Zeit in den* Partito Radicale *ein?*

Antwort: Genau in jenen Monaten.

Frage: *Aufregende Monate ...*

Antwort: Monate voller Demonstrationen und Versammlungen. Wir fuhren nach Rom, und dort lernte ich auch Marco Pannella kennen. Ich erinnere mich an das erste Mal bei Marco, als er uns Pasta anbot, die er mit zwei Packungen Butter im Wasser gekocht hatte; seitdem meide ich seine Küche lieber. Pannella meinte, wir sollten nach Paris fahren, um Kontakt mit Simone Veil[5], die im Jahr zuvor das Abtreibungsgesetz durchgesetzt hatte, aufzunehmen. Spadaccia saß mittlerweile in Italien im Gefängnis. Im Januar stand die gemeinsam mit *L'Espresso*[6] durchgeführte Unterschriftsammlung für das Referendum gegen den Artikel 546 des *Codice Rocco*[7] an, der die Abtreibung als Straftat verfolgte; um genau zu sein, ging es auch um die Aufhebung der Artikel 547, 548, 549, Absatz 2, 550, 551, 552, 553, 554 und 555. Pannella regte an, dass Adele sich in einer geplanten Aktion selbst stellen sollte. Wie wir dann herausfanden, war zwischenzeitlich auch gegen mich ein Haftbefehl erlassen worden. Wir kehrten nach Rom zurück und organisierten eine große Kundgebung im Kino *Adriano*.

Der Saal war überfüllt. Ich stand versteckt hinter einer Säule, schließlich war es Adele, die sich verhaften lassen sollte, nicht ich. Marco Pannella forderte den Polizeipräsidenten auf, Adele zu verhaften, doch dieser zögerte, worauf Marco sagte: „Entweder Sie verhaften sie oder wir zeigen Sie wegen Unterlassung an." Der Polizeipräsident stieg auf

---

5   Die französische Politikerin Simone Veil war von 1974 bis 1979 Gesundheitsministerin im Kabinett von Jacques Chirac.
6   Politisches Wochenmagazin.
7   Auf Alfredo Rocco zurückgehendes, von den Faschisten eingeführtes Strafgesetzbuch, das zum Teil noch heute gültig ist.

die Bühne und Pannella forderte ihn dann auf, über das Mikrofon den Haftbefehl wegen „der Mitgliedschaft in einer kriminellen Vereinigung und wegen herbeigeführter Abtreibung im Sinne des Artikels 546 des Strafgesetzbuchs ..." zu verlesen. Adele stand auf, wurde verhaftet und vom Polizeipräsidenten abgeführt. Das Publikum brach in Tränen aus, es herrschte absolute Stille und ich stand noch immer hinter der Säule. Dann stimmte Mauro Mellini[8] das Lied „Addio Lugano bella"[9] an – Adele war nämlich nicht nur *radicale*, sondern auch Anarchistin. Spadaccia war, wie gesagt, seit Anfang Januar im Gefängnis und befand sich im Hungerstreik. Adele landete ebenfalls im Gefängnis. Marco Pannella schickte mich wieder nach Frankreich, wo ich dann zusammen mit den französischen Aktivistinnen eine CISA-Zweigstelle gründete, in die an jedem Wochenende Gruppen von Frauen aus Mailand und Turin kamen; unterdessen gab es das CISA auch in Rom. So vergingen Februar, März, April. Ich wusste nicht, wie lange ich aufgrund meines Haftbefehls noch in Frankreich bleiben würde und hatte ehrlich gesagt ein wenig die Nase voll. Mein einziger Kontakt zur Partei, neben Marco Pannella, der jedoch schwer zu erreichen war, weil er kein Telefon zu Hause hatte, war Paolo Vigevano.[10] Ich fragte ihn, ob ich zurückkehren könnte. Er antwortete, dass ich meine Verhaftung riskieren würde. Doch ich bestand darauf, um die Sache ein und für alle Mal zu klären. Adele und Spadaccia befanden sich mittlerweile vorläufig auf freiem Fuß. Marco Pannella war dagegen, dass ich zurückkehrte, aber ich entschied mich trotzdem dazu. Wir trafen uns dann zum Mittagessen, Vigevano, die Rechtsanwälte Franco De Cataldo und Vittorio Virga, Pannella und ich. Marco Pannella bat mich dann darum, CISA-Zweigstellen in Österreich zu organisieren. Das lehnte ich aber ab.

---

8   Mitbegründer des *Partito Radicale*.
9   Anarchistisches Volkslied von Pietro Gori aus dem Jahr 1895.
10 Langjähriger Schatzmeister des Partito Radicale und ehemaliger Direktor von *Radio Radicale*.

Frage: *War das das erste Mal, dass Sie Pannella widersprochen haben?*

Antwort: Vielleicht, aber es war nicht das letzte Mal. Marseille und Nizza fand ich in Ordnung, aber nach Österreich zu gehen hatte ich keine Lust. Nach langem Hin und Her fuhr ich zurück nach Nizza. Aber für den 15. Juni wurde meine Verhaftung organisiert.

Frage: *Die Verhaftung fand in dem anlässlich der Kommunalwahlen des Jahres 1975 eingerichteten Wahllokal in Ihrer Heimatstadt Bra in aller Öffentlichkeit statt. Der Leiter des Wahllokals war Ihr ehemaliger Lehrer, der Ihnen versicherte: „Emma, ich werde ihnen sagen, dass du ein braves Mädchen bist." Er hatte nicht begriffen, dass es sich um einen gezielten Akt des zivilen Ungehorsams handelte. Sie sind am 9. März 1948 in Bra, einer kleinen Stadt in der Provinz von Como, geboren. Hat Ihre Verhaftung Ihrer Familie Kummer bereitet?*

Antwort: Eher Sorge. Meine Familie kannte meine Ideen. Ich bin in einer Bauernfamilie aufgewachsen, ein hartes Leben, Eiseskälte im Winter, Hitze im Sommer, Kühe auf der Weide. Ich glaube, das ist auch der Grund dafür, dass ich für das Land kein positives Gefühl habe; Urlaub ist für mich das Meer, im Blauen, nicht im Grünen. Meine Eltern verkauften später alles und zogen in das Städtchen Bra. Mein Vater Filippo wurde Gesellschafter in einem kleinen Holzunternehmen und war für den Einkauf zuständig, Pappel- und afrikanisches Holz, meine Mutter Catterina arbeitete im Büro.

Da sie beide berufstätig waren und ein Häuschen bauen wollten, schickten sie uns ins Internat: meine Schwester Domenica und mich zu den Nonnen, meinen Bruder Giovanni zu den Priestern. Während die Mädchen meines Jahrgangs berufsbildende Oberschulen besuchten, um Buchhalterin oder Lehrerin zu werden, wollte ich aufs Gymnasium, und meine Mutter unterstützte mich dabei.

In jenen Jahren hatte ich ein solches Gefühl der Unruhe, dass ich mir nicht vorstellen konnte, das ganze Leben in Bra zu verbringen und möglicherweise den Sohn des Apothekers zu heiraten. Aber ich war nicht in der Lage, diese Unruhe in Worte zu fassen, auch nicht mir selbst gegenüber. Die einzige Universität, die mich interessierte, war die in Mailand mit ihrer Fakultät für Sprachen. Ich arbeitete als Au-Pair-Mädchen und studierte derweil an der Wirtschaftsuniversität Bocconi. Für Politik interessierte ich mich nicht. Ich mochte Sprachen, aber ich hätte nicht sagen können, was ich später einmal werden wollte. Mit kleinen Jobs verdiente ich mir etwas dazu, indem ich beispielsweise sonntags Leute aus der Brianza im Bus zum Kauf von Spitzen nach St. Gallen begleitete. 1972 schloss ich mein Studium ab; 1974 änderte sich dann alles.

Frage: *Kommen wir auf die Verhaftung in Bra zurück.*

Antwort: Ich blieb bis Mitte Juli im Gefängnis von Florenz. Meine „Taufe" bei den *radicali* fand 1975 auf dem Kongress in Florenz statt, der mit der Lesung des Brief-Testaments Pasolinis an die *radicali* durch Vincenzo Cerami[11] eröffnet wurde. Ein politisches Testament, intellektuell, menschlich und immer noch aktuell, und das nicht nur für uns. Aber da es uns radicali gewidmet ist, wird es so gut wie nie erwähnt, wenn man über Pasolini spricht. Ein wenig so verhält es sich übrigens auch mit Ernesto Rossi[12], Leonardo Sciascia oder Elio Vittorini[13]. Ich war dermaßen

---

11 Vincenzo Cerami (1940 – 2013) war ein Schriftsteller, Dramaturg und Drehbuchautor.
12 Ernesto Rossi (1897 – 1967) war ein Politiker, Journalist und Antiklerikaler, der zur Gründung des *Partito d'Azione* und später des *Partito Radicale* beitrug. 1941 verfasste er zusammen mit Altiero Spinelli und Eugenio Colorni das „Manifest von Ventotene" („Für ein freies und vereintes Europa. Projekt eines Manifests").
13 Elio Vittorini (1908 – 1966), Schriftsteller und wichtiger Vertreter des literarischen Neorealismus, war von 1963 bis 1964 Präsident des *Partito Radicale*.

aufgeregt und verwirrt, dass ich die Tragweite dessen, was gerade geschah, überhaupt nicht begriff.

Frage: *Wenn Sie heute zurückdenken, was bedeutete Ihnen die Begegnung mit all den Intellektuellen, die sich damals den* radicali *anschlossen oder mit ihnen sympathisierten?*

Antwort: Das war für mich ein Glück, auf eine Gruppe politischer Aktivisten mit solch einem bedeutenden kulturellen Hintergrund zu treffen, auf die Repräsentanten der großen kulturellen Tradition des Liberalismus, wenn dieser auch in unserem Land eine Minderheit bildet.

Etwas, das ich erst später verstand und zu würdigen wusste. Denn damals war ich mehr als alles andere verwirrt. Auf jenem Kongress wurde Spadaccia als Parteisekretär bestätigt, und er forderte mich auf, ins Parteisekretariat einzutreten. Ich wusste nicht einmal, was damit genau gemeint war. Ich zog dann nach Rom um, im November 1975. Im März 1976 fanden die vorgezogenen Parlamentswahlen statt. In den Parteiversammlungen habe ich monatelang wohl von nichts anderem als von der Kampagne für die Legalisierung der Abtreibung gesprochen. Um zu beschreiben, wie unbedarft ich damals war: Spadaccia schickte mich einmal, um Grußworte der *radicali* zu überbringen, auf eine Tagung des PSI (*Partito Socialista Italiano / Sozialistische Partei Italiens*), auf der Riccardo Lombardi mit einer Rede Morandi würdigen sollte. Morandi war für mich entweder Gianni, der Sänger, oder Giorgio, der Maler. Als ich dort ankam und es weder Bilder noch Lieder Morandis gab, versuchte ich herauszufinden, wo zum Teufel ich gelandet war und über wen gesprochen wurde: Von dem Sozialisten Rodolfo Morandi[14] wusste ich überhaupt nichts. Ich improvisierte also eine Rede über die Abtreibung, während mir Lombardi etwas perplex zuhörte. Die vorgezogenen Parlamentswahlen standen an. Marco Pannella

---

14 Rodolfo Morandi (1903 – 1955) war Wirtschaftswissenschaftler, Partisan und Exponent der linken Strömung des PSI.

setzte nur Frauen auf die ersten Plätze der Wahllisten – nicht aufgrund einer Frauenquote, sondern als Anerkennung für die Scheidungs- und Abtreibungskampagnen. Auch die bekennenden Homosexuellen wurden auf die Wahllisten gesetzt. Man wählte nach dem reinen Verhältniswahlrecht, und wir *radicali* schafften es ganz knapp ins Parlament. In Rom kamen wir über die erforderliche Prozenthürde, dann holten wir noch drei weitere Plätze, und so gingen wir zu viert ins Parlament: Pannella, Mellini, Faccio und ich.

Frage: *Heute kritisiert man die Gerontokratie in der italienischen Politik. Sie wurden mit nur 28 Jahren ins Parlament gewählt. Welche politischen Erfahrungen brachten Sie mit?*

Antwort: Wenn zwei Jahre des zivilen Ungehorsams nicht als politische Erfahrung zu bezeichnen sind, hatte ich keine, und auch keine politische Vorbildung. Zweifelsohne hatte die aufwühlende Gefängniserfahrung mich innerlich wachsen lassen. Die zehn Tage im Gefängnis von Florenz verbrachte ich zuerst in Isolationshaft, dann in einer Zelle mit Prostituierten. In der Isolationshaft hat man keinerlei Kontakt zur Außenwelt, keine Zeitungen, kein Radio. Ich wusste nicht, dass ich keine Post empfangen durfte, dachte, ich sei vergessen worden, und fühlte mich entsetzlich trostlos. Der Richter, der mich vernahm, Carlo Casini – später auch Initiator des *Movimento per la Vita*[15] –, fragte mich: „Was wollen Sie denn nach Ihrer Freilassung machen?" „Sicherlich werde ich keine Nonne", antwortete ich. Der Anwalt Virga verpasste mir einen Fußtritt unter dem Tisch – denn das war nicht gerade eine passende Antwort. Casini gewährte mir keine vorläufige Haftverschonung,

---

15 Der *Movimento per la Vita* („Bewegung für das Leben") ist eine als Reaktion auf die illegalen Abtreibungen 1975 in Florenz gegründete katholische Organisation. Neben ihrem politischen Einsatz gegen Abtreibung, Euthanasie und den Eingriff ins Erbgut bietet sie Beratung und Lebenshilfe, die vor allem das Ziel verfolgt, Frauen in Notlagen davon abzubringen abzutreiben.

aber immerhin entließ er mich aus der Isolationshaft. In jenen Tagen, in denen ich nur von meiner Mutter und meiner in Tränen aufgelösten Schwester Besuch bekam, ohne Bücher oder Sonstiges, hatte ich reichlich Gelegenheit zum Nachdenken. Diese Erfahrung hat meinen inneren Reifungsprozess enorm beschleunigt.

Frage: *Sie hatten zwar keine Parteischule absolviert, aber gute Vorbilder?*

Antwort: Die kamen erst später. Am Anfang standen all die Begegnungen, meine natürliche Neugierde und meine Leidenschaft für die Bürgerrechte. Nachdem ich 1979 ins Parlament in Straßburg gewählt worden war und Altiero Spinelli kennengelernt hatte, entdeckte ich für mich den europäischen Föderalismus. Europa stand damals am Kreuzweg: Es waren die Jahre des Aufbaus. Es war die Zeit von Mitterrand und Kohl. Von Leonardo Sciascia, der damals auch für die *radicali* im Europaparlament war,[16] habe ich die Begeisterung für die Rechte übernommen. Ich holte ihn am frühen Morgen in Straßburg vom Bahnhof ab, und er war so zurückhaltend, dass er sich nicht einmal umarmen ließ. Ich wollte ihn von Anfang an näher kennenlernen, ich mochte seine Art zu lachen und mit den Augen zu zwinkern. Mein Verhältnis zu ihm war intensiv. Als ich einmal entmutigt war, sagte er zu mir: „Ihr *radicali* seid wie eine Kerze. Wenn alle Neonlichter leuchten, ist die Kerze nicht nur unsichtbar, sondern auch unnötig. Doch beim ersten Kurzschluss wird sie unverzichtbar." Ich antwortete ihm: „Ich bin also eine Kerze?" Darauf er: „Ob man es glaubt oder nicht, es ist eine wichtige Rolle und eine große Verantwortung."

Von Enzo Tortora habe ich die Achtung vor dem Gesetz

---

16 Sciascia gewann bei den gleichzeitig abgehaltenen Wahlen zum italienischen Abgeordnetenhaus ebenfalls ein Mandat und entschied sich letztlich für das italienische Parlament, dem er bis 1983 angehörte.

gelernt. Bücher von Ernesto Rossi, Gandhi, Monnet, Einaudi, Amartya Sen taten ein Übriges. Damals mochte ich vor allem die Klassiker – Perikles, Horaz, Virgil – und amerikanische Literatur, weil ich zur Vorbereitung meiner Abschlussarbeit über Malcolm X in den USA gewesen war.

Für mich gilt das Motto *„Learning by doing"*. Und wenn ich sagen soll, was meine wichtigste Schule gewesen ist, dann war das wohl das Parlament, dem ich als Abgeordnete der *radicali* angehört habe.

Als ich 1976 gewählt wurde, ging ich in Jeans und Clogs ins Parlament, sodass mich Pietro Ingrao, damals Präsident des Abgeordnetenhauses, deswegen zur Seite nahm. Ich tat das nicht etwa aus Lust daran, einen ehrwürdigen Ort zu entweihen – ich hatte schlicht nicht begriffen, wo ich mich befand. Staatspräsident Sandro Pertini schenkte mir einmal eine Widmung: „an die Parlamentsgöre". Sie befindet sich auf der Rückseite eines Fotos von einer Feierlichkeit im Staatspräsidentensitz, an dem ich sehr hänge.

In jenen Monaten forderte Pannella uns auf, die Regeln des Abgeordnetenhauses zu lernen und drängte uns dazu, eine „Schule der Institutionen" zu absolvieren. Für uns *radicali* bedeutete das Vollzeiteinsatz. Wir setzten durch, dass die Büros im Abgeordnetenhaus auch samstags und sonntags geöffnet blieben. 1977 traten Adelaide Aglietta und ich in einen langen, 70-tägigen Hungerstreik für die Reform des Strafvollzugs. Wie weit unsere Geschichte schon zurückreicht und wie sich alles wiederholt! Um die Situation zu verschärfen, kündigte ich meinen Rücktritt aus dem Parlament an. Daraufhin verpflichtete sich der damalige Regierungschef Giulio Andreotti, sich für die Reform des Strafvollzugs einzusetzen. Dann musste ich für den erkrankten Mauro Mellini als Schattenberichterstatterin der Fraktion der *radicali* im Ausschuss zur Reform der Geheimdienste einspringen. Wochenlang bereitete ich mich mit Unterstützung von Luca Boneschi darauf vor. Innenminister war damals Francesco Cossiga. Zitternd verlas ich meinen Bericht im Plenarsaal. Als ich fertig war, bekam ich von Cossiga einen Zettel: „Heute sehen Sie besonders elegant aus". Ich fühlte mich gedemütigt: Der Inhalt der Rede einer Frau schien nicht so wichtig zu sein.

Frage: *1977 wurde Adelaide Aglietta zur Parteisekretärin gewählt, eine wichtige Persönlichkeit der radicali, die Sie über eine lange Etappe Ihrer politischen Aktivität hinweg begleitet hat und mit der Sie zeitweilig auch Ihren Alltag geteilt haben.*

Antwort: Ich lernte sie in der Nacht vor meiner Verhaftung kennen, als ich in ihrer Wohnung in Turin zu Gast war. Sie hatte ebenfalls erst kurz zuvor angefangen, sich politisch zu engagieren, im Anschluss an den positiven Ausgang des Referendums über die Scheidung. Sie kam aus einer bürgerlichen Familie, war verheiratet und hatte zwei kleine Töchter. Nach der Geburt ihrer zweiten Tochter hatte sie ihr Studium wieder aufgenommen, aber dann übernahm sie die Leitung des Ortsvereins der Partei in Turin, wo sie auch eine Zweigstelle von *Radio Radicale* gründete (es war die Zeit der freien Radiostationen). Einige Tage in der Woche fuhr sie nach Rom, um im Beirat des Parteisekretariats mitzuarbeiten. Dann entwickelte sich ein Drama, als Spadaccia ihr vorschlug, Parteisekretärin zu werden. Es waren für sie schwierige Monate, weil sie sehr an ihren beiden Töchtern hing und ihr Leben komplett umstellen musste.

Für eine kurze Zeit haben wir dann in einer Wohnung in der Via Giulia zusammengelebt, mit meinen Pflegekindern Aurora und Rugiada. Oft kamen ihre Töchter Francesca und Albertina zu Besuch, die dann im Jahr darauf von Turin nach Rom umzogen. Ihr ist es immer gelungen, ihre Aufgaben und Gefühle als Mutter mit den politischen Verpflichtungen in Einklang zu bringen.

Sie war der erste weibliche Generalsekretär einer im Parlament vertretenen Partei. 1979 wurde sie für die gesamte Legislaturperiode zur Vorsitzenden unserer Fraktion gewählt, zu der damals auch Leonardo Sciascia gehörte. Nachdem sie auf der Liste der *Verdi Arcobaleno*[17] ins Europäische Parlament gewählt worden war, wurde sie auch Kovorsitzende der Fraktion der Europäischen Grünen.

Ihr Studium schloss sie niemals ab. Ihre Universität war die politische Arbeit, die Organisation der Referendumskampagnen der *radicali*, die Erfahrungen als Parlamentarierin in Italien und Europa. Wie ich bereits im Zusammenhang mit meinen Ausführungen zum Terrorismus erwähnt habe, entschloss sie sich, als Schöffin am Schwurgerichtsprozess in Turin über die Führungsgruppe der Roten Brigaden teilzunehmen. Die angeklagten Brigadisten sprachen unmissverständliche Drohungen gegen sie aus. Aus dem Gefängnis heraus konnten sie zwar keine Befehle an ihre sogenannten Mitkämpfer erteilen, machten aber Andeutungen und richteten indirekte Aufforderungen an Einzelpersonen und ihre fanatische Anhängerschaft. Adelaide wollte nicht auf Polizeischutz angewiesen sein, sondern verließ sich auf die Unterstützung ihrer Parteifreunde und musste deshalb jeden Abend die Unterkunft wechseln.

Eine deutsche Grüne erinnerte bei ihrer Beerdigung tief ergriffen an die innerhalb der Fraktion geführten Diskussionen: „Wenn wir beide miteinander gestritten haben, schienst Du die Deutsche zu sein ..." Sie war überdies eine sehr großzügige und hilfsbereite Frau.

Frage: *Wie oft wurden Sie verhaftet?*

Antwort: Nach der Verhaftung in Bra wurde ich in New York verhaftet, als ich zusammen mit Marco Taradash an der City Hall Einmalspritzen verteilte. Es war ein Akt des zivilen Ungehorsams, den wir zusammen mit *Act Up*[18]

---

17 Die „Regenbogen-Grünen" waren seinerzeit eine von zwei grünen Parteien Italiens, die 1989 aus einem Zusammenschluss eines Teils der *Democrazia Proletaria*, einiger Mitglieder des *Partito Radicale* und anderer Umweltaktivisten entstanden war.

18 *Act Up (AIDS Coalition to Unleash Power* / „AIDS-Koalition um Kraft zu entfesseln" – ein Wortspiel mit dem Ausdruck *to act up* – „sich auflehnen") ist ein 1987 in New York gegründeter Interessenverband, der das Ziel verfolgt, mit öffentlichkeitswirksamen Aktionen auf das Thema AIDS aufmerksam zu machen und die Bevölkerung zu sensibilisieren.

organisiert hatten. Ich erinnere mich, dass Lucio Manisco, der RAI-Korrespondent, bei dem ich, wenn ich in New York war, wohnen konnte, weinte, als sie uns abführten. In Warschau demonstrierten wir 1987 für Solidarność. Craxi hatte Jaruzelski nach Rom eingeladen, und wir *radicali* beschlossen zur gleichen Zeit, nach Warschau zu fahren, um uns verhafteten zu lassen.

Roberto Cicciomessere, Olivia Ratti, Angiolo Bandinelli und ich reisten zusammen mit zwei Journalisten im Zug dorthin. Wir kauften ein Aufnahmegerät und nahmen mit polnischen Freunden die Botschaft auf: „Polnisches Volk, wir sind hier, um Solidarität zu zeigen." Mit unseren zusammengerollten, versteckten Spruchbändern gingen wir zum Schlossplatz, um nach der Heiligen Messe zu demonstrieren. Wir dachten, dass wer weiß wie viele Leute aus der Kirche kommen würden. Es herrschten minus dreißig Grad. Der Platz war eingeschneit. Aus der Messe kamen drei ältere Damen und ein älterer Mann. Wir standen da mit unseren Spruchbändern und schalteten das Tonbandgerät an. Nichts passierte. Es vergingen zehn, dann zwanzig Minuten, niemand verhaftete uns, niemand kam. Die Polizei fuhr vorbei, ohne anzuhalten. Wir waren vor Kälte erstarrt. Schließlich kamen, Gott sei Dank, zwei Streifenwagen. Cicciomessere schlug vor, etwas passiven Widerstand zu leisten, aber wir waren dermaßen durchgefroren, dass wir, kaum dass die Türen der Einsatzwagen aufgingen, hineinstürzten.

Und dann gab es da noch die Verhaftung in Afghanistan am 27. September 1997.

Frage: *Das waren die Zeiten der zivilen Mobilmachung. 1981 unterschrieben 113 Nobelpreisträger den Appell gegen die Hungersnot in der Welt, und daraufhin wurde die NGO* Food and Disarmament International[19] *gegründet. 1986 erläuterten Sie und Pannella die Initiativen gegen die Hungersnot Papst Johannes Paul II: zwei Antiklerikale im Vatikan. Ist es jemals wieder zu einer solchen Nähe gekommen?*

Antwort: Das stimmt, zwei Antiklerikale im Vatikan – es war aufregend. Ich war auch etwas nervös, weil ich diejenige war, die sowohl dem Heiligen Vater als auch Flaminio Piccoli[20] die Nobelpreisträger vorstellen musste. Die Situation war surreal. Zu alledem hatte ich das Protokoll ignoriert und ein grünes T-Shirt angezogen. Jedenfalls gab es nie wieder so viel Nähe zum Vatikan. Und abgesehen von der sicherlich herausragenden Persönlichkeit Wojtylas waren wir mit der Politik des Vatikans natürlich nicht einverstanden. Aber wir sind auch niemals auf den Gedanken gekommen, den Katholiken oder irgendeiner anderen religiösen Instanz oder Persönlichkeit das Recht auf uneingeschränkte Redefreiheit zu entziehen oder abzusprechen. Wenn mich damals jemand gefragt hätte, wie ich zur Religion stehe, hätte ich mich als Agnostikerin bezeichnet, also eine von Millionen getauften Italienern mit oberflächlichen Kenntnissen des Katechismus, aber im Grunde gleichgültig oder jedenfalls fremd gegenüber den von der Kirche diktierten Praktiken und Glaubenssätzen. Aber gerade weil ich *radicale* bin, war ich schon immer eine überzeugte Verfechterin der Rede- und Religionsfreiheit. Man denke nur daran, dass allein wir als *radicali* uns für die Montagnards[21] in Vietnam eingesetzt haben, eine christliche Minderheit, die von den dortigen politischen Autoritäten verfolgt, aber vom Vatikan völlig vergessen und alleingelassen wurde. Im Zuge der Vertiefung meines Engagement bei den *radicali* habe ich für mich dann eine Art weltliche „Religion" entwickelt, die in dem Bewusstsein für die Verpflichtungen des Bürgers, des Individuums gegenüber sich selbst und

---

19 Die Organisation *Food and Disarmament International* („Nahrung und Abrüstung international") wurde 1981 u.a. von Bonino und Pannella in Brüssel gegründet, um dem von den Nobelpreisträgern unterzeichneten Manifest gegen Hunger und für Abrüstung eine Plattform zu geben.
20 Der christdemokratische Politiker Flaminio Piccoli (1915 – 2000) war damals Präsident des Ausschusses für Auswärtige Angelegenheiten.

der Gemeinschaft besteht. Der Hauptbezugspunkt dieser weltlichen Religion besteht in der Einhaltung und der Förderung der grundlegenden Menschen- und Bürgerrechte, wo auch immer sie verletzt werden. Ich glaube, mir das Recht erworben zu haben, der These zu widersprechen, der Laizist sei als „Individualist" ausschließlich und immer ein Egoist. Ich erinnere mich noch, wie Pannella während der Kampagne für das Scheidungsrecht die *Radikale Partei* als die Partei „der Gläubigen und Laizisten" bezeichnete.

Frage: *Und dann gründeten Sie die Organisation* NPWJ (No Peace Without Justice).

Antwort: Das war viel später, NPWJ wurde 1993 gegründet, um den Ad-hoc-Gerichtshof für das ehemalige Jugoslawien zu unterstützen und die Schaffung eines Internationalen Strafgerichtshofs voranzutreiben. Als ich mein Amt als EU-Kommissarin für humanitäre Hilfe, Fischerei und Verbraucherschutz antrat, fuhr ich als erstes nach Sarajevo.

Frage: *Was ist die laizistische Triebfeder für so viel zivilgesellschaftliches Engagement?*

Antwort: Die Religion der Freiheit. Letztlich hat vielleicht jeder eine Religion.

---

21 Montagnards ist die französische Sammelbezeichnung für verschiedene in Südostasien (Vietnam, Kambodscha, Laos und Myanmar) lebende Bergvölker. Bei den im zentralen Hochland von Vietnam lebenden Montagnards handelt es sich um die Ethnie der Degar. Der weit zurückreichende ethnische Konflikt zwischen Degar und Vietnamesen wurden im Vietnamkrieg, in dem die Degar die südvietnamesische Republik Vietnam und die Amerikaner unterstützten, erneut angeheizt. Bis heute sind die Degar in Vietnam Opfer von Diskriminierung und Landvertreibungen. Die Christianisierung der Degar erfolgte zunächst im 19. Jahrhundert durch katholische Missionare aus Frankreich; in den 1930er Jahren hatten dann protestantische Missionare aus den USA großen Einfluss.

Frage: *Es wird eine Anekdote über Sie erzählt: Als Sie im Jahre 1981 einmal zu früh zu einer Diskussionsveranstaltung in Neapel kamen, guckten Sie auf den Boden und fragten: „Gibt es hier einen Besen?" Sind Sie immer noch so pflichtbewusst?*

Antwort: Ja, wenn auch in anderem Maße: Ich habe gelernt, gelegentlich mit Unordnung oder Schmutz zu leben – in den Flüchtlingslagern beispielsweise. Doch Pflichtgefühl ist sicherlich Teil meines Charakters.

Frage: *Wie weit geht Ihre Loyalität gegenüber dem* Partito Radicale, *der eine Art erweiterte und unnachgiebige Familie für Sie ist? Sie haben 1986 auf Canale 5 sogar Boogie und Tango getanzt, nur um die Gelegenheit zu bekommen, über die für die* radicali *wichtigen Themen zu sprechen. Tanzen tun Sie offenbar gern. Welchen Preis mussten Sie für Ihr Engagement sonst noch bezahlen?*

Antwort: Ich identifiziere mich mit der Politik der *radicali*, daher ist es keine Frage der Loyalität. Es geht nicht um etwas, das andere tun und gegenüber dem ich loyal sein muss. Lassen Sie mich ein Beispiel geben: Als wir anlässlich der Wahlen 2008 eine Koalition mit Walter Veltroni eingegangen waren, war der Verbleib in der Fraktion des *Partito Democratico* angesichts der beschlossenen Vereinbarungen eine Frage der Loyalität. Was hingegen die „Radikale Galaxie" angeht, empfinde ich mich als *pars construens*, als mitgestaltende Kraft. Es stimmt auch, dass ich gerne tanze und singe. Aber meine einzige Leidenschaft ist die radikale Politik; das andere sind Hobbys, die natürlich auch wichtig sind.

„Bezahlen" musste ich gar nichts. Ich habe Entscheidungen getroffen, und alle Entscheidungen haben ihren Preis. Ich fühle mich jedenfalls privilegiert, und das bin ich auch. Auch wenn eine Frau sich erfüllt fühlt, weil sie Kinder hat, werden dabei ihre übrigen Freiräume enger. Keine Kinder zu haben, ist für mich kein hoher Preis gewesen. Letztendlich bin ich nicht in der Lage (auch nicht mir selbst gegenüber), „für immer" zu sagen. Und ein Kind bedeutet „für immer". Diesen Mut habe ich nie gehabt, vielleicht, weil ich nie wirklich den Wunsch danach hatte. Aber es ist wahr, dass mein leidenschaftliches politisches Engagement für die *radicali* manchen Verzicht mit sich brachte, vor allem auf Zeit für mich selbst und für Dinge, die ich gerne mache, beispielsweise lesen und den Tag zu Hause vertrödeln. Aber das sind keine bedeutenden Verzichte, und deshalb habe ich sie nie als solche empfunden.

Die Karikatur der Freiheit –
Zwischen öffentlichen Verboten und persönlichen Freibriefen

Frage: *Sie sind eine Liberale und radicale. Was ist Ihre Vorstellung von Freiheit?*

Antwort: Ich verweise noch einmal auf meine persönliche Erfahrung. Für mich bedeutet Freiheit in erster Linie Verantwortungsbewusstsein, denn Rechte und Pflichten sind zwei Seiten einer Medaille.

Frage: *Die Freiheit sieht allerdings keine Einschränkungen vor. Freiheit bedeutet das Recht auf die freie Wahl von Beruf und Wohnort, Meinungs- und Informationsfreiheit, Vereinigungsfreiheit sowie das Recht auf die Unverletzlichkeit der Person und der Privatsphäre. Wenn es die Rechte sind, die die Freiheit ausmachen, bedeuten Pflichten dann Zwang?*

Antwort: Rechte und Pflichten als Gegensätze zu begreifen, ist eine verbreitete, doch meiner Meinung nach konstruierte Sichtweise. Ich denke hingegen, dass Rechte und Pflichten untrennbar miteinander verbunden sind. In ihrer Antwort auf die Reformation hat die katholische Kirche argumentiert, dass dort, wo die Menschen zu viele Rechte haben oder zu sehr damit beschäftigt sind, Rechte einzufordern, die Pflichten eingeschränkt werden oder in den Hintergrund treten. Wer nur auf seine Rechte aus ist – so die Auffassung – ist gegen Pflichten, schränkt sie ein oder schafft sie ganz ab. So oder so stellen gemäß diesem Standpunkt die „wahllos" vergebenen Rechte eine „üble" Erfindung der Aufklärung dar, die mit ihrem Individualismus oder vielleicht gar noch Libertinismus alles erlaubt, sodass jeder seine Triebe befriedigen kann. Denn wer fordert mehr Rechte auf Kosten der Pflichten? Das ist natürlich der Subjektivist[1], der erwähnte Individualist, der damit seinen Beitrag zum Aufbau der Gesellschaft verweigert, der nur gelingen kann, wenn man seinen Pflichten nachkommt. Um diesem Exzess bei der Vergabe von Rechten gegenzusteuern, legt man daher ein besonderes Gewicht auf die Pflichten. Insbesondere auf solche Pflichten, die aus einer „objektiven" Ethik abgeleitet werden, einer Ethik, die den göttlichen Geboten folgt, denn nur diese können einer Pflicht „Objektivität" verleihen.

Ich halte diese Kritikpunkte der katholischen Kirche für abwegig und konstruiert. Nehmen wir das Beispiel der Scheidung: Das Recht auf Scheidung wird dem Individuum heute nicht mehr streitig gemacht. Doch das bedeutet nicht, dass sich aus diesem Recht nicht zugleich auch gesellschaftliche, menschliche und nicht zuletzt emotionale Verpflichtungen ergeben. Nicht von ungefähr wird die Scheidung durch ein Gesetz geregelt, das zum Beispiel die Sorgepflicht für die Kinder vorschreibt. Die Ausübung der Rechte erlegt Pflichten auf: wenn nicht aus Ehrfurcht gegenüber ethischen Prinzipien, dann sicherlich aus Respekt vor einem Gesetz. Und seine Rechte auszuüben hindert einen nicht im Geringsten daran, sich dieser Pflichten bewusst zu sein und ihnen nachzukommen; das Ausüben von Rechten ist immer auch mit einem gewissen Maß an sozialer Verantwortung verbunden.

Von denjenigen, die die Rechte für potenziell schädlich halten, kriegt man immerfort zu hören, die leichtfertige Gewährung von Rechten führe mit hoher Wahrscheinlichkeit zu einem unaufhaltsamen Niedergang, in dessen Folge die Pflichten eine nach der anderen abgeschafft würden – nach

---

1 Gemäß dem Subjektivismus stellt das Subjekt (worunter in der Regel der einzelne Mensch beziehungsweise das Bewusstsein verstanden wird) die Instanz für Erkenntnis, die Bildung von Begriffen und Urteilen dar. Demgegenüber geht der objektivistische erkenntnistheoretische Ansatz von objektiven Eigenschaften der äußeren Welt und ihrer Objekte aus, von denen Begriffe und Urteile abzuleiten sind.

dem Motto: „Ach du meine Güte, wo soll das alles noch hinführen!". Diese Niedergangstheorie teile ich nicht. Der Mensch wird dadurch zum Subjekt, dass er für sich selbst verantwortlich ist, und die Ethik der Aufklärung neigt zu der Auffassung, dass das Subjekt die Verantwortung für seine Handlungen trägt. „Der gestirnte Himmel über mir" – also die Natur und die Naturwissenschaft – „und das moralische Gesetz in mir", sagte Kant. Mit seiner Maxime knüpfte er in gewisser Weise an die Moral der Stoiker an, die ebenfalls dem Einzelnen die letzte Verantwortung für seine Handlungen zuschreibt. Ein Angriff auf die eigenen Moralprinzipien konnte sogar zum Selbstmord führen: Dante setzte Cato den Jüngeren als Wache des Fegefeuers ein – also an die höchste Stelle, die ein Nicht-Getaufter erreichen konnte –, weil er sich umgebracht hatte, um seine Freiheit nicht zu verlieren, die durch den Sieg Julius Cäsars gefährdet war. Die stoische Moral ist aristokratisch. Es war die Moral der bedeutendsten heidnischen Familien, die der klassischen Tradition trotz des sich zunehmend ausbreitenden Christentums treu blieben. Von Beginn an war diese Religion bestrebt, in die Gesellschaft einzudringen. Daher musste sie Strukturen schaffen, die den Glauben über die Vernunft stellten.

Dieses frühe Christentum, das Christentum der Zeit Konstantins des Großen, ist insofern bewundernswert, als es, ob es uns gefällt oder nicht, dazu beigetragen hat, die Grundfesten Europas zu errichten; es ist sicher nicht der einzige, aber doch einer der grundlegenden Einflüsse unseres kulturellen Erbes. Heute aber hat sich, wie ich glaube, die wichtige historische Schaffenskraft dieses Christentums erschöpft.

Meine Argumentation, dass es keine Rechte ohne Pflichten geben kann, trifft insbesondere auf die Bürgerrechte zu: Das Recht auf einen würdevollen Tod ist nicht vorstellbar, wenn nicht genauso derjenige Achtung und Unterstützung erfährt, der es vorzieht, eines natürlichen Todes zu sterben. Wer bedürftig ist und leidet, sollte vom Staat mit Palliativmedizin versorgt werden. Und ich kann mir auch keine Entscheidungsfreiheit im Hinblick auf die Mutterschaft vorstellen, die nicht gleichfalls die Pflicht beinhaltet, sich solidarisch einzubringen. In politischen Begriffen bedeutet das, dass auch denjenigen Hilfe und Unterstützung zu gewähren ist, die sich dafür entscheiden, Kinder zu bekommen.

Frage: *Als was würden Sie sich, alles in allem, bezeichnen?*

Antwort: Als eine Libertäre im Geiste Mazzinis[2]. Mazzini kämpfte für die Freiheit. Ein herausragendes Resultat seines Kampfes war die Verfassung der Römischen Republik, die viele Elemente des modernen demokratischen Konstitutionalismus Europas vorwegnahm. Er betonte dabei besonders die „Pflichten des Menschen"[3].

Unter den uns nahestehenden Intellektuellen war übrigens Pasolini derjenige, der darauf hinwies, dass es falsch war, von „Verweigerung aus Gewissensgründen" (*obiezione di coscienza*) zu sprechen, und vorschlug, stattdessen das Wort „Gewissensbehauptung" (*affermazione di coscienza*) zu verwenden: Denn jede „Verweigerung" eines ungerechten Gesetzes impliziert ja bereits die Vorlage eines neuen

---

2   Giuseppe Mazzini (1805 – 1872) war ein demokratischer Freiheitskämpfer im Rahmen des Risorgimento („Wiedererstehung"), des zwischen 1815 und 1870 vollzogenen Kampfes für die Vereinigung der italienischen Fürstentümer zu einem Nationalstaat, und Gründer der Aktionspartei (*Partito d'Azione*), die zum Vorbild für die 1942 als Oppositionskraft gegen den Faschismus gegründete Partei gleichen Namens wurde. Im Laufe der Märzrevolution von 1848 / 49 rief er am 9. Februar 1849 gemeinsam mit Carlo Armellini und Aurelio Saffi im damals noch zum Kirchenstaat gehörenden Rom die Römische Republik aus. Diese wurde allerdings bereits fünf Monate später von französischen und spanischen Truppen, die von der römisch-katholischen Kirche zu Hilfe gerufen worden waren, niedergeschlagen.
3   In seinem 1860 veröffentlichten Aufsatz „I doveri dell'uomo" geht Mazzini auf die als Pendant zu den Rechten bestehenden Pflichten des Menschen gegenüber der Menschheit, dem Vaterland, der Familie wie auch gegenüber sich selbst ein.

Gesetzes, wie auch jeder „zivile Ungehorsam" einen künftigen „Gehorsam" gegenüber einem neuen Gesetz voraussetzt und ankündigt.

Ich verstehe mich also als eine Libertäre im Sinne Mazzinis, in einem Land, in dem der Liberalismus oft entweder blutleer oder im Verschwinden begriffen ist und das Reden von Pflichten noch unpopulärer ist.

Frage: *Für eine waschechte, nonkonformistische radicale wie Sie erscheint es gewagt, von Pflichten zu reden, in einer Partei der antiprohibitionistischen Provokationen und der Parlamentskandidaturen eines Toni Negri[4] und einer Cicciolina[5].*

---

4 Antonio Negri, Politikwissenschaftler und Philosoph, der ursprünglich beim PSI aktiv war, gehörte zwischen 1969 und 1979 zunächst zu den Gründern der marxistischen außerparlamentarischen Organisation *Potere Operaio* (Pot. Op. / Arbeitermacht) und nach deren Auflösung zu den Führungsfiguren der Bewegung *Autonomia Operaia* (Arbeiterautonomie), die als Vorbild für zahlreiche autonome Basiskomitees und auch als historischer Bezugspunkt für die deutsche Autonomen-Bewegung diente. Im April 1979 wurde Negri, der sich bereits Anfang der Siebzigerjahre für den bewaffneten Aufstand ausgesprochen hatte, zusammen mit anderen Linksintellektuellen und Universitätsdozenten unter dem Vorwurf verhaftet, zu den Roten Brigaden zu gehören und einen Umsturz gegen den Staat zu planen. Nachdem er fünf Jahre lang unter der Anschuldigung des Terrorismus in Untersuchungshaft gesessen hatte, wurde er 1983 auf der Liste des *Partito Radicale* ins Parlament gewählt und infolgedessen bis zur formalen Anklage aus dem Gefängnis entlassen. Der Neomarxist Negri und die *radicali* hatten politisch sehr wenig gemeinsam, doch die Kandidatur sollte auf die damaligen im Zusammenhang mit dem Kampf gegen den Terrorismus erlassenen, repressiven Sondergesetze aufmerksam machen, die die Rechte der Gefangenen weitgehend einschränkten (und u.a. eine lange Untersuchungshaft ohne formale Anklageerhebung ermöglichten). In zwei Urteilssprüchen 1984 und 1986 wurde Negri aufgrund verschiedener Anklagepunkte zu über 34 Jahren Haft verurteilt, doch bevor seine Immunität auch dank der Enthaltung der *radicali* vom Parlament aufgehoben wurde, hatte er sich 1983 nach Frankreich abgesetzt. Dieser Vertrauensmissbrauch zog jahrelange Auseinandersetzungen zwischen Negri und den *radicali* nach sich. 1997 kehrte er nach Italien zurück und stellte sich den Behörden. 2003 wurde er aus dem Gefängnis entlassen.

Antwort: Jenseits aller Klischees, die mir und uns *radicali* angeheftet werden, fühle ich mich Mazzini, aber auch Einaudi[6] in einer modernen Interpretation geistesverwandt. Ich verstehe nicht, warum sich in der öffentlichen Darstellung ein Bild von uns durchgesetzt hat, das sich in so ungeheurem Maße von unserer wahren Identität unterscheidet. Vielleicht, weil unsere Gesellschaft und unsere Politiker es nicht gewöhnt sind, sich bestimmte Fragen zu stellen, und immer nur den äußeren Schein dessen, was man tut, ins Blickfeld nehmen. Sie sehen den Text, weigern sich aber, den Kontext zu analysieren, sich mit dem, was wir tun, auseinanderzusetzen und uns direkt nach der eigentlichen Bedeutung unserer Aktionen zu befragen.

Ich mache hier einen Einschub und leite von dem bisher Gesagten über zur konkreten Politik: Mir fällt gerade ein, dass ein Ziel, das man in diesem Sinne weiterverfolgen sollte – ich spreche immer noch von der individuellen Verantwortung – die sogenannte Transparenz der gewählten Politiker ist. Das von uns vorgeschlagene „Transparenzregister der Gewählten" sollte zur Norm für sittliches Verhalten in der Politik werden. Wenn jemand ein öffentliches Amt bekleidet, ist es nur recht und billig, dass er sein Vermögen und sein Einkommen offenlegt. Dafür sollte er persönlich die Verantwortung tragen. Wir gaben dieser Idee den Namen „öffentliches Register der Gewählten und der Ernannten", also derjenigen, die in wichtige öffentliche Ämter berufen werden. Nach wie vor handelt es sich dabei um eines der am schwierigsten umzusetzenden Unterfangen. Unser Land braucht bedeutende Reformen, aber ein wenig Anstand könnte es auch gut gebrauchen. Es geht mir nicht darum, hier als Demagogin aufzutreten. Ich lebe

---

5   Berühmte Ex-Pornodastellerin und von 1987 bis 1992 Parlamentsabgeordnete des *Partito Radicale*.
6   Luigi Einaudi (1874 – 1961) war nach dem Krieg von 1946 bis 1948 für die Liberale Partei Italiens (*Partito Liberale Italiano*, PLI) Abgeordneter in der Verfassunggebenden Versammlung, später Senator und von 1948 bis 1955 Staatspräsident Italiens.

in Trastevere in einer schönen Wohnung mit drei Terrassen, die mir meine Mutter gekauft hat und die ich sicher nicht gern auf Dauer mit Flüchtlingen aus Bosnien oder Libyen teilen würde. Ich will damit sagen, dass ich weder eine Verfechterin des Pauperismus[7] noch eine sogenannte Weltverbesserin bin. Aber die Transparenz ist unbedingt nötig, vor allem, um ein wenig Glaubwürdigkeit zurückzugewinnen, die in einem Land, in dem die politische Klasse davon wahrlich wenig besitzt, von sehr großer Bedeutung ist. Ich muss schon sagen, dass ich mich auch in dieser Hinsicht wie ein Fremdkörper innerhalb der gegenwärtigen politischen Klasse fühle. Als wir *radicali* den Vorschlag für dieses Register machten, hatte ich nicht gedacht, dass es sich dabei um eine so „revolutionäre" Idee handelte. Andere aber haben das begriffen, leisteten jeden erdenklichen Widerstand, griffen auf alle möglichen Ausflüchte zurück, nur um sich nicht fügen und ihre finanziellen Verhältnisse offenlegen zu müssen.

Frage: *Nach dem Fall der Berliner Mauer 1989 und dem Zerfall des kommunistischen Blocks haben sich in Italien fast alle als Liberale und viele sogar als Libertäre entpuppt. Das müsste Ihnen doch sehr gefallen haben.*

Antwort: Das waren, sprechen wir es ruhig aus, Sonntagsliberale. Aber das war nur eine vorübergehende Welle, sodass sich heute keiner mehr als Liberaler bezeichnet. Im Italien der Siebzigerjahre waren die beiden dominierenden politischen Massenkulturen die katholische und die kommunistische: Die eine versprach das Himmelreich nach dem Tod, die andere das Paradies auf Erden durch die Revolution. Wie auch immer, es waren zwei politische Kulturen und zwei politische Massenorganisationen. Individuelle Rechte

---

7 Der Ausdruck Pauperismus (von lat. *pauper*, „arm") bezeichnet eine christliche Armutsbewegung, die sich gegen Ende des 12. Jahrhunderts gegen den Reichtum der Kirche richtete und die Armut Jesu Christi als erstrebenswertes Ideal propagierte.

wurden von beiden aus unterschiedlichen, aber in letzter Konsequenz übereinstimmenden Gründen wie die Pest gemieden, weil sie die traditionellen Orte der Politik, wie die Fabrik, die Gewerkschaft oder die Kirche, und die Mächte infrage stellten, die sie kontrollierten, ohne jemandem darüber Rechenschaft ablegen zu müssen. Oder einfach, weil die Themen, die das Private betrafen, strikt aus der Politik herausgehalten wurden, ebenfalls aufgrund jener erklärten Abneigung gegenüber dem Individuum. Dabei handelte es sich dabei um echte gesellschaftliche Probleme. Für die Katholiken war die Ehe unantastbar, denn wir sind ein Land, wo man tun darf, was man will, solange man nur nicht darüber spricht. In den Achtzigerjahren wurden einige Bürgerrechte mühsam errungen, aber nach wie vor gaben jene beiden Kulturen den Ton an und die Masse und das sogenannte Gemeinwohl behielten weiterhin Vorrang gegenüber dem Individuum. Auch später haben sich die Dinge dann nicht mehr weiter groß verändert.

Frage: *Die beiden Volksparteien, die Kommunistische Partei und die Christdemokraten, stellten aber doch die Interessen, Wünsche und Bedürfnisse der breiten Bevölkerung in den Mittelpunkt des Staates und schufen so ein Gegengewicht zur Übermacht der kapitalistischen Interessen.*

Antwort: Als *radicale* halte ich vor allem nichts davon, wie die Wirtschaft zum Fetisch erhoben und zum beherrschenden Thema der Politik gemacht wird. Als wir *radicali* uns damals für die Scheidung und für die Abtreibung eingesetzt haben (bei der Kampagne für die Scheidung war ich noch nicht dabei, aber ich kann es mir lebhaft vorstellen), bekamen wir von allen Seiten mehr oder weniger Folgendes zu hören: „Ja klar, die Scheidung" respektive „die Abtreibung ist eine wichtige Angelegenheit, aber zuallererst geht es darum, die wirtschaftlichen Probleme zu lösen, das sind die Themen, die die Massen interessieren". Ständig wurde uns wiederholt: „Wir müssen ein Gegengewicht zur Dominanz der kapitalistischen Interessen schaffen und die

Arbeit von der Ausbeutung befreien" und so weiter. Schon damals waren wir der Überzeugung, dass man zunächst die Menschen- und Bürgerrechte durchsetzen musste, um eine angemessene Verbesserung der Lebensbedingungen der Bürger und der Arbeiter erreichen zu können. Mir scheint, dass die Fakten uns recht gegeben haben, zumindest bis heute. Abgesehen davon, dass jene Darstellung der wirtschaftlichen Themen und Probleme auf einer falschen, da beschränkten Sichtweise beruhte, sind die Wirtschaftsmythen, die die Basis der linken Kultur bildeten, in sich zusammengebrochen. Dennoch werden diese Mythen weiterhin gepflegt, auch wenn viele Linke sich andererseits als Liberale bekennen. Sich liberal zu nennen, fällt ihnen leicht, aber nicht wirtschaftsliberal, oder jedenfalls distanzieren sie sich vom sogenannten „ungezügelten" Wirtschaftsliberalismus. Diese Haltung stellt nur ein weiteres Alibi dar, in einer Welt, in der die breiten globalisierten Massen für neue und weitergehende Bürger-, Menschen- und politische Rechte kämpfen, die es möglich machen, auch die Wirtschaft in Zaum zu halten. Und dies bringt uns wieder zu Amartya Sen zurück, für den es ohne Demokratie und Freiheit auch kein Wirtschaftswachstum geben kann. Ich kann mich nicht erinnern, welcher andere Wirtschaftswissenschaftler darauf aufmerksam macht, dass wirtschaftliches Wachstum nur dort zu erreichen ist, wo die Regierungen in der Lage sind, wirksame Antikorruptionsgesetze einzuführen und umzusetzen, während die nach dem Gießkannenprinzip vergebenen Geldspritzen in Ländern, in denen die Gesetze nicht funktionieren, nur für Verschwendung und mehr Korruption sorgen. Als Gegenargument könnte angeführt werden, dass heute ein wettbewerbsfähiges China in aggressiver Weise auf der Weltbühne vorrückt, das, eingezwängt in ein repressives Regierungssystem, dennoch in Rekordzeit wirtschaftlich dermaßen wächst, dass es die Führungsrolle der USA, des Westens, Europas bedroht. Ich erinnere mich aber, dass vor einigen Jahrzehnten Ähnliches über den Wirtschaftsboom Japans mit seinen Autos, seinen Motorrädern, seiner

Elektronik gesagt wurde. Der japanische Drache wurde mittlerweile zurechtgestutzt, und meiner Ansicht nach wird auch China bald seine eigenen internen Probleme bekommen.

Jene dominierenden kapitalistischen Interessen in der kommunistischen und christdemokratischen Ära waren nicht allein (und vielleicht gar nicht so sehr) privater, sondern auch staatlicher Natur: Das öffentliche Energieversorgungsunternehm ENI[8] erzielte nicht nur Gewinne, sondern führte auch zu einer neuen Form von staatlicher Korruption: Wenn es im Parlament um die Erhöhung der ENI-Fördermittel ging, ließ man die Diskussionen darüber in den Ausschüssen in beschlussfassender Sitzung führen, sodass nicht allzu viel davon bekannt wurde, und die Beschlüsse erfolgten einstimmig. Hier begann das italienische Parteienherrschaftssystem, erste Wurzeln zu treiben. Immer auf Kosten der Rechte der Bürger.

Die Bürger-, Menschen- und politischen Rechte haben für mich Priorität, weil ich an die Vernunft und an die Gerechtigkeit glaube. Alles in allem denke ich, dass die Welt von heute einer epochalen Spannung unterworfen ist: Es entstehen neue Bedürfnisse, aber insbesondere neue einzelne und kollektive Akteure, die danach streben, sich zu entfalten, nicht in geopolitischer Hinsicht, sondern im Sinne der Menschen- und Bürgerrechte. An einem vor Kurzem abgehaltenen Kongress der *Transnational Radical Party* nahmen auch drei Mitglieder der Bewegung für die Rechte von Homosexuellen in Uganda teil. Begreifen wir eigentlich, was für Umwälzungen gerade passieren?

Kann die Wirtschaft diese Probleme regeln oder meistern? Das glaube ich nicht. Ich halte es aber gleichwohl für unerlässlich, die Freizügigkeit von Waren, Dienstleistungen

---

8 Der Energie- und Erdölkonzern *Ente Nazionale Idrocarburi* (Staatsunternehmen für Kohlenwasserstoffe) ist das größte Unternehmen Italiens. Das ursprünglich staatliche Unternehmen wurde 1992 in eine Aktiengesellschaft umgewandelt und teilprivatisiert. Der staatliche Aktienanteil liegt heute bei etwa 30 %.

und Kapital weiter zu fördern, zu verteidigen und auszuweiten.

Was jedoch heute fehlt, ist im Wesentlichen eine kulturelle, zivilgesellschaftliche und politische Orientierung, die eine im Umbruch befindliche menschliche Gesellschaft in die Lage versetzen könnte, mögliche Ziele anzusteuern. Ich glaube nicht an eine „Weltregierung", selbst wenn sie von den Vereinten Nationen gestützt würde. Ich bin allerdings davon überzeugt, dass die derzeitige Zersplitterung in Nationalstaaten, die abgeschlossen in sich selbst vielleicht gar noch alten Träumen von Ruhm, Herrschaft und Hegemonie nachhängen, extrem kontraproduktiv und gefährlich ist.

Frage: *Mit dem Thema Föderalismus und Europa werden wir uns später eingehender beschäftigen. Aber was ist mit den bürgerlichen Freiheiten in Italien?*

Antwort: Bei uns wird seitens der Linken nichts unternommen, um die Bürgerrechte zu fördern, bei der Rechten finden sie allerdings auch keine Zustimmung. Bei den Bürgerrechten sind wir in den Achtzigerjahren stehen geblieben; mit den neuen Rechten sind wir auch nicht vorangekommen. Dennoch entdeckt die Menschheit schrittweise immer neue Menschenrechte sowie Bürger- und politische Rechte, an die es die Gesetze, unsere positive Gesetzgebung,[9] anzupassen gilt. Wenn die Wissenschaft, beispielsweise durch Forschung an embryonalen Stammzellen, neue Heilmethoden gegen eine Reihe von Krankheiten entdeckt, wird sofort eine Barriere von öffentlichen Verboten errichtet: gegen die künstliche Befruchtung, gegen die

---

9 Der Ausdruck „positives Recht" (lat. *ius positivum*) bezeichnet in der Rechtslehre das „durch Rechtsprechung entstandene Recht". Demgegenüber beruht das Konzept eines nicht durch Konventionen entstandenen, „überpositiven" Naturrechts (*ius naturale*) auf der Vorstellung, dass der Mensch „von Natur aus" mit bestimmten, unveräußerlichen Rechten ausgestattet ist.

wissenschaftliche Forschung, gegen die Abtreibungspille RU486 oder auch – wie bereits erwähnt – gegen die Sterbehilfe oder gegen die Patientenverfügung.

Um aber einmal Italien und seine Rückständigkeit hinter uns zu lassen, denken wir daran, was gerade in anderen Teilen der Welt geschieht: Bis vor etwa zwanzig Jahren war das Thema der weiblichen Genitalverstümmelung – auf das ich noch einmal Bezug nehme, da ich mich intensiv damit beschäftigt habe – noch nicht einmal am entfernten Horizont zu erkennen. Man akzeptierte ohne Diskussion, dass in weiten Regionen Afrikas und Asiens Mädchen verstümmelt und ihr Leben aufgrund der barbarischen Bedingungen, unter denen die Verstümmelungen stattfanden, ernsthaft aufs Spiel gesetzt wurde. Dann ist man sich des Problems mit einem Mal bewusst geworden, und heute wird diese Praktik zu Recht als nicht hinnehmbar empfunden: in ebenjenen Ländern, oder jedenfalls einem großen Teil von ihnen, wo sie zuvor als normal angesehen, und nicht etwa auf Vorurteile, sondern auf sakrosankte moralische und religiöse Vorschriften zurückgeführt wurde.

Oder denken wir an die Bürgerrechte der Homosexuellen oder jedweden anderen Genders. Ich glaube, dass diese Zunahme an Rechten, die mit einer außergewöhnlichen Entwicklung von Sensibilität einhergeht, in historischer Hinsicht eine notwendige Konsequenz vor allem der Allgemeinen Erklärung der Menschenrechte[10] und der Charta der Vereinten Nationen darstellt. Es ist nicht so, dass die Charta und die Erklärung sofort in Kraft getreten und allgemein akzeptiert worden wären, doch haben sie einer neuen Sensibilität den Weg geebnet. Noch vor einem Jahrhundert wurden etwa in China den Mädchen noch die Füße umwickelt, um sie zierlicher und weiblicher erscheinen zu lassen. Diese Praktik ist, denke ich, mittlerweile ausgestorben. Der Weg zu dieser Entwicklung ist jedoch

---

10 Am 10. Dezember 1948 von der Generalversammlung der Vereinten Nationen in Paris verkündetes Bekenntnis zu den allgemeinen Grundsätzen der Menschenrechte

immer der gleiche. Ich glaube, dass sich der Anerkennung der Rechte, die ich als Rechte der „Person" bezeichnen möchte, auch ein wenig ein Dritte-Vierte-Welt-Folklorismus in den Weg stellt, ein Exotismus derjenigen, die altertümliche Stammesbräuche romantisieren und beklagen, dass diese dabei sind, unter der Decke der „westlichen" Uniformität zu verschwinden.

Frage: *Das rechte politische Lager hat unter dem politischen Banner der Freiheitsideale die illiberale Gesetzgebung auf die Spitze getrieben?*

Antwort: Als Berlusconi das politische Feld betrat, verkündete er die liberale Revolution. Zugegebenermaßen waren die sieben Monate seiner ersten Regierung, von Mai 1994 bis Januar 1995, eine ziemlich kurze Zeit. Aber in der Legislaturperiode von 2001 bis 2006, als er eine komfortable Mehrheit hatte, war das einzig Liberale die Privatisierung des *Ente Tabacchi*[11]. Die Bilanz der letzten Berlusconi-Regierung war eine Katastrophe. Es gab überhaupt keine Reformen, weder solche, die mit tatsächlichen Kosten verbunden gewesen wären, noch solche mit lediglich politischen Kosten: die öffentlichen Körperschaften wurden gestärkt, die Kammern der Notare und der Rechtsanwälte nicht liberalisiert. Nichts dergleichen. Vom Journalistenverband ganz zu schweigen. Was die Justiz angeht, zeigte Berlusconi nur für solche Gesetze ein echtes Interesse, die ihm persönliche Vorteile verschafften: von der Entkriminalisierung der Bilanzfälschung über die Berechtigung zur Abwesenheit von Regierungsmitgliedern bei gegen sie laufenden Gerichtsverfahren bis hin zu den anderen Versuchen, seine Immunität zu wahren. Und man sollte immer bedenken, dass der Mangel an Glaubwürdigkeit des Justizsystems einer der Faktoren ist, die auf Investitionen in unserem Land abschreckend wirken. Mit anderen

---

[11] Ente Tabacchi Italiani (ETI), ursprünglich staatlicher Tabakkonzern, wurde 2003 privatisiert

Worten: Das Problem der Justiz ist somit auch ein soziales und wirtschaftliches Problem. Ich wiederhole es für diejenigen, für die die Wirtschaftsthemen die höchste Priorität haben und die sich nicht damit auseinandersetzen wollen, was ein solches Justiz- und Strafvollzugssystem wie das unsere gerade in finanzieller Hinsicht die Gemeinschaft kostet. Was die Themen der individuellen Freiheiten angeht, sind wir noch schlimmer dran. Alles in allem haben sich die liberalen Ankündigungen Berlusconis als Papiertiger erwiesen.

Frage: *Öffentliche Verbote, aber persönliche Freibriefe?*

Antwort: Zu den persönlichen Freibriefen möchte ich klarstellen: Wenn es nur um die Partys Berlusconis mit seinen Escort-Damen gegangen wäre, hätte diese Angelegenheit für mich kein Gegenstand öffentlichen Interesses sein müssen. Als die Richter in Mailand die Ermittlungen gegen den Cavaliere wegen Sex mit Minderjährigen einleiteten, wurde ich in einem Artikel der Tageszeitung *Libero* der Konversion bezichtigt: „Nach vielen Kämpfen für die Freiheit konvertiert die Bonino zur Nonne", hieß es. Das ist natürlich Unsinn. Dennoch gilt es klar zu unterscheiden: Freiheit ist kein Freibrief! Berlusconi hat, wie jeder andere auch, volles Recht auf sein Privatleben. Aber die Einschränkung seiner Freiheit besteht in meinem Recht, von jemandem repräsentiert zu werden, der nicht erpresst wird oder erpressbar ist. Ein Mann, der sich aus Leichtsinnigkeit, Größenwahn, institutioneller Ignoranz jedem oder jeder Hergelaufenen anvertraut, ist allein schon aus diesem Grund eine Gefahr für die Demokratie. Dies von der

---

12 In Anlehnung an den in einigen angelsächsisch geprägten Ländern als Feiertag begangenen „Family Day" fand im Mai 2007 in Rom eine Demonstration für die traditionelle Familie statt, die vom rechten politischen Lager und katholischen Kreisen organisiert wurde. Dabei richteten sich die Teilnehmer gegen die „Homo-Ehe" und andere alternative Familienmodelle.

unerträglichen Heuchelei abgesehen, wie sie beim großen Aufmarsch zum Family Day[12] 2007 veranstaltet wurde. Das durch Berlusconis Partys verursachte politische Problem ist enorm und hat nichts mit Moral zu tun und ganz offensichtlich auch nichts mit der Entwicklung der gerichtlichen Ermittlungen. Sich die Personen genau auszusuchen, mit denen man sich umgibt, stellt, wenn man so will, einen wesentlichen Bestandteil von Führungsverantwortung dar. Von dem bekannten Wüstling Julius Cäsar stammt die Mahnung, dass die Frau des Cäsar über jeden Verdacht erhaben sein muss. Das mag ja etwas machistisch sein, zeugt aber auch von einem Funken Verstand, jedenfalls in politischer Hinsicht.

Frage: *Berlusconi hatte in den letzten Jahren freie Hand, Gesetze für sich selbst zu machen.*

Antwort: Die Verantwortung dafür liegt nicht allein bei Berlusconi. Diese Gesetze wurden von einer Parlamentsmehrheit verabschiedet. Nicht zuletzt ist dafür auch ein Wahlsystem verantwortlich, das es ermöglicht, dass zwei Parteivorsitzende darüber entscheiden, wer im Parlament sitzt – das dann seinerseits die Leiter der Aufsichtsbehörden bestimmt, die Mitglieder des Ausschusses zur Überwachung des Staatsfernsehens RAI und so weiter. Unser politisches System hat sich festgefahren. Eigentlich hat es schon vorher nicht mehr funktioniert, denn selbst zu Zeiten des Proporzwahlsystems mit der Möglichkeit, seine Präferenz für einen Kandidaten auf der Liste abzugeben, haben wir schon unser blaues Wunder erlebt. Das System, das die Wahlfreiheit am besten garantiert und das Verantwortungsbewusstsein des Gewählten in den Mittelpunkt stellt, ist das System der Einmannwahlkreise mit oder ohne Stichwahl. In einem solchen Wahlsystem überwacht der Wähler den Gewählten, der in einem gewissen Maße „sein" Gewählter ist. Es ist daher kein Zufall, dass der Kandidat in diesem System seine Wahlkampagne selbst durchführt, indem er durch den Wahlbezirk reist, von Tür zu Tür geht und sich den Wählern vorstellt. Um es noch mal zu sagen: Beim Referendum im Jahr 1993 haben die Italiener für das Mehrheitswahlrecht gestimmt. Die Parteien bekamen es mit der Angst zu tun, und anstatt, wie es die Verfassung vorsieht, das Ergebnis des Referendums umzusetzen, organisierten sie gemeinsam eine Art Putsch: Sie entschieden, dass die Italiener nicht gut abgestimmt hätten und es daher besser sei, das *Mattarellum*[13] einzuführen, ein gemischtes Mehrheitswahlrecht mit einem Proporzanteil von einem Viertel der Sitze im Abgeordnetenhaus und im Senat. Vom *Mattarellum* wechselte man dann zum *Porcellum*[14] mit geschlossenen Wahllisten und Mehrheitsprämie[15]. Irgendwann mochte man das *Porcellum* auch nicht mehr und begann, erneut Unterschriften für ein Referendum[16] zur Änderung des Wahlgesetzes zu sammeln. Und dem Schlamassel bei den Versuchen einer Wahlrechtsreform sind in Italien keine Grenzen gesetzt! Daher können die Italiener ihre Stimme nicht frei vergeben, sondern nur über zwei politische Apparate abstimmen: den Apparat der Linken, der komplexer und zugleich transparenter ist, und den Apparat der Rechten, dessen mittlere Organe nach außen hin weniger gut erkennbar ist, da sie sich aus Seilschaften,

---

13 Abgeleitet von dem nach dem christdemokratischen Politiker Sergio Mattarella benannten Wahlgesetz *Legge Mattarella*, das am 4. August 1993 verabschiedet wurde.

14 Das am 21. Dezember 2005 verabschiedete Wahlgesetz, nach dem damaligen, der Lega Nord angehörenden Reform-Minister Roberto Calderoli auch *legge Calderoli* genannt, wurde von diesem selbst später in einem Fernsehinterview als „eine Schweinerei", „una porcata" bezeichnet. Als Ableitung von *porcata* setzte sich – entsprechend der Tendenz in Italien, die Namen der Wahlgesetze zu latinisieren – in der Folge der auf den Politologen Giovanni Sartori zurückgehende Ausdruck Porcellum durch. (Analog dazu entstanden die Bezeichnungen für weitere Wahlgesetze: *Tatarellum, Mastellum, Spinellum* usw.)

15 Die Koalition mit den meisten Stimmen erhält automatisch die absolute Mehrheit.

16 Das Referendum konnte nicht stattfinden, da es vom Verfassungsgericht für unzulässig erklärt wurde.

mafiösen Interessengruppen sowie der *Compagnia delle Opere*[17] zusammensetzen. An diesem System ist nichts Liberales, weil es uns die Freiheit der Entscheidung und die Verantwortung geraubt hat.

Frage: *Wie Sie aber festgestellt haben, kommt „das Debakel unserer freiheitlichen Demokratie nicht von ungefähr und hat seine Wurzeln in den Lücken des italienischen Systems."*

Antwort: Um es noch mal zu sagen, Berlusconi ist nicht das einzige Problem unseres Landes. Nach seinem politischen Abgang wird man daher nicht ins Goldene Zeitalter zurückkehren. Wenn es so wäre, würde ja ein Königsmord genügen, selbstverständlich ein gewaltloser. Dass er aber einen bereits zuvor bestehenden Zersetzungsprozess in dramatischer Weise beschleunigt hat, beklagen wir radicali schon seit Langem. Ich könnte sogar ganz weit zurückgehen, in jene Zeit, als *„gli amici del Mondo"*[18] von Pannunzio und Rossi eine Konferenz mit dem Titel „Verso il regime" / „Auf dem Weg zum Regime" organisierten. Diese Konferenz befasste sich – welch Zufall! – mit dem Thema Fernsehen. Aus dem Parteitag in Turin im Jahre 1972 ging ein Beschluss hervor, der die Anatomie des „Regimes" beschrieb, das aus dem Staatsunternehmen ENI und dem – nicht einmal allzu sehr verschleierten – Finanzierungssystem bestand, das alle, wirklich alle Parteien umfasste:

---

17   Die *Compagnia delle Opere* (CdO / Werke-Gemeinschaft) ist eine Vereinigung von kleinen und mittleren Unternehmen sowie karitativen Einrichtungen, die mit der katholischen Kirche verbunden sind.

18   Eine politische Gruppe, die 1962 um die Zeitung *Il Mondo* herum gegründet wurde. Dieser Gruppe entstammte jene neue Generation des *Partito Radicale* um Marco Pannella, die in der Partei einen radikal-linksliberalen Kurs einleitete. In der Folge zogen sich fast alle Vertreter anderer politischer Strömungen, die den *Partito Radicale* 1955 als Abspaltung vom *Partito Liberale Italiano* (PLI / Liberale Partei Italiens) gegründet hatten, aus der Partei zurück. (Man spricht daher seit 1962 auch von den *„nuovi radicali"*, den „neuen Radikalen".)

Das war der Anfang unseres *monopartitisimo imperfetto* (unvollkommenen Einparteiensystems), das erste Anzeichen der Besetzung des Staates durch die Parteien. Die einzelnen Etappen dieser Krise des italienischen Systems werden in unserem „Libro Giallo"[19] über die „italienische Pest"[20] behandelt.

Frage: *Der Karikatur der Freiheit stellen Sie die Freiheit der Bürger entgegen?*

Antwort: Die aktive Bürgerschaft ist ein verantwortungsvoll zu nutzendes Instrument. Es stellt einen integralen Bestandteil der Freiheit dar, die, wie gesagt, Verantwortung bedeutet und kein Freibrief ist. Freiheit auszuüben und somit zu wählen ist eine anstrengende, komplexe und oft schmerzhafte Übung. Obwohl es ohne Freiheit keine glückliche Bürgergesellschaft geben kann, fallen Freiheit und Glück nicht automatisch zusammen. Wenn ich meine Freiheit auf verantwortungsvolle Weise wahrgenommen habe, habe ich mich stets frei gefühlt, der Preis dafür waren aber oft Einsamkeit und Angst. Aktive Bürgerschaft ist ein Recht, das mit wichtigen Pflichten verbunden ist. Heutzutage erhebt niemand mehr Anspruch darauf. Es gibt zwar noch Fälle wie den des Unternehmers aus Pordenone namens Giorgio Fidenato, der sich weigerte, als sogenanntes „Steuer-Substitut" zu fungieren und im Namen des Staates die Rolle des Geldeintreibers für seine Angestellten auszuüben. Er zeigte sich bei den Behörden selbst an und leistete damit zivilen Ungehorsam. Aber

---

19 „*Libro Giallo*", wörtlich „gelbes Buch", ist ein Wortspiel. Einerseits steht der Ausdruck im Italienischen für „Krimi". Zugleich spielt er auf die regierungsamtlichen Dossiers an, die als sogenannte Farb- oder Buntbücher von den verschiedenen Staaten mit Umschlägen in jeweils spezifischen Farben herausgegeben werden. In Italien sind dies traditionellerweise Grünbücher (während Gelbbücher in Frankreich und China verwendet werden).

20 *Il Libro Giallo de „La Peste italiana"*, 2. vorläufige Auflage, Mai 2011.

wer hat schon davon gehört? Eigentlich hätte er zu einem Symbol für die Freiheitsliebenden werden können, doch es passierte nichts dergleichen.

Frage: *Wie verbindet sich der zivile Ungehorsam mit Ihrer Vorstellung von Freiheit?*

Antwort: Der zivile Ungehorsam ist ein Instrument der Ausübung des Bürgerrechts. Aber dieses schwer zu entwickelnde, doch gebotene bürgerliche Bewusstsein gibt es heute praktisch nicht mehr. Wertschätzung erfährt stattdessen, wer schlau und gerissen ist, seine Steuern hinterzieht oder schwarz arbeitet.

Im 19. Jahrhundert schrieb Henry David Thoreau in „Über die Pflichten zum Ungehorsam gegen den Staat"[21]: „Wir werden immer mehr zu Stroh, zu Holz." Dieses Risiko besteht nach wie vor. Mittlerweile haben viele Italiener aufgehört, sich auf eine Weise zu empören, dass daraus etwas Konstruktives entsteht. Sie leben in einer Art Starre, laufen wie narkotisiert herum, kollektiv vor sich hin grummelnd, und tragen die Größe ihres Bürgerbewusstseins zu Grabe. Sie beschränken sich darauf, Zuschauer in einer Menge zu sein, die mal die eine, mal die andere Seite anfeuern mögen, aber doch nur Zuschauer bleiben. In den letzten Jahren sind wir ohne großes Federlesen von Bürgern zum Publikum geworden, dann vom Publikum zu passiven Zuschauern und von Zuschauerquoten zur Plebs. Das Verhalten der Plebs ist unberechenbar, von grenzenloser Verehrung geht es nahtlos über ins Bewerfen mit Münzen

---

21 Henry David Thoreau (1817 – 1862) war ein US-amerikanischer Autor, Philosoph und führender Vertreter des Transzendentalismus, einer von US-Intellektuellen gegründeten Bewegung, die auf der Grundlage der mit dem deutschen Idealismus verbundenen Transzendentalphilosophie Einflüsse aus der englischen Romantik, der Mystik und indischer Philosophien miteinander vereinte. 1849 verfasste er den Essay „Resistance to Civil Government (Civil Disobedience)".

wie im Fall Craxis vor dem *Hotel Raphael*[22]. Ich meckere nicht gern über das Fehlen einer Zivilgesellschaft, das unvollendete Italien, den „Verlust des Vaterlandes"; aber wir müssen den Weg zurückgehen. Was für mich zählt, ist die Kraft des Einzelnen. Bei Demonstrationen mit nur zehn Personen fühle ich mich beispielsweise nicht unwohl, denn ich glaube nicht, dass man nur auf die Straße gehen sollte, wenn man 500.000 oder eine Million zählt. Nicht, dass ich es prinzipiell mögen würde, aber ich fühle mich nicht unwohl dabei.

Frage: *Aus dem, was Sie gesagt haben, ergibt sich als liberale Grundidee, dass das Individuum Vorrang vor der Masse und ihren Organisationen wie den Gewerkschaften hat. Dementsprechend stellen Ihre Kampfmethoden das Individuum in den Mittelpunkt: die Kriegsdienstverweigerung, der zivile Ungehorsam, das Satyagraha, der Hungerstreik.*

Antwort: Es war kein Zufall, dass wir den zivilen Ungehorsam, die Kriegsdienstverweigerung, das Satyagraha in den frühen Sechzigern für uns entdeckten, in der Zeit der großen

---

22 Bettino Craxi (1934 – 2000), von 1976 bis 1993 Generalsekretär des *Partito Socialista Italiano* (PSI / Sozialistische Partei Italiens) und von 1983 bis 1987 Ministerpräsident, residierte während seiner Aufenthalte in Rom jahrelang im Luxushotel *Raphael* an der Piazza Navona. 1992 wurde er im Laufe der „Mani pulite"-Ermittlungen wegen Bestechlichkeit angeklagt. Nachdem die Mehrheit des Abgeordnetenhauses am 29. April 1993 die Aufhebung seiner parlamentarischen Immunität abgelehnt hatte, warfen Demonstranten ihm am folgenden Tag beim Verlassen des Hotels Münzen zu, schwenkten mit Geldscheinen und sangen zur Melodie von „Guantanamera": „Vuoi pure queste? Bettino, vuoi pure queste?" („Möchtest du die auch? Bettino, möchtest du die auch?"). 1994 flüchtete er in seine Villa nach Tunesien, wo ihm von dem mit ihm befreundeten Diktator Ben Ali politisches Asyl gewährt wurde. In den Jahren 1996 bis 1999 wurde er in Abwesenheit insgesamt sechsmal zu zusammen mehr als 28 Jahren Haft verurteilt. Zu Craxis Freunden gehörte auch Silvio Berlusconi, für den er in seiner Amtszeit als Ministerpräsident eigens das Mediengesetz ändern ließ, damit Berlusconi mehr als einen Fernsehkanal betreiben konnte.

sozialen Bewegungen, die in Amerika unter anderem zur Anerkennung der Bürgerrechte der Schwarzen führten. Der zivile Ungehorsam ist eng mit der Verweigerung aus Gewissensgründen verbunden. In ihrer frühesten Bedeutung, die protestantischen und puritanischen Ursprungs ist, steht die Verweigerung aus Gewissensgründen für das Recht eines Bürgers, jene Gesetze des Staates nicht zu befolgen, die sein Gewissen schwer belasten könnten. Und es ist aufschlussreich, dass die traditionelle, am weitesten verbreitete Form der Verweigerung aus Gewissensgründen diejenige ist, die den Militärdienst und die Pflicht betrifft, den „Feind" zu töten, der den Staat oder gar das Vaterland bedroht. Das biblische Gebot „Du sollst nicht töten" lässt sich nicht einfach ignorieren, und genau das ist der Grund dafür, dass in vielen Ländern, wie etwa den Vereinigten Staaten, die Kriegsdienstverweigerung und die Ablehnung des Einsatzes von tödlichen Waffen ein anerkanntes Recht ist.

Wir *radicali* haben die Möglichkeiten der Verweigerung aus Gewissensgründen in theoretischer und praktischer Hinsicht ausgeweitet. Für uns muss es dem Bürger möglich sein, ein Gesetz, das er für ungerecht hält, abzulehnen. Aber diese Ablehnung muss einen Preis haben, sie darf ihm nicht zu leicht gemacht werden, um Missbrauch und oberflächlichen Umgang damit zu verhindern. Daher gehört es zu unserer politischen Kultur und Art der politischen Auseinandersetzung, dass derjenige, der ein Gesetz ablehnt und sich aus Gewissensgründen weigert, es zu befolgen, bereit sein muss, für seine Entscheidung zu bezahlen: Er muss damit rechnen, auch das Gefängnis, eine Anzeige und einen Prozess zu riskieren. Gerade das sind im Übrigen die Mittel und Wege, die den zivilen Ungehorsam zum Erfolg führen können: Ein Gerichtsverfahren kann die Gelegenheit bieten, überhaupt erst eine ernsthafte Diskussion über die *ratio legis*, den Sinn des beanstandeten Gesetzes zu führen. Der zivile Ungehorsam und die Verweigerung aus Gewissensgründen können – und müssen aus unserer Sicht sogar – zur Änderung des beanstandeten Gesetzes führen oder zur Verpflichtung seitens des Staates, die Entscheidung des Bürgers zu respektieren.

Bekanntermaßen kommt es häufig vor – und in Italien ist das fast schon eine nationale Tradition –, dass bereits Gesetze existieren, diese jedoch nicht angewandt werden. Auch hier findet unsere Wiederbelebung und Vertiefung der Ideen Gandhis Anwendung. Allzu oft wurden der indische Denker und seine Mission aus Oberflächlichkeit unter rein „religiösen" oder folkloristischen Vorzeichen betrachtet, und mitunter wurde auch sarkastisch behauptet, dass seine Ideen nur in Indien, aber nicht in einer modernen bürgerlichen Gesellschaft funktionieren würden. Man vergisst dabei jedoch, dass es tatsächlich England war, wo er von der Idee der Gewaltlosigkeit erfuhr, nicht in Indien, auch wenn sie ursprünglich von dort stammte. Als junger Mann wurde Gandhi von seiner wohlhabenden Familie nach London geschickt, um zu studieren und sich die westliche Kultur anzueignen. Aber in London kam Gandhi mit den intellektuellen Kreisen Englands in Kontakt, die unter anderem die indische Kultur studierten: Die Gewaltlosigkeit wurde zu einem Eckpfeiler des libertär-sozialistischen Denkens dieses Landes. Und hier fand Gandhi die theoretischen Grundlagen seiner nächsten Unternehmung. Wie wir wissen, wurde dieser libertäre und utopische Sozialismus dann von neuen Strömungen verdrängt, unter anderen vom Marxismus, der bald bei den sozialistischen Kräften des Kontinents zur einzigen vorherrschenden Denkschule wurde. Das Predigen von Gewaltlosigkeit traf in Indien natürlich auf fruchtbaren Boden, indem es an die dortige Mentalität und Religiosität anknüpfte und sie wiederbelebte. Aber auch im Westen stand die Gewaltlosigkeit in den Sechzigerjahren dank der amerikanischen Bürgerrechtsbewegung wieder hoch im Kurs, und nicht zu vergessen gehörte sie auch zur politischen Mission Martin Luther Kings.

Frage: *Wann war für Sie der Kampf für die Freiheit am härtesten?*

Antwort: Die ersten Tage im Gefängnis, in der Isolation, nach meiner Selbstanzeige wegen der Abtreibung im Jahre 1976 waren sehr belastend. Wie schon gesagt, dachte ich, dass meine Parteifreunde mich im Stich gelassen hätten, denn ich kannte sie noch nicht gut genug. Und auch im Jahre 2001, als wir eine Wahlkampagne unternahmen, um die Aufnahme der Bürgerrechte in die politische Agenda des Landes durchzusetzen. Wir fragten Massimo D'Alema, Francesco Rutelli und Silvio Berlusconi: „Wie wollt ihr euch zu diesen Themen positionieren?" Sie antworteten unisono, dass dies keine Wahlkampfthemen seien. Luca Coscioni und ich kandidierten allein im Mailänder Wahlkreis für den Senat. Für die Freiheit machten wir Gebrauch von unserer Freiheit. Wir verloren. Wir konnten uns nicht durchsetzen. Es war ein jäher Absturz. Mich überkam ein starkes Gefühl von Einsamkeit, und ich zog für drei Jahre nach Kairo. Die Einsamkeit kann einen manchmal peinigen; sie ist das Gefühl, das mich am häufigsten begleitet. Mit zunehmendem Alter lernt man, sie auch zu mögen und sie sogar zu suchen.

Eigentlich brauche ich nur wenige Sätze, um die Idee von Freiheit zu beschreiben, an die ich glaube. Einer stammt von Aung San Suu Kyi: „Bitte nutzt eure Freiheit, um unsere voranzubringen."[23] Der andere ist: „Im Grunde sind die Übel der Welt nicht nur den schlechten Menschen zuzuschreiben, sondern auch dem Schweigen der (sogenannten) Gerechten." Auch in Italien beruhen die Übel nicht auf der Bösartigkeit der jeweils Regierenden, sondern auf dem Schweigen der Gerechten. Ein weiterer Leitsatz ist für mich die Parabel von Brecht: „Als die Nazis die Kommunisten holten, habe ich geschwiegen; ich war ja kein Kommunist. Als sie die Sozialdemokraten einsperrten, habe ich geschwiegen; ich war ja kein Sozialdemokrat.

---

23 Die für ihren gewaltlosen Widerstand gegen das burmesische Militärregime bekannt gewordene, mit dem Friedensnobelpreis ausgezeichnete Aung San Suu Kyi richtete an die westlichen Regierungen den Satz: „Please use your freedom to promote ours!"

Als sie die Juden holten, habe ich nicht protestiert; ich war ja kein Jude. Als sie mich holten, gab es keinen mehr, der protestierte."[24]

Frage: *Nun zu Ihrer eigenen Verantwortung. Als Berlusconi 1994 die politische Bühne betrat, besaß er die Macht über die Medien, die ihm zwei Gesetzesdekrete Craxis in den Jahren 1984 und 1985 sowie das Gesetz Mammì*[25] *im Jahre 1990 beschert hatten. Basierend auf einer politischen Marketinganalyse erschuf er eine Partei auf dem Reißbrett. Die* radicali *unterstützten ihn. Haben auch Sie ihn mit einem Liberaldemokraten verwechselt?*

Antwort: Von einer bestimmten Warte aus betrachtet, war es Berlusconi, der uns unterstützte. Als er gemeinsam mit den Publitalia[26]-Managern und einem Teil der *Democrazia Cristiana* das Feld der Politik betrat, wusste er die Geschichte und Kompetenz der *radicali* in der Auseinandersetzung mit den Institutionen zu schätzen, die ihm fehlten: Er bot uns sieben Wahlkreise an, die wir akzeptierten.

Es muss aber gleich hinzugefügt werden, dass das Bündnis bereits 1996 wieder auseinanderbrach. Keiner

---

24 Zurückgehend auf einen Text von Martin Niemöller, der von Bertolt Brecht leicht verändert wurde.
25 Benannt nach Oscar Mammì, dem damaligen Minister für Post und Telekommunikation, der der Republikanischen Partei (*Partito Repubblicano Italiano*, PRI) angehörte.
26 Publitalia ,80, ein von der Berlusconi-Holding Fininvest 1980 gegründetes Unternehmen, diente ursprünglich dazu, Werbung für den neugegründeten Sender Canale 5 zu akquirieren. Heute ist es international tätig und auch im Bildungsbereich für Marketing aktiv.
27 Der Ausdruck *Tangentopoli* (wörtlich „Stadt der Schmiergeldzahlungen") wurde von der italienischen Presse Anfang der 1990er Jahre für die Stadt Mailand geprägt, als die dortige Staatsanwaltschaft unter der Leitung von Antonio Di Pietro ein Geflecht aus Korruption und illegaler Parteienfinanzierung offenlegte. In der Folge wurde das Wort zum Synonym für die kriminellen Verflechtungen, die im Rahmen der „Mani pulite"-Ermittlungen aufgedeckt wurden und fast die gesamte italienische Parteienlandschaft betrafen.

von uns machte sich große Illusionen, aber Hoffnungen gab es schon. Die Umstände in den Jahren 1993/94 waren insgesamt fürchterlich: *Tangentopoli*[27] hatte eine gesamte politische Klasse mit sich gerissen und vernichtet, während die „freudige Kriegsmaschine" von Occhetto[28] mit Fanfarenklängen voranmarschierte. Hoffnung und Zuversicht waren jedoch von kurzer Dauer. Es war die Hoffnung auf ein Erdbeben. Wir hatten Angst, dass, nachdem die „Mani pulite"-Ermittlungen drei oder vier Sündenböcke identifiziert hätten, sich das ganze System wieder neu formieren würde. Durch das Bündnis mit Berlusconi glaubten wir, uns die Möglichkeit offen zu halten, für etwas Aufruhr und frischen Wind zu sorgen. Im Januar 1995 führte die Lega Nord, die von D'Alema[29] damals als „Rippe der Linken" bezeichnet wurde, den Sturz der Regierung Berlusconi herbei, und wir traten allein zur Wahl an: Abgesehen von Senator Piero Milio wurde niemand von uns gewählt.

Frage: *Im Jahr 2000 standen Sie wieder kurz davor, für die Regionalwahlen ein Bündnis mit Berlusconi zu schließen. Nach dem Scheitern der Verhandlungen war Ihre Antwort auf die Frage, ob es sich dabei um eine verpasste Gelegenheit handelte: „Für die liberale Politik schon."*

Antwort: Um die Wahrheit zu sagen, ging es uns vor allem um die Referenden. Am Abend des Tages der Europawahlen, bei denen wir 8,5 % erreicht hatten, riefen uns alle an. Auch Berlusconi meldete sich: „Pass auf, wenn wir deine 8,5 % zu meinem Ergebnis addieren, können wir

---

28 Achille Occhetto, damaliger Generalsekretär des aus der Asche des PCI entstandenen PDS (*Partito Democratico della Sinistra* / Demokratische Partei der Linken), war der Gegenkandidat von Silvio Berlusconi bei den Parlamentswahlen 1994. Im Wahlkampf bezeichnete Occhetto seine linke Koalition als „freudige Kriegsmaschine" („gioiosa macchina da guerra"), ein Ausdruck, der ihm auch angesichts der erlittenen Wahlniederlage viel Spott einbrachte.
29 Massimo D'Alema löste Achille Occhetto 1994 als Vorsitzender des PDS ab.

uns schon als Gewinner betrachten!" Aber am Ende gaben wir eine Erklärung ab, mit der wir uns sowohl von der Regierung als auch von der Opposition distanzierten. Wir hatten Unterschriften für zwanzig Referenden gesammelt, die selbst von D'Alema auf *Radio Radicale* als ein „Regierungsprogramm" bezeichnet wurden. Dann aber ließ das Verfassungsgericht nur sieben davon zu: über die Abschaffung der öffentlichen Parteienfinanzierung, des Proporzanteils bei der Wahl zum Abgeordnetenhaus[30] und des Wahlverfahrens zum Obersten Gerichtsrat[31], über die Trennung der Laufbahnen der Richter und Staatsanwälte, über die Abschaffung von außergerichtlichen Nebentätigkeiten bei Richtern und Staatsanwälten, über die Abschaffung des Artikels 18 des Arbeitnehmerstatuts und des automatischen Abzugs des Gewerkschaftsbeitrags vom Lohn beziehungsweise Gehalt. Diese liberalen Reformvorhaben waren für uns am wichtigsten. Berlusconi forderte die Italiener dazu auf, nicht wählen zu gehen und stattdessen lieber ans Meer zu fahren, und dabei bediente er sich all jener Medien, deren Erreichbarkeit und Nutzung ihm keinerlei Probleme bereitet. Er sagte, wenn er erst wieder die Führung des Landes übernommen hätte, würde er diese Reformen ohnehin in Kürze einführen. Bei der Wahl bekam er dann eine überwältigende Mehrheit: 100 Abgeordnete und 50 Senatoren mehr als notwendig. Aber von den erwähnten Reformen gab es keine Spur: Reform des Wahlsystems, Reform des Justizsystems, Abschaffung der obligatorischen Strafverfolgung, Trennung der Laufbahnen von Richtern und Staatsanwälten, Einführung der zivilrechtlichen Haftung der Richter und Staatsanwälte, Verbot außergerichtlicher Nebentätigkeiten für Richter und Staatsanwälte. Angekündigt, erneut vorgeschlagen, aber nichts ist passiert, und das in einem Land mit neun Millionen schwebenden Zivil- und Strafverfahren: Ist das etwa Demokratie?

---

30 Wahl eines Viertels der Sitze im Verhältniswahlrecht
31 Consiglio Superiore della Magistratura (CSM): Selbstverwaltungsorgan der Richter und Staatsanwälte

Frage: *Welche weltweit geltende Freiheit kann es denn geben, solange es keine Globalisierung der Rechte gibt?*

Antwort: Freiheit, Bürgerrechte und politische Rechte sind universelle Werte, die alle Völker ohne Unterschied legitimer Weise anstreben. Inzwischen hat sich auch eine neue Art der Anthropologie durchgesetzt: Wer würde denn heute noch von „Kulturstaaten" im Unterschied zu „Naturstaaten" sprechen, oder von zivilisierten und wilden Menschen? Die Menschheit wird immer mehr zu „einer einzigen", es gibt zwar verschiedene Hautfarben, aber die Denkstrukturen werden zunehmend universal.

Wenn die Verantwortung für das, was in Ägypten, Tunesien, Libyen, Syrien und anderen Ländern des Nahen Ostens passiert, in erster Linie an den alten und korrupten Regimen liegt, sind die westlichen Demokratien mit ihrer unkritischen Unterstützung, die sie den autoritärsten Regierungen im Namen der Stabilität gewährt haben, zu einem großen Teil auch daran schuld. Der Westen hat schon immer korrupte und blutrünstige Diktatoren unterstützt, von Amin Dada über Bokassa bis hin zu Gaddafi, anfangs im Namen des Antikommunismus, dann im Namen des Kriegs gegen den Terror und al-Qaida. Wir waren wieder zur traditionellen, opportunistischen Realpolitik zurückgekehrt; es genügte, für den freien Markt zu sein, um als zuverlässig zu gelten. Das war eine kurzsichtige Politik, die jeder Art von Extremismus den Weg geebnet und eine kurze Stabilität einer dauerhaften vorgezogen hat. Dann brachen plötzlich mitten in Nordafrika und dem Nahen Osten Revolten aus, die sich als echte Revolutionen entpuppten, und zum ersten Mal scheinen die Aufständischen keine antiwestlichen Islamisten zu sein – sie forderten Freiheit und Demokratie von ihren Tyrannen. Die realpolitischen Pläne sind grandios gescheitert und das alte Europa, das einer an Totenstarre erinnernden Stabilität den Vorzug gab, befindet sich in einer unangenehmen Lage. Wie die Geschichte von Gaddafi zeigt, sind selbst die am stabilsten erscheinenden Diktaturen in Wirklichkeit sehr zerbrechlich.

Wo bleibt Europa?

Frage: *Was die Rechte und Freiheiten angeht, spielt Europa allerdings bisher nicht die Rolle, die Sie sich wünschen. Es zaudert und entzieht sich seiner Verantwortung.*

Antwort: Angesichts der politischen Krise und ihrer humanitären Folgen, die im Laufe des Jahres 2011 nur wenige Flugstunden von uns entfernt in Nordafrika und dem Nahen Osten ausbrach, konnten wir miterleben, wie unsere Regierung zwischen Selbstmitleid und Alarmismus schwankte. Aus den verschiedenen europäischen Hauptstädten kamen die unterschiedlichsten Meinungen, aber Europa als Ganzes hüllte sich zunächst in Schweigen. Und das nicht etwa, weil Catherine Ashton die Krise nicht registriert hätte, sondern weil die Mitgliedsstaaten nicht bereit gewesen sind, im Vertrag von Lissabon eine richtige gemeinsame Außen- und Verteidigungspolitik zu verankern, ja nicht einmal eine gemeinsame Einwanderungspolitik, die sich der Migrationsströme annimmt. Bestenfalls ruft man nach „mehr Integration", die mit mühevollen und schwer durchschaubaren Verfahren verbunden ist. Wenn sich Europa so schwer damit tut, zu reagieren, liegt das vor allem daran, dass Ashton – die übrigens zur Hohen Vertreterin der EU für Außen- und Sicherheitspolitik bestimmt wurde, obwohl allgemein bekannt war, dass sie auf diesem Gebiet über keine besonderen Erfahrungen verfügte – von niemandem mit entsprechenden Kompetenzen ausgestattet wurde. Es handelt sich um die zweite Krise, in der Europa hilflos herummanövriert: Die schwere Finanzkrise, während der wir die konfusen Versuche miterleben konnten, eine zwischenstaatliche *Governance* aufzubauen, ist noch immer nicht ausgestanden. In der Zwischenzeit hat der Funke der Freiheit den südlichen Mittelmeerraum – Tunesien, Ägypten, Libyen, Syrien, den Jemen – erfasst, bedingt durch das politische Scheitern der dortigen Regime, das zugleich auch unser Scheitern war. Einher mit diesem Scheitern ging die Aushöhlung des Barcelona-Prozesses von 1995. Die damals begründete euromediterrane Partnerschaft verkümmerte in der Folge immer mehr, überladen durch zaghafte Vorschläge wie etwa Sarkozys „Union für das Mittelmeer", die ein totgeborenes Kind war. Die EU hatte noch nie eine gemeinsame Vision für den Mittelmeerraum, nicht einmal angesichts eines Ausnahmezustands. In dieser Region gab es schon seit einiger Zeit sichtbare Anzeichen dafür, dass etwas am Gären war: Dabei denke ich an die Academy of Change in Doha, an der die Texte von Thoreau und Gandhi übersetzt werden, an das Ibn Khaldun Center for Development Studies in Kairo, an das Al-Kawakibi Democracy Transition Center in Tunis.

Angesichts der Revolutionen beziehungsweise Revolten in Nordafrika und im Nahen Osten befand man sich in der paradoxen Situation, dass just diejenigen, die kein politisches Europa und keine stärkere europäische Integration wollten, Europa sogar vorwarfen, sprachlos und handlungsunfähig zu sein. Gerade so, als kämen sie vom Mars und hätten mit all dem nichts zu tun. Und dann das übliche Gejammer: „Europa lässt uns allein …", „Auf unsere Partner ist kein Verlass". Solche Vorwürfe kommen von denjenigen, die zuvor die Realisierung eines politischen Europas oder auch nur des vagesten Konzepts eines europäischen Zusammenhalts blockiert haben. Von Ländern wie Italien, das in den letzten Jahren die Flagge der Euroskepsis hochgehalten und sich immer stur einer gemeinschaftlichen Migrationspolitik entgegengestellt hat. Ich werde nicht vergessen, wie unser Land angesichts von einer Million Kosovo-Flüchtlingen – von denen es allerdings nicht besonders viele aufgenommen hat – es sogar fertigbrachte, die Situation zu einer nicht allzu schwer beherrschbaren Aufgabe herunterzuspielen – obwohl es vor allem Deutschland und Albanien waren, die sie damals auf sich geladen haben. So ist das Europa, das die Mitgliedsstaaten in ihrer „Weisheit" gewollt haben. Auch im Hinblick auf die europäischen Verträge, über deren Einhaltung die Kommission wacht, spielt Europa eine äußerst zurückhaltende Rolle, die sich in gewisser Hinsicht auf das Ratssekretariat[1] beschränkt.

Frage: *Woran krankt Europa?*

Antwort: Europa krankt daran, dass es nicht zu den Vereinigten Staaten Europas geworden ist. Statt eine gemeinsame europäische Heimat aufzubauen, ist man zu einem Europa der Nationen zurückgekehrt. Dabei zerstören sich auf diese Weise die Nationen auch noch selbst.

Frage: *Sie bleiben eine überzeugte Föderalistin?*

Antwort: Meine radikalen und föderalistischen Mitstreiter gehören mittlerweile unter Artenschutz. Wir sind die letzten,

---

1 Das Generalsekretariat des Rates der Europäischen Union dient dazu, den Rat der Europäischen Union und dessen Präsidenten sowie den aus den Staats- und Regierungschefs zusammengesetzten Europäischen Rat zu unterstützen. Seine Organisations- und Beratungsaufgaben betreffen auch die mit dem Vertrag von Maastricht geschaffene gemeinsame Außen- und Sicherheitspolitik. Insofern kommt ihm auf diesem Gebiet, auf dem die Europäische Kommission von den Mitgliedstaaten nur sehr beschränkte Kompetenzen erhalten hat, eine besondere Bedeutung zu.

2 Der österreichisch-britische Philosoph Karl Popper (1902 – 1994) ist der Begründer des kritischen Rationalismus. In seinem Hauptwerk „Die offene Gesellschaft und ihre Feinde" beschreibt Popper die liberale Demokratie als Staatsform, in der die Regierung gewaltfrei ausgetauscht werden kann. Die Aufgaben des Staats bestehen demnach darin, eine ausreichende Grundversorgung der Bürger sicherzustellen und für eine egalitäre Gesellschaftsstruktur zu sorgen, sodass die Herrschaft nicht bei den „Eliten" liegt. Institutionen sind zwar unumgänglich, sollten aber fortwährend überprüft werden und jederzeit veränderbar sein. Die Nation stellt bestenfalls ein vorübergehend notwendiges, langfristig zu überwindendes Übel dar.

die sich mit Leib und Seele dem Föderalismus verschrieben haben. Der Föderalismus scheint mir der einzig gangbare Weg zu sein. Früher oder später werden wir dorthin gelangen. Doch je früher, desto besser, denn ich erlebe jeden Tag, wie die Nationalismen in Europa stärker werden und sich festigen und sich die Macht von Europa auf die einzelnen Mitgliedstaaten verlagert. Die aktuelle Politik leidet unter Kurzsichtigkeit. Nach Popper[2] tendieren die Bürger in Krisenzeiten dazu, sich auf die Autorität zu verlassen, die ihnen am nächsten steht. Vielleicht auf den eigenen Bürgermeister, der sie beispielsweise vor den Chinesen beschützen soll. Aber derartige Probleme übersteigen die Fähigkeiten eines einfachen Bürgermeisters. Es gibt nur wenige politische Führer, die in der Lage sind, gerade in Krisenzeiten an der Umsetzung ihrer Vision festzuhalten, ja sie sogar noch schneller voranzutreiben. Statt Führungspersönlichkeiten, wie es Kohl und Mitterand waren, gibt es heute eher *followers*. Wie kurzsichtig ist zum Beispiel diese Politik des Stop-and-go – eher *stop* als *go* – gegenüber der Türkei, dem Land, das praktisch alle arabischen Länder, die sich gerade im Umbruch befinden, als Orientierungspunkt und Modell betrachten, während wir ein Schreckensbild an die Wand malen, „Hilfe, die Türken kommen!", wobei nicht ganz klar ist, ob es sich dabei um die Angst vor einer anderen Kultur oder vor dem Islam handelt. Das ist das Europa von heute: bedeutungslos. Als politisches Projekt ist Europa zum Stillstand gekommen. Der ursprüngliche Geist ist verlorengegangen. Europa kann nur als politisches Projekt existieren und somit als etwas, das sich in einem ständigen Entwicklungsprozess befindet. Eine ernstgemeinte Demokratie begreift sich als ein Projekt im Aufbau und ist daher in der Lage, sich selbst zu verbessern. Meine Sorge ist, dass jede Verzögerung auf dem Weg zu einer politischen Union in Wirklichkeit einen Schritt zurück bedeutet.

Jacques Delors verwendete oft die Metapher des Fahrrads: Ein Fahrrad lässt sich nur aufrecht halten, solange man in die Pedale tritt, andernfalls bleibt es nicht einfach nur stehen, sondern es fällt um. Meine Befürchtung ist, dass Europa ebenso strauchelt oder nur ein in sich geschlossener Binnenmarkt bleibt. Aber im Moment sind wir gerade so sehr dabei, uns in die Gegenrichtung zu bewegen, dass sogar die bisherigen gemeinsamen politischen Errungenschaften wie der Wettbewerb und der freie Kapitalverkehr infrage gestellt werden. Alles in allem befürchte ich, dass die europäische Vision und der europäische Geist verloren gehen könnten. Europa ist aber eine Notwendigkeit: Schon allein deshalb muss man es aufbauen, wenn man es nicht aus Überzeugung tut. Was denken wir denn, wer den Anspruch erheben kann, am Tisch der G20, der Welthandelsorganisation oder des umstrukturierten Internationalen Währungsfonds Platz zu nehmen? Sicherlich China, Indien, Russland (solange es über Erdöl verfügt), Südafrika, die Vereinigten Staaten ... und dann fraglos nur Europa als Ganzes; ich bezweifle, dass Padanien[3] da irgendeine Rolle spielen kann. Und selbst wenn das wirtschaftsstärkste Land Europas, Deutschland, an diesen Verhandlungstischen sitzen würde, gäbe es doch kein ausgewogenes Kräfteverhältnis mit den anderen Teilnehmern. Wenn wir also mitreden und bei der umfassenden Gestaltung der Geschehnisse auf der Weltbühne eine Rolle spielen wollen, sollten wir auf die Vereinigten Staaten von Europa hinarbeiten. Als einzelne Staaten werden wir dagegen keinen Einfluss haben und zur Bedeutungslosigkeit verdammt sein.

Frage: *Mir scheint, dass Europa heute vor zwei zentralen Problemen steht: einem wirtschaftlichen – ich meine damit den Zusammenhalt des Euro – und einem politischen, das die Identität betrifft, also das große Thema der Einwanderung und Integration.*

---

3   Im engeren Sinne bezeichnet dieser Ausdruck die italienische Poebene. In der Sprache der Partei *Lega Nord*, die immer mal wieder mit der Abspaltung „Padaniens" von Italien droht, steht der Begriff allerdings für ganz Oberitalien, einschließlich der oberitalienischen Alpen und Liguriens.

Antwort: Die Region, in der wir leben, die Eurozone, gehört nicht nur zu den reichsten Gegenden der Welt, sie hat auch der Wirtschaftskrise bemerkenswert gut standgehalten, und die ökonomischen Gewinne werden hier gerechter verteilt als anderswo. China und Indien mögen ja weitaus stärkere Wachstumsraten aufweisen, aber es wird noch einige Zeit dauern, bis ihre Bürger unseren Lebensstandard erreicht haben. Wenn wir Europäer, insbesondere als Bürger der Eurozone, uns als eine Einheit begreifen würden, könnten wir noch weit sorgloser sein und würden niemals auf die Idee kommen, den Zusammenhalt unserer Währung infrage zu stellen. Verglichen mit den europäischen Ländern laufen Kalifornien und Illinois eher Gefahr bankrottzugehen, und dennoch haben die Schulden dieser amerikanischen Bundesstaaten bisher keine Bedrohung für die US-amerikanische Währungsunion dargestellt. Und dies aus einem einfachen politischen Grund: Wer würde auf die Idee kommen, die politische Union der Vereinigten Staaten von Amerika infrage zu stellen? Eine politische Einheit der Eurozone gibt es dagegen noch immer nicht. Wie Giorgio Napolitano in einer Rede im Jahre 1999 zum Thema „Altiero Spinelli und Europa" anmahnte: „Der funktionalistische Ansatz und die beschlossene, vor allem wirtschaftliche, ursprünglich auf einzelne Bereiche bezogene Integration, die über schrittweise Erweiterungen und die teilweise Verlagerung von Befugnissen erreicht werden sollte, all das reicht nicht mehr aus."

Wenn die Spekulation schließlich auch Italien erreicht hat, lag das an der politischen Schwäche unseres Landes – in dem Minister und Regierungschef unter Anklage standen –, wie auch an der Abwesenheit Europas. George Soros[4] hat in einem Appell an die schweigenden Europabefürworter die Notwendigkeit hervorgehoben, einen Plan B für Europa zu entwickeln. Voraussetzung für die Schaffung eines europäischen demos ist jedoch die Identifikation mit den demokratischen Strukturen. Die institutionelle Zugehörigkeit drückt sich über die Teilhabe durch Wahlen aus. Der Präsident der Kommission sollte deshalb direkt gewählt werden. Was fehlt, ist ein Projekt, das in der Lage wäre, die Menschen zu begeistern, und dieses Projekt sind für mich die Vereinigten Staaten von Europa.

Frage: *Im Rahmen der Diskussionen des paneuropäischen Think-Tanks* European Council on Foreign Relations (Ecfr), *in dem Sie Mitglied sind, haben Sie eine* federation light *für Europa vorgeschlagen. Können sie kurz die Bedeutung dieses Begriffs erklären?*

Antwort: Ich denke, die den Europäern abverlangte geistige Vorstellungskraft zum Aufbau einer *federation light* besteht einfach darin, sich auf die föderalistischen Ideen von Spinelli, Monnet, Adenauer zurückzubesinnen, angepasst an das 21. Jahrhundert und in Anerkennung der Realitäten: dass die nationalen Armeen in Europa ihren Sinn verloren haben, da die territoriale Integrität der einzelnen Staaten von niemandem mehr bedroht wird; dass die Forschung in einer Größenordnung betrieben werden muss, die von keinem Nationalstaat allein mehr gewährleistet werden kann; dass die bereits vorhandenen Infrastrukturnetze für den Binnenmarkt von uns schlecht finanziert werden, immer nur kleckerweise und von jedem Land in Eigenregie; dass die Zollunion bereits heute in der ausschließlichen Verwaltungshoheit der Europäischen Union liegt und es daher lächerlich ist, dafür 27 verschiedene nationale Organisationen aufrechtzuerhalten. Ganz zu schweigen von den 27 verschiedenen nationalen Armeen.

---

4 George Soros (*1930) ist ein US-amerikanischer Milliardär, der sowohl durch seine Spekulationsgeschäfte als auch durch sein philanthropisches und politisches Engagement bekannt geworden ist. Seiner Ansicht nach ist die Deregulierung der Finanzmärkte für die 2007 ausgebrochene Finanzkrise verantwortlich. In seinen Büchern bezieht er sich bei der Erläuterung der Grundlagen seiner Spekulationsstrategien und seiner „Theorie der Reflexivität" auf seinen ehemaligen Professor Karl Popper und die von diesem postulierte Diskrepanz zwischen wahrgenommener und tatsächlicher Realität.

Federation light bedeutet die Schaffung eines föderalen Haushalts für echte Regierungsfunktionen, der wichtige öffentliche Dienstleistungen finanziert, wie Verteidigung, Friedenssicherung, Diplomatie, große Forschungsprogramme, transeuropäische Infrastrukturnetze, die Gewährleistung des Waren- und Personenverkehrs. Wie Marco De Andreis in seiner Studie über steuerlichen Föderalismus und die EU sehr schön erläutert, sollte die Union in diesen Regierungsfunktionen die einzelnen Staaten ersetzen. Es geht somit nicht um einen europäischen Superstaat, sondern um eine „leichte" überstaatliche Struktur, die für die Erfüllung ihrer Regierungsfunktionen nicht mehr als 5 % des europäischen Bruttoinlandprodukts beanspruchen würde. Gegenwärtig beläuft sich der EU-Haushalt auf 1 % und dient häufig dazu, Beihilfen nach dem Gießkannenprinzip zu verteilen. Nur um eine Größenordnung zu nennen: In den USA gehen 20 % des Bruttoinlandprodukts in den US-Bundeshaushalt.

Meine Ausführungen über eine *federation light* wurden übrigens sogar ins Aserbaidschanische übersetzt. Wir haben diese Bezeichnung ganz bewusst gewählt, um denen zu widersprechen, die uns Föderalisten mit der Idee eines Superstaates in Verbindung bringen. Wie Giorgio Napolitano betont: „Andererseits, wenn man das Manifest von Ventotene[5] noch einmal liest, begreift man heute besser, dass die Idee der Vereinigten Staaten von Europa die Übertragung von genau definierten Souveränitätsrechten seitens der Nationalstaaten erfordert: jener Staaten, die für Kriege, Unterdrückung, Einschränkungen der Freiheit, Hindernisse und Schranken auf dem Weg zu einem friedlichen und prosperierenden Europa verantwortlich waren."

---

5 Beim sogenannten *Manifesto di Ventotene* handelt es sich um eine programmatische Schrift mit dem Titel „Per un'Europa libera e unita. Progetto d'un manifesto" („Für ein freies und einiges Europa. Projekt eines Manifests"), die 1941 von den Antifaschisten Altiero Spinelli, Ernesto Rossi und Eugenio Colorni verfasst wurde. In ihr wird das Ideal eines europäischen Föderalismus entworfen.

Frage: *Inwieweit sollte ihrer Vorstellung nach Europa die Rolle eines europäischen Rechtsstaats einnehmen?*

Antwort: In den USA ist jeder Bundesstaat autonom, selbst wenn es um die Todesstrafe geht. Wir haben die Europäische Charta der Menschenrechte zu einem Bestandteil des Vertrags von Lissabon gemacht. Im Vergleich zu den USA ist hier also bereits ein höheres Maß an rechtlicher Integration vorgesehen. Was die grundlegenden Rechte angeht, sollte meiner Meinung nach ein Höchstmaß an kultureller Flexibilität und Vielfalt gewährleistet sein. Ich habe kein Europa vor Augen, das die Lehrpläne der Schulen festlegt, aber es sollte in der Lage sein, die schulischen Leistungen zu bewerten. Zur Schaffung des heutigen gemeinsamen Marktes war eine sehr eingreifende Gesetzgebung nötig (die sogar Vorschriften über die Länge der Bananen und die Größe der Äpfel enthielt), die übrigens von den Mitgliedsstaaten zum Schutz ihrer Produkte so gefordert worden war. Demgegenüber halte ich den Zeitpunkt für gekommen, die Gesetzgebung des Binnenmarktes für Waren zu vereinfachen. Auf der anderen Seite ist auch noch der bisher praktisch nicht existierende Dienstleistungsbinnenmarkt bei den Berufen auszubauen (lediglich 7 von 800 Berufsausbildungen werden bisher europaweit automatisch anerkannt), um die Mobilität der Menschen in Europa zu fördern.

Natürlich überlegt man es sich mehr als einmal, ob man seinen Wohnsitz von Italien in ein anderes europäisches Land verlegen soll, wenn man seine Sozial- und Rentenversicherung nicht einfach mitnehmen kann. Derzeit ist eine Zentralisierung des Sozialsystems insbesondere aus finanziellen Gründen noch fast undenkbar. Gleichwohl würde das die Mobilität der Arbeitskräfte enorm vereinfachen!

Kurz gesagt, fördern wir in der EU noch nicht einmal die innere Mobilität, sodass von den vier fundamentalen Grundfreiheiten der Union – Waren-, Kapital-, Personen- und Dienstleistungsverkehr – nur der Waren- und Kapitalverkehr funktioniert, während es fast keinen freien

Personenverkehr und noch weniger freien Dienstleistungsverkehr gibt. Mario Montis[6] Bericht „Eine neue Strategie für den gemeinsamen Markt" von 2010 – dessen Vorschläge übrigens wahrlich geeignet wären, den Markt in Schwung zu bringen – zeigt anhand einer einzigen Zahl auf, wie es um die Freizügigkeit der Arbeitnehmer in Europa bestellt ist: Nur 2,3 % der berufstätigen europäischen Bürger leben und arbeiten in einem anderen als ihrem Heimatland.

Kommen wir nun zu den Dienstleistungen: Die von Bolkestein[7] entworfene Richtlinie, die der europäischen Kommission im Februar 2004 vorgestellt und im Dezember 2006 verabschiedet wurde, hatte die Liberalisierung des Dienstleistungsverkehrs in der EU zum Ziel. Sie wurde von den linken politischen Kräften (aber nicht nur von ihnen) als „wirtschaftsliberal" abgelehnt; demgegenüber habe ich die daraufhin beschlossenen Einschränkungen nicht befürwortet. Es hieß, dass wir andernfalls von polnischen Klempnern überschwemmt worden wären. Aber wer hat diese Klempner je zu Gesicht bekommen? Ach, wären sie doch nur gekommen! Genau dieses Schreckgespenst war es dann, das in Frankreich im Jahr 2005 den Ausgang des Referendums über Europa[8] bestimmt hat.

Die Richtlinie ging im Zuge der Umsetzung verloren, ebenso wie die Klempner. Ich bin der Meinung, dass der freie Personen- und Dienstleistungsverkehr für den

---

6 Der Wirtschaftswissenschaftler Mario Monti (*1943) war von 1994 bis 1999 EU-Kommissar für den Binnenmarkt und im Anschluss daran bis 2004 Kommissar für Wettbewerb. Von November 2011 bis Dezember 2012 war er italienischer Ministerpräsident einer technokratischen Übergangsregierung.

7 Der niederländische liberale Politiker Frits Bolkestein (*1933) war von 1999 bis 2004 EU-Kommissar für den Binnenmarkt, Steuern und Zollunion.

8 Abgestimmt wurde über den 2004 von den Staats- und Regierungschefs der EU beschlossenen Vertrag über eine Verfassung für Europa (VVE). Da der Vertrag in den in Frankreich und den Niederlanden abgehaltenen Referenden abgelehnt wurde, konnte er nicht von allen Mitgliedsstaaten unterzeichnet werden und daher nicht in Kraft treten.

politischen und wirtschaftlichen Aufschwung Europas unverzichtbar ist.

Frage: *Sie gehören zu einer Gruppe „bedeutender Persönlichkeiten" unter dem Vorsitz von Joschka Fischer, die im Auftrag des Europarats auf dessen Gipfel am 11. Mai 2011 einen Bericht vorgestellt hat, der sich mit den Rechten der europäischen Minderheiten und den Einwanderern befasst. Oder anders ausgedrückt: „Wie sollen wir im 21. Jahrhundert zusammenleben?". Welches „Patentrezept" haben Sie dafür gefunden?*

Antwort: Zunächst einmal ist Europa nach meiner Vorstellung kein geografisches oder religiöses, sondern ein politisches Projekt. Und die Europäische Union ist ihrerseits wesentlicher Bestandteil einer noch größeren Realität, des aus 47 Ländern bestehenden Europarats. Die Grundlage der europäischen Identität ist der Glaube von über 600 Millionen Menschen an den Rechtsstaat und seine Anwendung – *the rule of law* – sowie an ein demokratisches System, in dem sie ihre Regierung frei wählen können. Punkt. Das ist die europäische Identität. Es ist eine Identität, die man aufbaut, nicht etwas, das man passiv von den Vorfahren übernimmt. Wenn man damit anfängt, von den christlichen Wurzeln zu sprechen, wie sollen wir dann die 20 Millionen europäischen Moslems bezeichnen, vielleicht die „Wurzellosen"? Für mich ist die europäische Identität, um es nochmals zu betonen, eine politische Identität, die sich in einem Entwicklungsprozess befindet. Ausgehend von drei grundlegenden Prinzipien – der Rechtsstaatlichkeit, der Freiheit und der Demokratie – ist diese Identität am besten dazu geeignet, Bürger mit Empfindungsvermögen, Bewusstsein, Interessen und einer Prise europäischem Stolz hervorzubringen. Es stimmt nicht, dass die europäischen Wurzeln christlich sind, und ohnehin sprechen wir von einem Christentum, das sich nicht immer gütig und barmherzig verhalten hat, angefangen mit den Kreuzzügen bis hin zur Inquisition. Europa hatte auch bemerkenswerte arabische Einflüsse. Paulus von Tarsus wurde in Anatolien geboren, also in der Türkei; Kaiser Septimius Serverus in Leptis Magna, Augustinus von Hippo in Algerien. In Córdoba beten im gleichen Gebäude freitags die Moslems, samstags die Juden, sonntags die Christen.[9] Das ist mein Europa! Was uns das Manifest von Ventotene lehrt, ist in seinem Kern noch immer aktuell: Der Nationalismus ist eine Pest, die überwunden werden muss, ein Ausgangspunkt ethnischer Spannungen, deren Entladung teils zu jahrhundertelangen Kriegen führte. Das föderale System bleibt für mich eine der uneingeschränkt gültigen Lehren, insbesondere, wenn es um die Fragen nach geeigneten Methoden der Politik geht.

Frage: *Der massenhafte Exodus aus den nordafrikanischen Ländern infolge der dortigen Revolten hat in Italien zu einer Notsituation geführt. Die Migrationsflüsse – wie auch die Integration der Roma – sind sicherlich zwei zentrale Themen, mit denen sich Europa auseinanderzusetzen hat.*

Antwort: Das sind zwei unterschiedliche Probleme. Bei den Roma handelt es sich um Minderheiten, die jedoch europäische Bürger sind. Ein Rechtsstaat zeichnet sich dadurch aus, dass er die Minderheiten schützt, während die Mehrheiten in der Lage sein sollten, sich selbst zu schützen. Die Roma sind eine innereuropäische Angelegenheit. Von Sarkozy bis hin zu unseren Regierenden wurde die Lösung des Problems darin gesehen, sie aus dem Land zu jagen und nach Rumänien zurückzuschicken (wo sie übrigens kein allzu gutes Dasein fristen) – ohne sich dabei bewusst zu machen, dass die überwiegende Mehrheit von ihnen seit Generationen in Italien lebt und einen italienischen Pass besitzt. Und wohin sollen wir sie eigentlich schicken? Bleiben noch die politischen Probleme des Minderheitenschutzes, der Integration, der offiziellen Anerkennung unterschiedlicher Kulturen, die sich, bedingt durch die

---

9 Zur Zeit des Kalifats von Córdoba, einem islamischen Staat auf dem Gebiet der iberischen Halbinsel, der von 929 bis 1031 existierte.

alltägliche Erfahrung miteinander, ergänzen und verschmelzen. Das bedeutet natürlich nicht, dass es hinzunehmen ist, wenn Roma ihre Kinder zum Betteln auf die Straße schicken; aber nur eine wirkliche soziokulturelle und politische Integration wird diese Mentalität ändern können.

Anders liegt der Fall bei den Migrationsströmen. Eine Zauberformel für die Integrationspolitik hat es bisher noch nie in der Geschichte und in keinem Land der Welt gegeben; es gab verschiedene Versuche mit Konzepten, die mehr oder weniger kulturelle Offenheit vorsahen – auf der einen Seite das französische Modell der völligen Assimilation, auf der anderen das englische oder das amerikanische –, aber ein Patentrezept hat auf diesem Gebiet noch niemand gefunden. Ich bin sogar überzeugt davon, dass es ein solches Rezept gar nicht gibt und wir akzeptieren müssen, dass eine Integrationspolitik nur stufenweise voranschreiten kann, wobei immer wieder die auftretenden Fehler zu korrigieren sind; andernfalls machen wir keine Fortschritte. „Multikulturelle Politik" bedeutet in Europa und vor allem in Italien, dass Einwanderer toleriert werden, wenn sie arbeiten und sich gut benehmen – als Bürger werden sie dagegen nicht wahrgenommen. Dabei wird vergessen, dass wir ein Rechtsstaat sind, dessen vorrangige Aufgabe darin besteht, die individuellen Freiheiten, Rechte und Pflichten für alle zu gewährleisten. Und wenn man das Problem einmal aus einer bestimmten, aber wesentlichen Perspektive, nämlich der der Frauen betrachtet, wird einem bewusst, welche dramatischen Auswirkungen diese Haltung hat. Das, was die Menschen zur Auswanderung antreibt, ist auch die Suche nach Freiheit: Wenn man sie auf die Sitten und Gebräuche ihrer Gemeinschaften und ihrer Clans zurückverweist, wird ihnen diese Freiheit oft wieder entzogen. Man muss nur einmal mit den immigrierten Frauen sprechen, die von Zwangsehen, Kindbräuten, Ehrenmorden oder Genitalverstümmelungen erzählen ...

Frage: *Der konservative englische Premierminister David Cameron hat sich selbstkritisch über den Multikulturalismus geäußert: Er sorge für Abschottung und berge das Risiko in sich, dass im Namen der Anerkennung unterschiedler kultureller Identitäten de facto die demokratischen Regeln untergraben würden. Gibt es demokratische Werte, die nicht verhandelbar sind?*

Antwort: Just in der erwähnten vom Europarat eingesetzten Arbeitsgruppe fand bei einer Versammlung im Februar 2011 eine leidenschaftliche Diskussion zwischen Joschka Fischer und Timothy Garton Ash zum Thema Multikulturalismus statt. Garton Ash erklärte, die aktuelle multikulturelle Politik Englands habe zur Folge, dass sich die Einwanderer bei der Wahrnehmung ihrer persönlichen Rechte ihren jeweiligen Communitys unterordnen. Fischer dagegen wies darauf hin, dass in Deutschland der Begriff Multikulturalismus für eine fortschrittliche Haltung gegen Ausländerfeindlichkeit, also für Öffnung und Aufnahmebereitschaft stehe. Ohne weiter auf diese deutsch-englische Debatte einzugehen: In unserem Bericht für den Europarat – in dem festgestellt wird, dass der Begriff Multikulturalismus je nach Epoche und Land verschiedene Bedeutungen hat – bekräftigen wir, dass der einzuschlagende Weg die Einheit in der Vielfalt oder, anders ausgedrückt, die Integration ist. Und dabei heben wir deutlich hervor, dass von einem Anstieg der Einwandererzahlen in unseren Ländern auf Dutzende von Millionen ausgegangen werden muss. Gemäß dem im Frühling 2010 veröffentlichten Bericht der von Felipe González geleiteten „Reflexionsgruppe zur Zukunft Europas" hat sich die europäische Bevölkerung – relativ zur Weltbevölkerung – in den letzten 50 Jahren halbiert: 1950 war einer von fünf Einwohnern unseres Planeten Europäer, heute ist es einer von zehn, im Jahre 2050 wird es einer von 20 sein. Und der Bericht von Gonzáles stellt weiter fest, dass wir nicht nur weniger werden, sondern auch immer älter: Angesichts der steigenden Lebenserwartung und der sinkenden Geburtenrate zeigen die

Prognosen, dass bis zum Jahre 2050 die Bevölkerung im arbeitsfähigen Alter auf 68 Millionen sinken wird, sodass auf vier Erwachsene im erwerbsfähigen Alter drei Rentner kommen werden. All das gefährdet die Wettbewerbsfähigkeit unserer Unternehmen und die Finanzierung unserer Gesundheits-und Rentensysteme.

Auch wenn es beschwerlich ist und immer wieder neue Anläufe und Korrekturen nötig sind, müssen wir auf eine Integrationspolitik setzen und es dabei vermeiden, übertrieben verständnisvoll und nachsichtig gegenüber dem zu sein, was mehr oder weniger folkloristische Mythen sind. Eine Zeit lang dachte man beispielsweise, dass die beste Methode zur Eingliederung der Einwanderer Schulklassen in ihrer Muttersprache wären. Das war ein Fehler: Arabisch können die Kinder in der Familie sprechen, aber in der Schule müssen sie Italienisch lernen, denn sonst können sie nicht einmal Taxifahrer werden. Ich erinnere mich an einen wunderbaren Film von Clint Eastwood, „Gran Torino", aus dem man einiges lernen kann: In der asiatischen Familie, die im Nachbarhaus der von Eastwood gespielten Hauptfigur lebt, wird an den alten kulinarischen und religiösen Traditionen festgehalten und weiterhin die Sprache der Heimat gesprochen. Die Alten können nur ein radebrechendes Englisch, die jungen Leute dagegen sprechen es fließend.

Ein anderes Problem, an dem wir arbeiten müssen, ist das der Legalität. Bei der Einwanderung gibt es immer eine Grauzone. Es ist ja nicht so, dass jeder Immigrant automatisch ein Heiliger ist. Auf den Decks und in den Laderäumen der Boote gibt es, wie in jeder Bevölkerung, neben den „Guten" immer auch die „Bösen", die Verbrecher. Man braucht sich im Übrigen nur die Geschichte der USA anzusehen. Wir Italiener haben sicherlich zur Entwicklung dieses Landes beigetragen, aber wir brachten auch eine gute Prise Illegalität, um nicht zu sagen Kriminalität mit. Über diese Mafia haben die Amerikaner dann ja großartige Filme gemacht ... Wie auch immer, um diese Grauzone einzudämmen, bedarf es der Waffen der Intelligenz und

Offenheit. Der Königsweg zur Bewältigung des Phänomens der Kleinkriminalität – sei sie nun italienischen oder anderen Ursprungs – liegt in der Legalisierung all derer, die nicht kriminell sind. Ein Sumpf, in dem die Kleinkriminalität zu gedeihen beginnt, muss trockengelegt werden. Wer sein Geld mit ehrlicher Arbeit verdient, sollte daher einen legalen Status erhalten. Wir dagegen – unsere Autoritäten, unsere herrschende Klasse, die Bevölkerungsmehrheit – lassen es zu, dass diese Grauzone fortbesteht, in der es weder Rechte noch Pflichten gibt. Außerdem hat, wer Steuern zahlt – und auch viele dieser Einwanderer zahlen ja Steuern – auch das Recht, mit eigenen Ideen und Wünschen an der Gestaltung der Stadt, in der er lebt, mitzuwirken. Wir dagegen räumen lieber Auslandsitalienern in der vierten Generation das Wahlrecht ein als dem Einwanderer, der das Restaurant an der Ecke betreibt. Man sollte den Einwanderern daher sofort das kommunale Wahlrecht gewähren und unbedingt die Modalitäten zum Erwerb der Staatsbürgerschaft vom *Ius sanguinis* zum *Ius soli*[10] ändern.

Was die gegenwärtige widersprüchliche Gesetzeslage angeht: Das Bossi-Fini-Gesetz[11] sieht vor, dass die

---

10 Die lateinischen Begriffe *Ius sanguinis* („Recht des Blutes") und *Ius soli* („Recht des Bodens") stehen im Staatsbürgerschaftsrecht für das Abstammungsprinzip beziehungsweise das Geburtsortsprinzip bei der Gewährung der Staatsbürgerschaft.

11 Das 2002 in Kraft getretene Einwanderungsgesetz wurde vom damaligen Präsidenten der Abgeordnetenkammer, Gianfranco Fini (Vorsitzender der postfaschistischen *Alleanza Nazionale*), und dem Vorsitzenden der *Lega Nord*, Umberto Bossi, entworfen und wird daher als *legge Bossi-Fini* bezeichnet. Einer der umstrittensten Punkte dieses Gesetzes ist die Ahndung jeglicher Hilfeleistung für Migranten und Flüchtlinge auf dem Meer als „Beihilfe zur illegalen Einwanderung". Andere restriktive Maßnahmen dieses Gesetzes sind unter anderem eine Aufenthaltsgenehmigung für Nicht-EU-Bürger nur bei Vorliegen eines Arbeitsvertrags, die Verpflichtung zum Verlassen des Landes bei vorzeitiger Beendigung des Arbeitsverhältnisses, die Einführung der Fingerabdruckpflicht und die Möglichkeit der Familienzusammenführung nur für Kinder unter 18 Jahren und Pflegebedürftige.

Verlängerung einer Aufenthaltsgenehmigung zwei Wochen dauern soll. Das entspricht nicht den Tatsachen! Es dauert mindestens 18 Monate, während derer über den Immigranten nicht nur die Bedrohung schwebt, wegen illegaler Einwanderung verhaftet zu werden, sie sind aufgrund der fehlenden Papiere auch jeglicher Art von Erpressung ausgesetzt. Auf diese Weise stoßen wir die Menschen in einen Sumpf voller äußerst stechfreudiger Mücken. Man sollte den Sumpf also trockenlegen, ohne dabei allerdings gleich eine Bombe reinzuschmeißen. Stattdessen wird gerufen: „Alle Immigranten raus!" Das ist reinste Demagogie. Obwohl kein Zweifel daran besteht, dass man sich über eine Integrationsstrategie Gedanken machen muss, die ein Zusammenwirken aller Betroffenen vorsieht und für die es noch keine Zauberformel gibt, verharren wir immer noch beim „Alle Immigranten raus!"

Frage: *Gehen wir kurz in der Zeit zurück: Im Oktober 1994 wurden Sie von der Berlusconi-Regierung im letzten Moment zur EU-Kommissarin ernannt. Sie hatten damit die Oberhand über Giorgio Napolitano, dem der damalige Minister für die Beziehungen zum Parlament, Giuliano Ferrara, den Vorzug geben wollte, um die Opposition zufriedenzustellen. Pannella besetzte daraufhin den Sitz des Premierministers und brachte Berlusconi dazu, sich von Napolitano abzuwenden und für Sie zu entscheiden. Wie er später erzählt hat, grüßte Pannella beim Verlassen des Amtssitzes Ferrara mit der Stinkefinger-Geste. Wie wichtig war Italien für Europa und Europa für Italien?*

Antwort: Als Gründungsstaat der Europäischen Gemeinschaft genoss Italien großes Ansehen. Aber der Rücktritt Franco Maria Malfattis vom Amt des Kommissionspräsidenten im Jahr 1972, um an den italienischen Parlamentswahlen teilzunehmen, führte zu einem schweren Rückschlag. Europa wurde von Italien als eine Art politischer Elefantenfriedhof wahrgenommen. Und Italien genoss in Europa einerseits Ansehen – das durch die Ideen Altiero

Spinellis gefördert wurde –, andererseits begann diese Anerkennung im Laufe der Zeit nach und nach zu bröckeln. In Wirklichkeit war Spinelli isoliert. Es waren zum Beispiel die *radicali*, die ihm Redezeit überließen (im Gegensatz zum PCI, seiner eigenen Fraktion[12]) und es ihm so ermöglichten, seine wunderschöne Rede 1984 im Straßburger Parlament zu halten, in der er aus Hemingways Roman „Der alte Mann und das Meer" zitierte und den endlich realisierten EU-Vertrag mit dem großen Fisch verglich, von dem für den alten Fischer, als er ihn endlich an Land gezogen hat, nur noch das Skelett übrigbleibt.

Die Nachricht von meiner Ernennung zur EU-Kommissarin erreichte mich in New York, als ich gerade mit einem Transparent um den Hals für das Moratorium der Todesstrafe demonstrierte, das wir dann dreizehn Jahre später, im Jahr 2007, erreichten: Soviel zur Hartnäckigkeit der *radicali*. Pannella informierte mich als erster, dann rief mich Berlusconi an, um mir mitzuteilen, dass er mich für das fantastische Ressort für Verbraucherschutz nominiert habe. Ich antwortete ihm, dass mir für Italien als zweitgrößtem Nettobeitragszahler der EU ein Ressort mit einem Etat von 20 Millionen Euro etwas klein erscheine. „Ich bitte dich, lass uns kein Theater machen", war seine Antwort. Mario Monti bekam das Binnenmarktressort. So landete ich also in Brüssel. Dort erwartete mich Gianfranco Dell'Alba, der mich schnurstracks im Auto nach Luxemburg brachte, wo Jacques Santer gerade die Ressorts verteilte. Als Santer mit den Worten abschließen wollte: „Mit dem Einverständnis aller Mitgliedsstaaten…", erhob ich meine Hand und sagte: „Nein, ich bin nicht einverstanden!" Er erwiderte: „Aber Ihre Regierung ist einverstanden!"

---

12 Altiero Spinelli (1907 – 1986) war von 1976 bis 1986 als direkt gewählter Unabhängiger aufgrund einer Listenverbindung mit dem *Partito Comunista Italiano* Abgeordneter des Europäischen Parlaments. Nach seinem Einzug ins Europaparlament im Jahr 1976 wurde er dort stellvertretender Vorsitzende der damaligen „Fraktion der Kommunisten und Nahestehenden".

Darauf ich: „Aber gemäß Vertrag braucht man die Zustimmung aller Kommissare, und für Italien ist das Verbraucherressort allein nicht zufriedenstellend. Ich kann dem nicht zustimmen! Ich beantrage die Unterbrechung der Sitzung, um eine Lösung für das Problem zu finden. Man könnte das Ressort für Mittelmeerpolitik und humanitäre Hilfe meines Kollegen Manuel Marin problemlos aufteilen." Die Sitzung wurde dann von Santer unterbrochen, und siehe da, als er sie fortsetzte, wurde mir auch noch das Teilressort für humanitäre Hilfe zugesprochen. Abermals erhob ich die Hand und wandte ein: „Wenn nun aber in den drei hier vertretenen Ländern Norwegen, Schweden und Finnland die Volksentscheide über den EU-Beitritt scheitern und ihre Kommissare abtreten, müssen wir wieder neu über die Ressortverteilung diskutieren." Santer wurde sichtlich nervös, stimmte dem aber zu. Tatsächlich scheiterte dann der Volksentscheid in Norwegen, und Santer rief mich an und bot mir auch noch das Fischereiressort an. Ich war voller Zweifel und nahm es mit dem Hintergedanken an, es gegen das Ressort für kleine und mittlere Unternehmen einzutauschen. Aber das Fischereiressort war wie eine ansteckende Krankheit: Niemand wollte es haben, und wer es doch haben wollte, wie Spanien, durfte es aufgrund von Interessenkonflikten nicht übernehmen. Tatsächlich gehört Spanien zu den Ländern, deren wirtschaftliche Interessen in besonderem Maße im Fischfang liegen, und befindet sich daher im ständigen Konflikt mit den nordeuropäischen Ländern, die wiederum ihre eigenen Interessen verfolgen. Kurz gesagt, ich hatte zu kämpfen. Um es mit den Worten Spinellis zu sagen: Man darf nicht kleinbeigeben und muss seinen Kurs unbeirrt fortsetzen.

Frage: *Bleibt noch hinzuzufügen, dass Italien in diesem Europa der Beschränkungen und Paradoxien Spitzenreiter im Hinblick auf Verstöße gegen die EU-Regeln ist. Wir wurden bereits in den Bereichen Umwelt, Justiz und Abfallbeseitigung mit Sanktionen belegt. Was ist der Grund dafür?*

Antwort: Dass Normen, Regeln und die Anwendung von Gesetzen von unserer herrschenden Klasse, sei es auf nationaler oder lokaler Ebene, nicht als fundamentale Dinge betrachtet werden. De facto herrscht in Italien auf institutioneller Ebene eine weit verbreitete Illegalität vor. Wir *radicali* sprechen daher auch von einem gesetzlosen Staat. Als ich Ministerin für Europäische Angelegenheiten wurde, nahm das Thema der Regelverstoßverfahren einen großen Teil meiner Arbeit ein. Im Laufe zweier Jahren gelang es uns, unter die auch „psychologisch" bedeutsame Schwelle von zweihundert Verstößen zu kommen. Momentan schwankt dieser Wert meines Wissens wieder sehr stark. Tatsächlich tragen wir diese Bürde schon seit Jahrzehnten mit uns herum, sei es in Form von angedrohten Regelverstoßverfahren wegen Verletzungen des Gemeinschaftsrechts, sei es für die verspätete oder unvollständige Umsetzung der EU-Richtlinien in innerstaatliche Verordnungen. Und in welchem Bereich werden die meisten Sanktionen gegen uns verhängt? Im Umweltsektor – vor allem für unsere katastrophale Abfallbeseitigung. Kurz gesagt, auch in puncto Müll werden wir schon seit Jahrzehnten von Europa verwarnt.

Der Markt, die Freiheit und die Regeln

Frage: *Der Finanz-Tsunami von 2008 und der jüngste starke Rückgang der westlichen Wirtschaft haben dem blinden Vertrauen in die „großartigen Selbstheilungskräfte des Marktes", die Liberalen wie Ihnen so lieb und teuer sind, einen schweren Schlag versetzt. Sie werden doch zugeben, dass der Kapitalismus wenn nicht tot, doch wenigstens ernsthaft erkrankt ist und das darauf beruhende Entwicklungsmodell völlig neu zu überdenken ist?*

Antwort: Meiner Ansicht nach handelt es sich hier um eine Krise *innerhalb* des Marktes, nicht des marktwirtschaftlichen Systems als solchem, die auch auf die fehlenden Regeln der Finanzmärkte zurückzuführen ist, die nicht von irgendeinem Vertreter des ungezügelten Wirtschaftsliberalismus abgeschafft wurden, sondern 1999 im Rahmen der US-Präsidentschaft Bill Clintons. Es war vor allem die Aufhebung der strikten Trennung von Investmentbanken und Geschäftsbanken, die der Deregulierung der Finanzmärkte Tür und Tor geöffnet hat. Mit dem Börsencrash von 2008 ist nicht der Markt in eine Krise geraten, sondern die Überzeugung, dass die Märkte sich von selbst regulieren und man sich deshalb keine allzu großen Sorgen machen muss, wenn die Banken beispielsweise Milliarden von Schrottanleihen an ihre Sparer weiterreichen – sowie die Gewissheit, dass sie dabei kein Risiko eingehen, zahlungsunfähig zu werden, da sie ja schließlich „zu groß sind, um unterzugehen" – *too big to fail*. Nachdem das, was passiert ist, von einigen als eine Krise *des* – und nicht *innerhalb* des – Marktes dargestellt worden ist, hat die Zahl der Liberalen rapide abgenommen. Niemand will die Verantwortung für die Krise übernehmen und unumwunden zugeben, dass die Theorie von der Selbstregulierung der

Märkte falsch war, obwohl zu ihren Propheten viele Nobelpreisträger gehörten. So besteht der persönliche Lackmustest für jeden jetzt darin, nicht mehr über Liberale reden zu können, ohne sie als „zügellose Freihandelsverfechter", als „maßlose, außer Kontrolle geratene Marktfetischisten" zu verunglimpfen. Aber ich mache keinen Rückzieher und bleibe weiter liberal – im Geiste Einaudis, versteht sich.

Als Gegenreaktion auf die Globalisierung scheint mir die soziale Marktwirtschaft nach deutschem Vorbild wieder im Aufwind zu sein. Mag sein, dass sie dort funktioniert, aber in Italien kann dieser Begriff, seien wir ehrlich, nur stutzig machen. In Italien diente das „Soziale" stets als Vorwand für wenig Markt und viel Staat. Dieses Land hat lange Zeit eine Staatswirtschaft erlebt, in der IRI[1], ENI, ENEL[2], EFIM[3] und EGAM[4] alle Produktions- und

---

1   Die staatliche Holding *Istituto per la Ricostruzione Industriale* (Einrichtung für den industriellen Wiederaufbau) wurde 1933 von der faschistischen Regierung gegründet, um die wichtigsten italienischen Banken vor dem Konkurs zu bewahren, und später von den demokratischen Nachkriegsregierungen aufrechterhalten. Über den IRI, der im Jahr 2000 aufgelöst wurde, war der italienische Staat als Eigentümer von etwa 20 % des nationalen Aktienkapitals an zahlreichen Industrieunternehmen beteiligt.
2   *Ente nazionale per l'energia elettrica* (Staatsunternehmen für elektrische Energie), größter Stromversorger Italiens, 1962 gegründet und seit 1992 eine Aktiengesellschaft. Mit 31 % hält der italienische Staat noch immer die relative Aktienmehrheit.
3   1962 wurde der *Ente Autonomo di Gestione per le Partecipazioni del Fondo di Finanziamento dell'Industria Meccanica* (EFIM / Autonome Körperschaft zur Leitung von Beteiligungen des Finanzierungsfonds mechanischer Industrien) als Holding von Unternehmen gegründet, die zuvor vom staatlichen Finanzierungsfond mechanischer Industrien (*Fondo di Finanziamento dell'Industria Meccanica* / FIM) unterstützt worden waren. Der FIM war seinerseits 1947 ins Leben gerufen worden, um die Luftfahrtindustrien von der Kriegs- zur zivilen Produktion umzubauen. 1969 erfolgte die Umbenennung in *Ente Partecipazioni e Finanziamento Industrie Manifatturiere* (Körperschaft zur Beteiligung an und Finanzierung von verarbeitenden Industrien). Der EFIM war an zahlreichen unterschiedlichen Industrieunternehmen beteiligt. 1992 wurde die Holding wegen Überschuldung aufgelöst.

Dienstleistungsbereiche abdeckten, vom Stahlwerk bis zum Panettone. Man darf nicht vergessen, dass der IRI – das Institut für den industriellen Wiederaufbau – 1933 von Benito Mussolini gegründet und erst 1992 in eine Aktiengesellschaft umgewandelt wurde, bevor er zehn Jahre später, 2002, schließlich aufgelöst wurde. Und was soll man erst zum ENI sagen, dem Staatsunternehmen für Kohlenwasserstoffe, das nicht zufällig eine der mächtigsten Schaltzentralen politischer Korruption war, die es je in Italien gegeben hat? Ganz zu schweigen vom EFIM, das von einer englischen Zeitung als „Schrottunternehmen" bezeichnet wurde: Unter dem Vorwand, sie vor dem Konkurs zu bewahren, verleibte es sich alle möglichen Firmen ein, von den Oto-Melara-Rüstungsbetrieben über den Hubschrauberhersteller Agusta bis hin zu vielen bankrotten Unternehmen, die kein privater Investor jemals gekauft hätte. Eine einzige Pfuscherei, die den italienischen Steuerzahler teuer zu stehen gekommen ist: Nach der Liquidierung des EFIM blieb ein Schuldenberg von 118 Billionen Lire übrig.

In Italien hat es nie einen freien Markt mit entsprechenden Regeln gegeben, auf dem Konkurrenz für Wettbewerb gesorgt hätte, mit Kontrollinstanzen, die wirklich politisch unabhängig und in der Lage gewesen wären, marktbeherrschende Positionen zu verhindern und Barrieren abzubauen, damit die dynamischsten und innovativsten Unternehmen zu gleichen Bedingungen miteinander in Wettbewerb treten können. Das Fehlen von Wettbewerb und eines freien Marktes hat allerdings auch nicht zur Entstehung großer Konzerne geführt, die vielleicht in der Lage gewesen wären, ein Übernahmeangebot für *Parmalat*[5] zu unterbreiten, sondern nur zu einem Wirtschaftssystem aus

---

4 *Der Ente Gestione Attività Minerarie* (Unternehmen zur Leitung von Bergbauaktivitäten), der 1958 gegründet wurde, aber de facto erst 1971 mit dem operativen Geschäft begann, umfasste neben Bergbauunternehmen auch Stahlgießereien und Eisenhütten. 1978 wurde der EGAM infolge der Insolvenz eines seiner Unternehmen aufgelöst.

kleinen Unternehmen, die ums Überleben kämpfen und es nicht schaffen, wettbewerbsfähig zu werden. Das ist einer der Gründe, wenn nicht der Hauptgrund für die gewaltige Verlangsamung des italienischen Wirtschaftswachstums, das während des letzten Jahrzehnts fast auf null gesunken ist. Und wir laufen Gefahr, uns daran zu gewöhnen. Einige Teile der Staatswirtschaft wurden zwar „privatisiert", jedoch nicht liberalisiert: Man hat einfach ein Staatsmonopol durch ein privates ersetzt, damit aber zumindest Geld in die Kasse gespült, um die öffentlichen Schulden zu verringern. Im Fall von Alitalia wurde dagegen eine Form der Privatisierung geschaffen, die dem Steuerzahler die Schulden aufbürdet und den „mutigen Kapitänen"[6] die Profite garantiert. Und weil ich mich gegen all das ausspreche, werde ich als rücksichtslose Wirtschaftsliberale abgestempelt. Dabei beziehe ich mich immer auf das gute Regieren im Sinne Einaudis, das sowohl öffentliche Schulen vorsieht als auch die Möglichkeit, dass öffentliche Dienstleistungen von privaten Unternehmen effizienter als durch den Staat angeboten werden.

In der Tat ist zwischen „öffentlichen" und „staatlichen" Dienstleistungen zu unterscheiden. Nicht nur aufgrund meiner Erfahrung als EU-Kommissarin für Verbraucherpolitik glaube ich, dass eine Dienstleistung, die sich an die Öffentlichkeit richtet, nicht zwangsläufig auch öffentlich verwaltet oder in Staatsbesitz sein muss. Wir *radicali* haben beispielsweise mit *Radio Radicale* bewiesen, dass man als privater Anbieter eine sehr gute öffentliche Dienstleistung offerieren kann. Das ist nur eine Frage von Regeln, von Transparenz, von rechtsverbindlichen Dienstverträgen und vor allem von der Führungs- und Aufsichtskompetenz

---

5   Eines der größten europäischen Molkereiunternehmen, das 1961 in Parma gegründet wurde. Seit 2011 gehört es mehrheitlich dem französischen Milchindustriekonzern Lactalis.

6   „Capitani coraggiosi": So nannte Berlusconi die 16 Investoren, die 2008 die Compagnia Aerea Italiana (CAI / Italienische Fluggesellschaft) als neue Betreibergesellschaft für Alitalia gründeten.

seitens der öffentlichen Verwaltung, um Qualitätsvorgaben für die privat angebotenen Dienstleistungen zu machen und diese zu kontrollieren.

Frage: *Sie bleiben also eine überzeugte Wirtschaftsliberale und haben zugleich schon viele Kämpfe im Namen der Rechte ausgefochten: Besteht hier nicht ein Widerspruch in dem Sinne, dass der Wirtschaftsliberalismus das Grundrecht auf Gleichheit aufs Spiel setzt oder jedenfalls nichts gegen die Tendenz zur Ungleichheit unternimmt?*

Antwort: Warum denn das? Luigi Einaudi war nicht der Auffassung, dass wer als Bauer geboren wird, sein Leben lang ein Bauer bleiben, oder dass der Sohn eines Notars zwangsläufig Notar werden muss. Einaudi war der Überzeugung, dass an der Chancengleichheit kein Weg vorbeiführt und das Recht auf Schulbildung ebenso universell gültig sein muss wie das auf Gesundheit. Die Frage der Gleichheit und Gleichberechtigung ist für einen Liberalen eine Frage gleicher Chancen und Ausgangsvoraussetzungen. Und ich bin genau dieser Auffassung: Das einzufordernde Recht ist die Chancengleichheit bei den Ausgangsvoraussetzungen; es kommt nicht so sehr darauf an, dass alle am Spiel teilnehmen können, als darauf, dass alle die Möglichkeit haben zu gewinnen. Daran anzuschließen hat sich das Leistungsprinzip, wer sich mehr einsetzt, sollte dafür auch entsprechend belohnt werden. In unserem Land hingegen werden die Kinder von Notaren wieder Notare, der Apothekersohn erbt bequemerweise einfach die Apotheke des Vaters, für die Kinder der Arbeiter dagegen sind die Chancen eines sozialen Aufstiegs äußerst gering. Anstatt zuzunehmen hat die soziale Mobilität abgenommen. Mehr noch, in jüngster Zeit fährt der soziale Fahrstuhl nur noch nach unten: Es sind nicht mehr nur die Arbeiterkinder, die kaum eine Chance auf den sozialen Aufstieg haben; auch die Kinder aus der Mittelschicht, deren Eltern qualifizierte Berufe ausüben, landen, selbst wenn sie studiert haben, bestenfalls in einem prekären Arbeitsverhältnis, das auf jeden Fall schlechter als das ihrer Eltern ist. Für dieses Problem sind vor allem die Schulen verantwortlich, denen in besonderem Maße die Aufgabe zukommt, als Fahrstuhl für die soziale Mobilität zu dienen. In Italien besteht für die Kinder von Akademikern gegenüber Kindern von Eltern, die lediglich einen höheren Schulabschluss haben, eine fast 30 % höhere Wahrscheinlichkeit, einen Studienabschluss zu erlangen, der dem ihrer Eltern entspricht; dagegen schließen 47 % der Kinder von Eltern, die maximal die 8. Klasse geschafft haben, nicht die Pflichtschule ab, sondern verlassen die Schule ebenfalls bereits nach der 8. Klasse. Nur 46 % erlangen ein Schulabschlusszeugnis, 7 % einen Universitätsabschluss. Die Ursache dafür liegt nicht im Wirtschaftsliberalismus, sondern gerade in dessen Abwesenheit und der erdrückenden Allgegenwart der auf vielen Ebenen beteiligten Innungen und Verbände sowie in Positionsvorteilen, die den Markteintritt für neue Wettbewerber erschweren. Um ein Beispiel zu geben: Warum sollte ein junger Mensch Jahre in ein Pharmaziestudium investieren, wenn er weiß, dass seine einzige Perspektive darin besteht, als Angestellter in einer Apotheke zu arbeiten? In der Regierung Prodi von 2006 bis 2008 haben wir versucht, diesen Bereich wenigstens teilweise zu liberalisieren, indem wir die Apotheken für rezeptfreie Medikamente (*parafarmacie*) eingeführt haben. Die Folge war die Eröffnung von 3.000 neuen Geschäften und die Schaffung von circa 7.000 Arbeitsplätzen. Der „liberale" Berlusconi dagegen hat unter dem Druck der Apothekerlobby versucht, sie wieder zu schließen.

Frage: *Sie müssen aber doch zugeben, dass, wenn man der unternehmerischen Freiheit den Vorrang gibt, früher oder später bei einer Wirtschaftskrise die sozialen Rechte – das Recht auf Beschäftigung, der Wohlfahrtstaat – ins Hintertreffen geraten. Folgt man der Position des Fiat-Geschäftsführers Sergio Marchionne und seinen Gründen für die Standortverlagerung und die Restrukturierung im Sinne einer besseren Wettbewerbsfähigkeit und Effizienzsteigerung etc., zahlen* *den Preis dafür letztlich die Arbeiter der betroffenen Werke in Form von geringerer Beschäftigung, weniger arbeitsrechtlichem Schutz, mehr Arbeitsschichten, kurz gesagt, mit dem Abbau ihrer Rechte. Das ist die andere Seite des Wirtschaftsliberalismus.*

Antwort: Wenn wir die schwarzseherischen, eher philosophischen als ökonomischen Interpretationen der Marktglobalisierung beiseitelassen und die Wirtschaftskrise als Krise innerhalb des Marktes begreifen, werden wir leicht feststellen, dass diese Öffnung außerordentliche Chancen für Wachstum und größeren Wohlstand in der ganzen Welt und nicht nur in den reichen Ländern mit sich gebracht hat. Sicherlich stellten sich dabei auch neue Probleme ein, die angegangen, geregelt und gelöst, aber nicht beschworen werden müssen.

Die Konkurrenz aus den Schwellenländern im Bereich der Low-Tech-Produkte hat zum Beispiel zu einer dramatischen Senkung der Lohnkosten von unqualifizierten Arbeitskräften und einer allgemeinen Schwächung der Verhandlungsmacht der Gewerkschaften geführt. Es kam zu einem Umbau bei den gering qualifizierten Tätigkeiten durch den gezielteren Einsatz von Investitionsmitteln, die Auslagerung von Beschäftigungsverhältnissen in nichtstrategischen Bereichen und allgemein durch die Besetzung der Stellen mit Arbeitsmigranten, die niedrigere Lohnerwartungen haben – ihr Verdienst liegt bei lediglich 62 % des Durchschnittseinkommens aller Arbeitnehmer. Auf der anderen Seite sind die Verhandlungsmacht und die Gehälter bei den Hochqualifizierten gestiegen, ebenso bei den Facharbeitern, die für die Steigerung der Wettbewerbsfähigkeit und Rentabilität der Unternehmen von grundlegender und unmittelbarer Bedeutung sind.

Häufig erweist es sich als schwierig, Bewerber mit den entsprechenden Qualifikationen zu finden. In Deutschland hat die Bundeskanzlerin Angela Merkel erkannt, dass man der verstärkten Nachfrage seitens der Unternehmen nach qualifiziertem Personal – die auch darauf zurückzuführen ist, dass der Bevölkerungsanteil im arbeitsfähigen Alter stark zurückgeht – nur Herr werden kann, wenn man Facharbeiter und Hochschulabsolventen durch eine mutige Politik der Migrationssteuerung ins Land holt. Um dieses Problem in unserem Land in Angriff zu nehmen, gibt es nur zwei Lösungsansätze. Einer der beiden, der von den größten Industrienationen angewandt und vom Europäischen Rat propagiert wird, besteht darin, in Wissen, Forschung und Innovation zu investieren, um das Niveau der Bildung und der beruflichen Fachkenntnisse zu erhöhen und so für Konkurrenzfähigkeit auf dem Arbeitsmarkt zu sorgen. Und was unternehmen wir in dieser Richtung? Gar nichts. Man denke nur daran, dass sich die EU mit der Wachstumsstrategie „Europa 2020" zum Ziel gesetzt hat, bis 2020 die Investitionen in Forschung und Entwicklung auf 3 % des Bruttoinlandsprodukts anzuheben und die Zahl der jungen Hochschulabsolventen auf 40 % erhöhen. Italien hat jedoch festgestellt, dass es sich dabei um zu ehrgeizige Ziele handle und die Forschungsausgaben in den nächsten zehn Jahren nicht mehr als 1 % betragen werden; somit wird die Zahl der jungen Hochschulabsolventen, auch dank der Kürzungen im Bildungsbereich, nicht über 27 % liegen. Die deutsche Kanzlerin Merkel hat dagegen einen Plan zur Sanierung des Haushalts beschlossen, der ebenfalls umfassende Einsparungen von insgesamt 80 Milliarden Euro, aber zugleich eine Erhöhung der Ausgaben für Universitäten und Forschung um etwa 13 Milliarden Euro vorsieht.

Wie gesagt, wir laufen in Italien Gefahr, uns mit der Stagnation einfach abzufinden – was nicht nur der Regierung anzulasten ist, sondern auch einem Produktionssystem, das zu fragmentiert ist, um in Forschung und Innovation zu investieren, und in dem es deshalb auch nur eine entsprechend mäßige Nachfrage nach hoch qualifizierten Berufen gibt.

Der zweite Lösungsansatz betrifft die Angestellten in Bereichen mit einer hohen Anzahl gering qualifizierter Arbeitnehmer, wie beispielsweise in der Automobilindustrie:

Hier besteht die Alternative darin, die Herstellung von Kraftfahrzeugen völlig aufzugeben oder es fertigzubringen, sie effizienter zu produzieren, um mit den Unternehmen aus den Schwellenländern konkurrieren zu können; kurz gesagt, sich für höhere Effizienz und Produktivität im Tausch gegen die Aufrechterhaltung des Beschäftigungsgrads und höhere Löhne zu entscheiden. In Deutschland haben die Arbeitnehmer von Volkswagen gemeinsam mit den Gewerkschaften diese Wette gewonnen, ohne dabei auf ihre Rechte zu verzichten; und das bei Löhnen, die doppelt so hoch sind wie die von Fiat-Arbeitern. In Italien hat man sich der Herausforderung nicht gestellt und ist dem Problem mit ideologischen Rechtfertigungen einfach ausgewichen. Man hat dadurch riskiert, dass Fiat in Italien immer weniger investiert; und die Arbeiternehmer müssen sich weiterhin mit Dritte-Welt-Löhnen zufrieden geben. Sergio Marchionne hat, vielleicht in etwas zu unverblümter Weise, die realen Eckwerte dieser Alternative vorgestellt; die Metallarbeitergewerkschaft FIOM[7] hat darauf reagiert, indem sie das Problem in Abrede gestellt, den Vertrag nicht unterschrieben und somit die Kosten der Restrukturierung allein den Arbeitern aufgehalst hat. Vorerst stellt sich verstärkt die Frage nach dem italienischen Industriesystem in seiner Gesamtheit; in diesem Zusammenhang sind auch die Spitzen der Arbeitgeberorganisation Confindustria[8] aufgerufen, sich Gedanken zu machen.

Frage: *Dann gilt es noch, konkrete politische Entscheidungen hinsichtlich einiger öffentlicher Güter zu fällen: Gesundheit, Bildung, der Wohlfahrtsstaat im Allgemeinen. Gefährden die Wirtschaftsliberalen, indem sie die individuelle Freiheit*

---

7 Die FIOM (*Federazione Impiegati Operai Metallurgici* / Vereinigung der Metallarbeiter) steht dem Allgemeinen Italienischen Beschäftigungsverband (*Confederazione Generale Italiana del Lavoro* / CGIL), dem größten italienischen Gewerkschaftsverband vor.
8 Die Confindustria (*Confederazione Generale dell'Industria Italiana* / Generalverband der Italienischen Industrie) ist Italiens größte Arbeitgeberorganisation.

hervorheben und verteidigen, nicht das Interesse der Allgemeinheit?

Antwort: Es besteht ein himmelweiter Unterschied zwischen dem regulierenden Staat und dem Staat als Eigentümer. Ich bin für den regulierenden Staat. Es ist aber nicht nötig – sondern im Gegenteil sogar schädlich –, dass der Staat oder ein Staatsunternehmen auch Eigentümer von Industriebetrieben oder Investitionsgütern ist; dass beispielsweise eine Kommune Milch produziert. Ich verstehe nicht, warum die Stadt Mailand das Schulverpflegungsunternehmen Milano Ristorazione, den Sportkursveranstalter MilanoSport, den Flughafen Malpensa oder die Mercati Generali besitzen muss. Gleiches ließe sich von Palermo sagen. Eisenbahnlinien sind zweifelsohne öffentliche Dienstleistungen, das heißt aber nicht, dass sie sich deswegen auch im Besitz oder unter der Verwaltung des Staates befinden oder sogar ein Staatsmonopol sein müssen. Was man braucht, ist eine Mischung aus öffentlichen und privaten Strukturen, die miteinander konkurrieren, sodass bessere Leistungen zu günstigeren Preisen erzielt werden können. Vielleicht sind wir jetzt dabei, uns, wenn auch mit erheblicher Verzögerung, in diese Richtung zu bewegen, aber es ist noch nicht ausgemacht, dass sich der Monopolist nicht mit Händen und Füßen wehren wird. Dasselbe gilt für den Bereich der zivilen Luftfahrt, wo die staatlichen Fluggesellschaften längst ihren Sinn verloren haben. Was die Billigflieger angeht – die ich selbst auch nutze –, muss man nur unterbinden, dass die billigen Ticketpreise über die Subventionierung der Flughäfen von den Steuerzahlern finanziert werden. Aber damit befasst sich bereits die Europäische Kommission.

Auch die Information ist – sogar vor allen anderen Dingen – ein kostbares Gemeingut, von dem unsere Demokratie maßgeblich abhängt, denn um etwas beurteilen und wählen zu können, muss man vollständig und korrekt informiert sein. Seit fünfzig Jahren besteht das vorrangige Engagement der *radicali* darin sicherzustellen, dass die

Bürger informiert sind und über alle politischen und gesellschaftlichen Möglichkeiten und Vorhaben Bescheid wissen, über die sie abzustimmen haben – und nicht nur über die Anliegen der *incumbents*, der Amtsinhaber. Das heißt aber nicht, dass der Staat deshalb Fernsehsender besitzen muss: Statt durch ein monopolistisches Staatsunternehmen kann die Verbreitung von Informationen auch durch ein pluralistisches System von Rundfunkanbietern erfolgen, denen die verschiedenen Frequenzen zugeteilt werden. Zu diesen Wettbewerbern könnte selbstverständlich auch die RAI gehören. Von den staatlichen Einschränkungen befreit, könnte sie mit den anderen darum wetteifern, ein bedeutendes Stück vom Werbekuchen zu erobern, und sich so aus ihrem jetzigen komatösen Zustand befreien.

Ein Beispiel dafür bietet, wie gesagt, *Radio Radicale*, das seit Jahren eine öffentliche Dienstleistung anbietet, indem es die Parlamentssitzungen überträgt, sich dabei allerdings in den vertraglich nicht näher reglementierten Sendezeiten seine Autonomie und Identität als politischer Sender bewahrt.

Sicherlich gibt es auch unveräußerliche öffentliche Güter, beispielsweise die Verteidigung: Ich halte nichts von Söldnern, denn wo sie im Einsatz sind oder waren – wie die *contractors* im Irak – richten sie nur Schaden an; nicht einmal die Vereinigten Staaten sind noch in der Lage, sie zu kontrollieren. Die Privatisierung des Krieges war nur für die Rüstungsindustrie ein großes Geschäft. Im Übrigen bin ich für einen Staat, der sich insgesamt möglichst zurückhält, aber viel reguliert und dabei notfalls auch stark eingreift. Um es nochmals zu betonen: Ich bin für einen regulierenden, keinen besitzenden (oder gar monopolistischen) Staat, denn die Konkurrenz unter privaten Anbietern trägt dazu bei, die Dienstleistungen zu verbessern, auch die öffentlichen.

Es gilt jedoch, eine Unterscheidung zu machen, die bisher aus dem, was ich gesagt habe, nicht hervorgegangen ist: Wenn ich von „Staat" spreche, meine ich damit nicht in erster Linie den Nationalstaat, in dem wir leben, sondern ich denke dabei an einen weiter reichenden Staat von europäischen Dimensionen – um genau zu sein, an die *federation light*.

Für diejenigen, die den sogenannten ungezügelten Liberalismus anprangern, möchte ich nachdrücklich betonen: Der von Einaudi oder Salvemini[9] geprägte Liberalismus, auf den ich mich beziehe, sieht Regeln vor, sogar sehr strenge Regeln. Das Problem besteht darin, dass in unserem Land die Regeln keine Geltung mehr haben und täglich mit Füßen getreten werden. Und das auf jeder Ebene, nicht nur in der Wirtschaft. Das hängt mit dem institutionellen Zerfall und der Aushöhlung des Rechtsstaats zusammen: Wir wissen nicht einmal, was die *rule of law* eigentlich ist. Unser Staat übt weder seine Aufsichts- noch seine Regulierungsfunktion mehr aus. Aber genau all das macht einen wesentlichen Teil der italienischen Krise aus – wenn wir wirklich verstehen wollen, wie es um das Land steht, und die oberflächlichen Polemiken über die Anmaßung der Rechten und die Unfähigkeit der Linken hinter uns lassen wollen. Ein wesentlicher Bestandteil des Rechtsstaats ist gerade die Transparenz, also die Information und das Wissen über das gesamte Gesetzgebungs- und Umsetzungsverfahren. Wollen Sie ein Beispiel? Sehen wir uns die Besetzungen öffentlicher Ämter an: Sie obliegen der Politik, den Ministern oder einer Institution. Soweit alles in Ordnung, aber das Verfahren an sich ist völlig undurchsichtig: Die Nominierungen basieren nie auf öffentlich gemachten Bewerbungen mit angemessenen Lebensläufen oder öffentlich begründeten Besetzungsverfahren. Die Besetzungen beruhen eher auf Vertrauen, wenn nicht auf Schlimmerem. In Mailand hat der Stadtrat Marco Cappato[10] einige Vorschläge für Stellenbesetzungen (die der Kommune obliegen) im Internet mit Vor-, Nachnamen

---

9   Gaetano Salvemini (1873 – 1957) war ein Historiker, Publizist und liberalsozialistischer Politiker, der sich gegen Faschismus, Monarchie, Kommunismus, ideologische Dogmen und für einen laizistischen Staat einsetzte.

und Lebenslauf veröffentlicht ... Oder wie wäre es mit dem Thema *accountability*? Dafür gibt es im Italienischen nicht mal einen adäquaten Ausdruck, und das spricht schon Bände ...

Frage: *Nun zum ewigen Diskussionsthema: öffentliche oder private Schulen?*

Antwort: Die vorrangige Frage ist dabei, wie man die Schule so umgestalten kann, dass sie in der Lage ist, die Jugendlichen auf den Arbeitsmarkt von morgen vorzubereiten und wirklich als Fahrstuhl für den sozialen Aufstieg zu fungieren. Unsere öffentlichen Schulen sind gemäß den OECD-Studien[11] vor allem im Süden von bescheidener Qualität, bei den Privatschulen sieht es jedoch noch schlechter aus. Der beste Weg zur Verbesserung der Bildungsqualität in Italien ist die Einführung von transparenten Evaluierungsinstrumenten für öffentliche und private Schulen, sodass die Eltern in der Lage sind zu entscheiden, wohin sie ihre Kinder schicken sollen, und die Schulen und Universitäten miteinander aufgrund ihrer Qualität – des Niveaus des Unterrichts und der Beschäftigungsrate ihrer Absolventen – in Wettbewerb treten können. Dann

---

10 Marco Cappato war Parteisekretär der 1994 anlässlich der italienischen Parlamentswahlen ins Leben gerufenen Bewegung *Club Pannella – Riformatori* (eigentlich *Movimento dei Club Pannella – Riformatori, di lotte civili, ambientaliste e per la Riforma* / Bewegung der Pannella-Vereine – Reformer für Bürgerrechtskämpfe, die Umwelt und die Reform) und später für zwei Legislaturperioden Mitglied des Europäischen Parlaments für die *radicali*. Cappato, der 2002 von der Brüsseler Wochenzeitung *European Voice* zum Europäer des Jahres gewählt wurde, ist derzeit Mitglied des Mailänder Stadtrates und Schatzmeister der mit den *radicali* assoziierten *Associazione Luca Coscioni*, deren Sekretär er lange Zeit war.

11 Die *Organisation for Economic Co-operation and Development* (Organisation für wirtschaftliche Zusammenarbeit und Entwicklung) ist eine internationale Organisation mit 34 Mitgliedstaaten, die Studien auf den Gebieten Wirtschaft, Gesellschaft, Innovation, Finanzen, Governance, Nachhaltigkeit und Entwicklung betreibt.

würden viele Eltern feststellen, dass die edle und teure Privatschule, die es den unmotivierten Schülern leicht macht, einen Abschluss zu erlangen, eigentlich keine gute Wahl ist, weil sie am Ende Dummköpfe und wahrscheinlich arbeitslos bleiben.

Daher sollten Stipendien und Bildungsgutscheine an die Leistungen der Schüler beziehungsweise Studenten und die Qualität der Bildungseinrichtungen gekoppelt sein. Statt die Privatschulen einfach indirekt über die Bildungsgutscheine zu subventionieren, sollten die Schulen untereinander um die Finanzierung konkurrieren, indem sie den Schülern die Möglichkeit geben, sich ihre Schule anhand der angebotenen Bildungsqualität auszuwählen. Das Problem ist allerdings, dass die Mehrheit der Privatschulen – etwa 60 % – katholisch ist, was ernsthafte Zweifel daran aufkommen lässt, ob dort die Lehr- und Denkfreiheit wirklich gewährleistet sind.

Berlusconi schien von einer ideologisch und konfessionell ausgerichteten Schule zu träumen, die den Schülern die richtigen Prinzipien einimpfen sollte. Mit ihm als Beispiel vor Augen, hätten sich deswegen allerdings alle Sorgen machen müssen, die Katholiken eingeschlossen. Im Übrigen gilt es aufzupassen, dass sich nicht eine Mentalität ausbreitet, die bereits in nicht allzu ferner Zukunft zur Einrichtung von islamisch geprägten, ihrerseits auf ihrer eigenen kulturellen und religiösen Identität aufbauenden Schulen führen könnte.

Nicht weniger komplexe Probleme weist das Gesundheitssystem auf. Die momentane Situation ist in finanzieller Hinsicht nicht tragbar. Das zeigt sich beispielsweise an der Summe von satten 106 Milliarden Euro, die der nationale Gesundheitsfonds im Jahre 2011 an die Regionen überwiesen hat. Nach internationalen Schätzungen könnte diese Summe in Zukunft auch aufgrund der alternden Bevölkerung in rasantem Tempo weiter ansteigen. Es ist unbestreitbar, dass Kürzungen im Gesundheitssystem notwendig sind. Die Frage ist aber, wie und wo sie gemacht werden sollen, ohne das Niveau der Grundleistungen, für die jeder zivilisierte Staat Sorge tragen sollte, herabzusetzen. Der zu beschreitende Weg kann nur in einem Gesundheitssystem bestehen, das aus verschiedenen öffentlichen und privaten Säulen aufgebaut ist und sowohl auf öffentlicher Beteiligung als auch auf Versicherungen auf Gegenseitigkeit sowie auf privaten Versicherungen basiert. Ein System bestehend aus einer öffentlichen und einer privaten Beteiligung, das sich ausschließlich auf die jährlichen Pflicht- oder freiwilligen Beitragszahlungen stützt, ändert allerdings, angesichts einer wachsenden Nachfrage nach immer komplexeren und teureren Leistungen, noch nicht viel an dem negativen Saldo des Gesundheitssystems. Entscheidend könnten sich hingegen Versicherungssysteme mit langfristigen Investitionsplänen auswirken, die in der Lage sind, zusätzliche finanzielle Ressourcen zu schaffen, durch die sich der Anteil der Beiträge an den Aktivposten und die staatlichen Zuschüsse an die Regionen verringern lassen. Auch darin liegt allerdings nicht die Lösung aller Probleme, denn es müssten ferner die Ausgaben verringert werden, indem die Ineffizienz, die Verschwendung und die oft regelrechte Veruntreuung von öffentlichen Geldern reduziert werden.

Analog zu dem, was ich über die Schule gesagt habe, denke ich, dass die Bürger wieder die Möglichkeit bekommen sollten, zwischen öffentlichen und privaten Versorgungsstrukturen zu wählen, ausgehend von der Festlegung von Standardkosten für die Gesundheitsleistungen, über deren Qualität die Gesundheitsversorger dann um die „Kunden" konkurrieren müssten. Nicht akzeptabel ist dagegen das gegenwärtige Gesundheitssystem – einschließlich des lombardischen[12] – das auf Akkreditierungen beziehungsweise Konzessionen und Staatsverträgen mit privaten Einrichtungen basiert. Letztere suchen sich die weniger schwer Erkrankten oder diejenigen Patienten

---

12 Roberto Formigoni, von April 1995 bis März 2013 Präsident der Region Lombardei, pries das lombardische Gesundheitssystem stets als vorbildlich an.

aus, deren Behandlung am profitabelsten ist, und bürden den öffentlichen Krankenhäusern damit die aufwendigsten Eingriffe auf, von Transplantationen über die Krebschirurgie bis zur hoch spezialisierten Neurochirurgie. Außerdem handeln sie ohne jegliche Kontrolle, verschreiben oft nutzlose diagnostische Untersuchungen und machen Kostenerstattungen geltend, die sich, dank der weit verbreiteten Korruption innerhalb der öffentlichen Verwaltung im Gesundheitsbereich, in vielen Fällen als regelrechter Betrug entpuppt haben. Auch hier muss man sich vergegenwärtigen, dass ein Großteil des privaten Gesundheitssektors mit der katholischen Kirche in Verbindung steht, sei es im Latium oder in der Lombardei, wo *Comunione e Liberazione*[13] ein Monopol bildet.

Im Latium fließt ein Großteil der Gesundheitsausgaben in Versorgungsaufträge an private Einrichtungen und zwei Drittel der diagnostischen Leistungen werden von akkreditierten privaten Anbietern durchgeführt. Es ist kein Zufall, dass der Vatikan bei den letzten Regionalwahlen so heftig Propaganda gegen meine Kandidatur für die Präsidentschaft der Region Latium gemacht hat: Möglicherweise befürchtete man dort, dass im Fall meiner Wahl die Abmachungen mit den katholischen Kliniken platzen könnten.

Frage: *Wasser, Energie und Umwelt sind Gemeingüter: Glauben Sie nicht, dass sie durch die Privatwirtschaft in Gefahr geraten?*

---

13 *Comunione e Liberazione* (CL / Gemeinschaft und Befreiung) ist eine von manchen als erzkonservativ bezeichnete katholische Bewegung, die Mitte der 1950er Jahre von dem Priester Luigi Giussani in Mailand gegründet wurde und heute in etwa 70 Ländern vertreten ist. Ihr Ziel ist die Erziehung ihrer Mitglieder „zur christlichen Reife" und die gemeinsame Arbeit für die Mission der Kirche in allen Bereichen der Gesellschaft. Als Bindeglied zur italienischen Wirtschaft dient der CL die von ihr gegründete Unternehmervereinigung *Compagnia delle Opere*. Zu den prominentesten Mitgliedern der CL gehört der frühere lombardische Regionalpräsident Roberto Formigoni.

Antwort: Nehmen wir als Beispiel die verwaltungstechnischen und finanziellen Schwierigkeiten des Multi-Utility-Dienstleisters Acea[14] der Stadtgemeinde Roms, der für Wasser, Strom und manch anderes zuständig ist. Prinzipiell bin ich nicht gegen die Privatisierung des Wassernetzes, zum jetzigen Zeitpunkt und in diesem System bin ich aber dagegen, weil der Staat nicht in der Lage ist, als Regulator im Sinne Einaudis aufzutreten, und die Gemeinde oder die kommunalen Behörden ihre Aufgaben nicht erfüllen. Aus den italienischen Wasserleitungen, vor allem in Apulien, gehen auf dem Weg zu den Haushalten mindestens 30 % des Wassers verloren.

Frage: *Der Sozialstaat gerät oft ins Visier neoliberalen Denkens und neoliberaler Politik. Laut Artikel 3 der Verfassung liegt jedoch die Voraussetzung für die uneingeschränkte Ausübung der bürgerlichen Freiheiten in der Beseitigung der Hindernisse, die der Teilnahme am gesellschaftlichen und wirtschaftlichen Leben im Wege stehen. Die Demokratie in ihrer Substanz steht also auf dem Spiel.*

Antwort: Ich hoffe, dass dieser Sozialstaat auch von der allgemeinen Politik kritisiert wird, nicht nur von der neoliberalen. Was ist das für ein Sozialstaat, der den Großteil seiner Ressourcen dafür ausgibt, die Arbeitnehmer mit 60 Jahren in Rente zu schicken und keinen Cent in die Betreuung von Kindern und Pflegebedürftigen, in die Bekämpfung der Arbeitslosigkeit, den sozialen Wohnungsbau und die Verringerung der Armut investiert? Zwar liegen die Sozialausgaben Italiens mit 27,8 % des Bruttoinlandsprodukts etwa im europäischen Durchschnitt (26,4 %) und nur leicht unter den französischen (30,8 %), aber 60,7 % davon fließen in die Rentenzahlungen, während dieser Posten im europäischen Durchschnitt und in Frankreich mit 45 % und in Schweden mit 42 % zu Buche schlägt.

---

14 *Azienda Comunale Elettricità e Acque* (Kommunales Elektrizitäts- und Wasserunternehmen)

Das ist der Grund dafür, dass in Italien, abzüglich weiterer 26 % für das Gesundheitssystem, kaum etwas für alle anderen Sozialmaßnahmen übrig bleibt: 4,7 % für die Unterstützung von Familien und Kindern (gegenüber 8,4 % in Frankreich), 1,9 % für Maßnahmen gegen die Arbeitslosigkeit (5,8 % in Frankreich), 0,3 % für die Bekämpfung der sozialen Ausgrenzung und der Armut (4,2 % in Frankreich). Wir brauchen uns also nicht zu wundern, wenn es in Italien nicht genügend Kinderkrippen gibt und Frauen mit Kindern ihre Arbeit aufgeben, wenn pflegebedürftige ältere Menschen, die sich keine Pflegerin leisten können, den Heimen überlassen werden, und wenn es bei uns für Arbeitnehmer, die ihre Arbeit verlieren, keine umfassenden sozialen Abfederungsmaßnahmen gibt, wie es in Dänemark der Fall ist. *Das* ist ein Modell, das ich mir auch für Italien wünsche. Und wenn mich das zu einer Wirtschaftsliberalen macht, die kleine Kinder zum Frühstück isst, dann gilt das auch für die Dänen. In Italien besteht das Problem nicht darin, dass man mehr für die Wohlfahrt ausgeben müsste, sondern darin, die im Sozialsystem vorhandenen Ressourcen anders zu verteilen, wie Tito Boeri[15] bereits vor vielen Jahren in seinem Buch „Meno pensioni, più welfare" („Weniger Rente, mehr Sozialfürsorge") geschrieben hat.

Wir *radicali* haben nicht nur darüber geschrieben, sondern waren auch die einzigen, die sich politisch der Sache angenommen haben: etwa in Form des Gesetzes für die Gleichstellung und Anhebung des Rentenalters von weiblichen Angestellten im öffentlichen Dienst, das vorsah, dass die sich daraus ergebenden Einsparungen – fast 4 Milliarden Euro in zehn Jahren – für Maßnahmen zugunsten pflegebedürftiger Personen und zugunsten der Vereinbarkeit von Arbeit und Familie bestimmt sein sollten. Aber im Zuge einer der Haushaltsgesetzanpassungen des Jahres 2011, genauer gesagt, der vom Juli, wurde all

---

15 Professor für Ökonomie an der Mailänder Wirtschaftsuniversität Bocconi

das wieder vom Tisch gefegt und damit von Neuem und in verschärfter Form eine Familienpolitik zulasten der Frauen durchgesetzt. Man kann daher den Druck Europas auf Italien nachvollziehen, da Europa befürchten muss, dass die italienische Krise seine eigene noch verschärft.

Es ist doch kein Verbrechen, ein in den Siebzigerjahren entstandenes Wohlfahrtsmodell infrage zu stellen, das heute nicht mehr tragbar ist. So wie der Sozialstaat in Italien umgesetzt ist, halte ich ihn schlicht für überholt und unzureichend, eine bloße Aufrechterhaltung von Kräfteverhältnissen, großzügig nur in einem einzigen Bereich, den Renten. Allerdings weniger in Bezug auf die Höhe der Beträge – die meist kläglich ausfallen – als hinsichtlich des Renteneintrittsalters: In keinem anderen Land mit einem Bevölkerungsrückgang wie dem unseren ist man so unvernünftig, durchschnittlich mehr als 22 Rentenjahre vorzusehen (angesichts einer heutigen Lebenserwartung von 84 Jahren bei Frauen und 80 Jahren bei Männern). Wir werden zu einem Land von rüstigen Rentnern, heiß begehrt bei der Tourismusbranche, einschließlich der Kreuzfahrtunternehmen. Wie wir gesehen haben, geht dieses unnötige Privileg auf Kosten der Armen, der Frauen, der Arbeitslosen … Sind wir daher die „Guten" und die Deutschen, die das Rentenalter auf 67 angehoben haben, die „Bösen"?

Des Weiteren haben wir *radicali* versucht, eine Schieflage des italienischen Arbeitsmarktes anzugehen, die die Abfederungsmaßnahmen für Arbeitnehmer betrifft, die ihre Stelle verloren haben: Während ein Teil der Beschäftigen überversorgt wird, überlässt man den anderen seinem Schicksal. Genauer gesagt, erhält in Italien nur ein Drittel der Arbeitnehmer, die ihre Stelle verlieren, Arbeitslosenunterstützung, die ihnen in der Zeit der Arbeitssuche das Überleben ermöglicht, während den übrigen zwei Dritteln nichts übrig bleibt, als darauf zu hoffen, dass ihre Eltern sie unterstützen, oder sich durch Schwarzarbeit über Wasser zu halten. Soziale Abfederung bietet in unserem Land allein die Familie.

Zusammen mit Pietro Ichino, einem Senator der Demokratischen Partei, haben wir zur Vereinfachung der

Unmengen an Rechtsvorschriften über soziale Abfederungsmaßnahmen einen aus nur wenigen Artikeln bestehenden Gesetzentwurf ins Parlament eingebracht. In diesem sollten nach dem Prinzip des welfare to work klar die Rechte und Pflichten des Arbeitslosen geregelt sein. Staatliche Hilfsleistungen stehen darin der Verpflichtung des Arbeitslosen gegenüber, sich schnellstmöglich eine neue Arbeit zu suchen oder an Weiterbildungskursen teilzunehmen, um auf dem Arbeitsmarkt besser vermittelbar zu sein. Genau darin besteht das dänische Modell der *flexicurity*:[16] einer sozialen Absicherung der Arbeitnehmer, bei der eine größere Flexibilität bei den Beschäftigungsverhältnissen mit einer stärkeren Unterstützung im Fall der Arbeitslosigkeit einhergeht. Vielleicht lässt sich darüber Übereinstimmung erzielen, dass es sich dabei um ein modernes Wohlfahrtssystem handelt, in Anpassung an die neuen Anforderungen auf dem Arbeitsmarkt, der sich mit der weltweiten Konkurrenz auseinanderzusetzen hat – ohne mir Menschenrechtsverletzungen vorzuwerfen?

William Beveridge war ein liberaler Ökonom, aber gerade ihm verdankt sich der Entwurf eines gesetzlich vorgeschriebenen sozialen Sicherungssystems, eines echten Wohlfahrtssystems. Kann ich, ohne der Verletzung der Menschenrechte beschuldigt zu werden, sagen, dass wir alle mehr arbeiten sollten, das Rentenalter auf 67 Jahre angehoben werden und der Generationenvertrag erweitert werden sollte?

Frage: *Im Jahre 2000 haben Sie als radicale ein Referendum für die Abschaffung des Artikels 18 des Arbeitnehmerstatuts initiiert, der zu Unrecht Entlassenen die Wiedereingliederung*

---

16 Der auf den niederländischen Soziologen Hans Adriaansens zurückgehende Begriff *flexicurity* (eine Kombination der Wörter *flexibility* und *security*) steht für einen Ausgleich zwischen der von den Arbeitgebern geforderten Flexibilität seitens der Arbeitnehmer und der von diesen erwarteten Sicherheit ihres Arbeitsplatzes beziehungsweise sozialen Absicherung.

in das Arbeitsverhältnis garantiert. Haben Sie in diesem Punkt Ihre Meinung geändert?

Antwort: Was ich bisher zur *flexicurity* gesagt habe, bestätigt, wie gut und richtig dieses Referendum war und wie aktuell seine Zielsetzung noch immer ist. Vor allem muss man sich darüber klar sein, dass zwischen Flexibilität und prekären Arbeitsverhältnissen ein großer Unterschied besteht. Die Flexibilität stellt das Instrument dar, mit dem die Unternehmen nicht nur auf die Schwankungen bei der Nachfrage reagieren können, indem sie die Arbeitskraft je nach Auftragslage ausbauen oder zurückfahren; sie erlaubt es auch, Arbeitszeiten und Produktionsabläufe entsprechend den jeweiligen Erfordernissen zu ändern. Nur durch das Zusammenspiel von größerer Flexibilität und mehr Innovation lässt sich die Produktivität so steigern, dass man auf dem internationalen Markt konkurrieren, die Beschäftigung erhalten und angemessene Löhne garantieren kann. Es ist wichtig klarzustellen, dass die Flexibilität nicht nur durch befristete Verträge gewährleistet wird, sondern vor allem auch durch eine Erleichterung der Kündigung aus betriebswirtschaftlichen Gründen, der auf der anderen Seite bestimmte Rechte der Arbeitnehmer gegenüberstehen müssen: eine angemessene Abfindung im Kündigungsfall und die Gewährleistung der sozialen Abfederung während der Arbeitssuche über einen angemessenen Zeitraum. Um ein Beispiel zu geben: In Großbritannien, wo hinsichtlich der Kündigungen ein Höchstmaß an Flexibilität herrscht, liegt der Anteil der Beschäftigten mit befristeten Verträgen bei nur 5 %, in Italien ist er mehr als doppelt so hoch.

Demgegenüber handelt es sich bei prekärer Arbeit um jene Arbeitssituation, die durch andauernde befristete Beschäftigung, die sich mit Zeiten der Arbeitslosigkeit abwechselt, sowie durch niedrige Löhne gekennzeichnet ist. Diese Situation führt zu elenden wirtschaftlichen Bedingungen und ist mit einem Armutsrisiko verbunden, insbesondere bei jüngeren Leuten. Die Prekarität kann die Zukunft einer ganzen Generation von jungen Menschen gefährden und ist eng mit einer niedrigen Produktivität verbunden, denn ein Unternehmen hat kein Interesse daran, in die Ausbildung von Arbeitskräften zu investieren, die es ohnehin nicht fest anstellen will. In Italien hat der Artikel 18 des Arbeitnehmerstatuts für eine Zweiteilung des Arbeitsmarktes gesorgt: einerseits die Arbeitnehmer der mittleren und großen Unternehmen, die mehr Rechte haben, schwer zu kündigen sind und in Krisenzeiten durch die Lohnausgleichskasse und weitreichende soziale Absicherungsmaßnahmen wie die Mobilitätszulage unterstützt werden; auf der anderen Seite die Arbeiter in kleinen Betrieben und mit befristeten Arbeitsverhältnissen, die als Beschäftigte 2. Klasse nur über wenige Rechte verfügen und beim Arbeitsplatzverlust nicht sozial abgefedert werden.

Der Artikel 18 ist auch mitverantwortlich für das Phänomen der „Zwergunternehmen", das die Hauptursache für das geringe italienische Wirtschaftswachstum darstellt, weil die Inhaber der Mikro- und Kleinunternehmen darauf achten, die Zahl von 14 Beschäftigten nicht zu überschreiten, um die strengen Bestimmungen des Artikels 18 zu umgehen.

Um diese Zweiteilung zu überwinden und die Beschäftigten – nicht die Arbeitsplätze – zu schützen, ist eine klar definierte, für beide Seiten vorteilhafte Übereinkunft zwischen Unternehmen und Arbeitnehmern nötig: die Abschaffung des Artikels 18 zur Herstellung einer größeren Flexibilität bei Arbeitsverhältnissen im Tausch gegen sichere gesetzliche Normen im Hinblick auf Abfindungen, eine allgemeine soziale Absicherung für jeden Arbeitnehmer und den selteneren Abschluss befristeter und atypischer Arbeitsverträge. Als Folge davon werden die Arbeitgeber keinen Nutzen mehr davon haben, Einstellungen mit befristeten oder atypischen Verträgen vorzunehmen, da sie keine strengen Bestimmungen für unbefristete Arbeitsverhältnisse mehr zu umgehen brauchen. Das Problem der ungerechtfertigten Entlassungen spielt in diesem Zusammenhang gar keine Rolle: Wie aus dem Gesetzesvorschlag, den ich mit Ichino vorgestellt habe, hervorgeht, kann das Gericht in einem solchen Fall die Wiedereinstellung des zu Unrecht Entlassenen anordnen.

Frage: *Dem freien wirtschaftlichen Unternehmertum sind jedoch Grenzen gesetzt. Artikel 41 der Verfassung spricht vom gesellschaftlichen Nutzen wirtschaftlicher Unternehmungen – eine Formulierung, die schon Einaudi in der Verfassunggebenden Versammlung kritisiert hatte und die der Wirtschaftsminister Tremonti aufheben wollte. Wie denken Sie darüber?*

Antwort: „Wenn die Unternehmen die Regeln respektieren würden und es beispielsweise weniger Steuerhinterziehung gäbe, stände die wirtschaftliche Unternehmung nicht im Widerspruch zum gesellschaftlichen Nutzen", sagte Padoa-Schioppa[17]. Mir ist nicht bekannt, dass der Artikel 41 irgendeine Regierung daran gehindert hätte, die Einschränkungen und die übermäßige Regulierung des Marktes zu verringern, die dazu führen, dass die Unternehmen durch eine ineffiziente und aufdringliche Verwaltung mit unangemessen Kosten belastet werden. Das ist ein Gebiet, auf dem wir, gemeinsam mit Linda Lanzillotta,[18] alles Mögliche versucht haben. An erster Stelle zu nennen sind hier die Liberalisierungen von Pier Luigi Bersani[19] oder die der Stadtwerke. Aber jedes Mal stießen wir auf eine Front des Widerstands, die von der *Lega Nord* bis zur *Rifondazione Comunista*[20] reichte. Die Erstgenannte war dagegen,

---

17 Der Bankier und Volkswirt Tommaso Padoa-Schioppa (1940 – 2010) gehörte von 2006 bis 2008 als Minister für Wirtschaft und Finanzen der Regierung des Mitte-Links-Bündnisses unter Romano Prodi an.
18 Linda Lanzillotta, früher u. a. bei der Demokratischen Partei und seit 2013 Mitglied der zentristisch-liberalen Partei *Scelta Civica* (Bürgerliche Wahl), die vom ehemaligen Ministerpräsidenten Mario Monti gegründet wurde, war in der Regierung unter Romani Prodi von 2006 bis 2008 Ministerin für regionale Belange und lokale Selbstverwaltungen. 2013 wurde sie über die Liste *Con Monti per l'Italia* (Mit Monti für Italien) in den Senat gewählt.

weil sie zusammen mit der *Compagnia delle Opere* alle Posten in den Stadtwerken des Nordens besetzt hält, Letztere, weil sie aus ideologischen Gründen nicht auf die staatliche Kontrolle verzichten will.

Und war es etwa der Artikel 41, der die Entwicklung des freien Unternehmertums und eines wettbewerbsfähigen Markts in Süditalien verhindert hat – oder vielleicht eher eine von der Rechten wie der Linken verfochtene Verstaatlichungspolitik, die davon ausging, dass es für die Ankurbelung der Wirtschaft ausreichen würde, immense Geldflüsse in die südlichen Regionen zu pumpen?

Im Süden ist die Verstaatlichungspolitik kläglich gescheitert. Die Korruption und die organisierte Kriminalität sind so endemisch geworden, dass sie in einigen Gegenden unausrottbar erscheinen. Leider wurde die illusorische Annahme, dass es sich bei Mafia und Korruption nur um südliche Phänomene handelt, nachweislich widerlegt. Beide breiteten sich längst in rasanter Geschwindigkeit im Norden des Landes aus. Trotz der *Lega Nord*, der *Compagnia delle Opere* und der am stärksten entwickelten Unternehmerklasse wird nun auch in den nördlichen Regionen das „südliche Modell" eingeführt. Bei einem Treffen in Mailand im März 2011 sagte Nichi Vendola[21] zum lombardischen „Gouverneur" Formigoni: „Ihr seid alle Mafiosi", worauf dieser antwortete: „Und Du bist ein Junkie." Ein schönes

---

19 Pier Luigi Bersani – bei den Parlamentswahlen 2013 Spitzenkandidat der Demokratischen Partei – war in seiner Eigenschaft als Minister für wirtschaftliche Entwicklung von 2006 bis 2008 in der Regierung Romani Prodis für das sogenannte Bersani-Visco-Dekret verantwortlich, das zu Liberalisierungen in verschiedenen wirtschafts-, finanz- und gesellschaftspolitischen Bereichen führte.

20 Der *Partito della Rifondazione Comunista* (Partei der kommunistischen Wiedergründung / PRC) entstand 1991 als Reaktion auf die Umwandlung der Kommunistischen Partei Italiens in die Demokratische Linkspartei (PDS).

21 Der Journalist Nichi Vendola war früher Mitglied des PCI und ist heute in der Partei *Sinistra Ecologia Libertà* (Linke Ökologie Freiheit) aktiv.

Beispiel für das Verantwortungsbewusstsein unserer politischen Klasse! Nach dieser Vorführung dachte ich mir: Warum hat Vendola nicht einfach die Fakten sprechen lassen? Es gibt Hinweise der Banca d'Italia auf Geldwäscheaktivitäten, die sich vom Süden ins Latium und in einige Gebiete der Toskana, des Piemont und der Emilia sowie zu großen Teilen in die Lombardei, vor allem nach Mailand, verlagert haben. Die Fakten sprechen für sich – große Sprüche sind nicht nötig.

Für mich besteht im Wachstum der wahre „soziale" Wert eines Unternehmens. Mir fällt dazu eine Anekdote zu Bill Gates ein: Auf einer Konferenz in New York machte jemand die klügste Bemerkung, die ich gehört habe. Es ging um soziales Engagement und den Einsatz der Bill & Melinda Gates Foundation für Straßenkinder, was natürlich eine sehr gute Initiative ist. Doch dieser Mann stand auf und sagte: „Bekanntermaßen haben Sie mit der Erfindung des Personal Computer und seines Betriebssystems etwas Hervorragendes für die Menschheit geschaffen. Der soziale Wert dieser Leistung besteht darin, dass auch im tiefsten Ägypten, wo es vielleicht nicht mal Wasser gibt, jeder Facebook nutzen kann. Dann haben Sie auch noch eine Stiftung für Straßenkinder gegründet. Eine großartige Sache! Aber wenn ich mir eine Bemerkung erlauben darf: Wenn Sie weiter in die Forschung investieren, um die Vernetzung der Welt voranzutreiben, wäre der sich daraus ergebende soziale Nutzen noch größer."

Frage: *Auch Papst Benedikt XVI hat in seiner Enzyklika „Caritas in veritate" die zunehmende Ausrichtung der Wirtschaft auf Finanzgeschäfte und die Ausbreitung eines dem Nutzenkalkül unterstellten Denkens kritisiert. Ich kann mir vorstellen, dass Sie den Text vielleicht nicht kennen.*

Antwort: Aber sicher, Giulio Tremonti[22] zitierte ihn immer. Ich hatte vorher noch nie erlebt, dass ein Minister die Sitzungen des Europäischen Rats mit Zitaten aus einer Enzyklika eröffnete.

Wie mir scheint, haben nur wenige den Ausspruch des heiligen Augustinus gelesen, der als Motto der Enzyklika überschrieben ist: „Nihil egit [Jesus] vi, sed omnia suadendo et monendo." – „Handle immer durch Überzeugung und Ratschläge, niemals durch Zwang". Worte, die von der Kirche tagtäglich in vielerlei Hinsicht Lügen gestraft werden: Im Hinblick auf die Bioethik beispielsweise wird in der Enzyklika der Wunsch ausgesprochen, dass sich Vernunft und Glaube gegenseitig stützen. Ein wunderbarer Wunsch, der mir aber nicht in die Tat umgesetzt zu werden scheint, wenn die Kirche gesetzlich erzwingen will, dass Komapatienten an ein Beatmungsgerät angeschlossen bleiben müssen, oder wenn sie das Recht in Abrede stellt, vorab in einer Patientenverfügung seinen Willen zu bekunden, im Krankheitsfall auf lebensverlängernde Maßnahmen zu verzichten, wie sie von der Verfassung vorgeschrieben sind. Was ich dagegen überhaupt nicht verstehe, ist, warum die Enzyklika die Kultur der freigewählten Beziehungen unter Bürgern, die auf dem Nutzenkalkül und einem vertraglich geregelten Austausch beruht und auf der die Marktwirtschaft fußt, so negativ beurteilt und dem Wunsch nach „von der Politik geleiteten Formen der Umverteilung" Ausdruck gibt, was schlicht bedeutet, dass einige wenige Menschen (die Politiker) die Kontrolle über die Ressourcen anderer Menschen (der Bürger) ausüben sollen. Negativ ist allenfalls, wenn der Staat beansprucht zu entscheiden, was nützlich ist und was nicht, und die Freiheit der privaten Wirtschaftsakteure einschränkt, indem er ihnen „nicht dem Nutzenkalkül unterliegende" Verhaltensweisen auferlegt. Das eigentliche Problem liegt in der Politik, die ihrer Aufgabe nicht gerecht wird und ihrer Verpflichtung, als Regulatorin aufzutreten, nicht nachkommt. Stattdessen beansprucht sie, die Oberaufsicht über den Markt auszuüben im Hinblick auf Entscheidungen, die allein den Unternehmen zustehen.

---

22 Giulio Tremonti war Minister für Wirtschaft und Finanzen in den vier Regierungen von Silvio Berlusconi.

Frage: *Worin bestand Ihr liberales Profil als Ministerin für den Außenhandel in der Regierung Prodi (2006 – 2008)?*

Antwort: Das lässt sich mit wenigen Worten beschreiben. Ich war absolut überzeugt davon, dass die wirtschaftliche Situation des Landes, das bereits damals ein zu geringes Wachstum aufwies, auf lange Sicht keine Erholung des Inlandskonsums ermöglich hätte und dass daher allein der Export als Entwicklungsmotor für unser Land dienen konnte.

Bekanntermaßen hat die überwiegende Mehrheit der kleinen und mittelgroßen italienischen Unternehmen Schwierigkeiten, auf dem internationalen Markt Fuß zu fassen. Eine geringe oder sogar nur minimale Unternehmensgröße stellt in der Tat ein unüberwindbares Hindernis für die Internationalisierung dar, weil die Aktivitäten, die zum Vordringen in die ausländischen Märkte nötig sind, hohe Fixkosten mit sich bringen, die sich nicht in kurzer Zeit erwirtschaften lassen. Man denke nur an die Kosten für die Überweisungen ins Ausland und vor allem für die Unternehmensberatung, ohne die es schlicht nicht denkbar ist, sich auf einem ausländischen Markt zu präsentieren. Außerdem sind die Kosten für den Eintritt in die ausländischen Märkte umso höher, je weiter die Märkte, die man erreichen will, entfernt sind, und heutzutage liegen die vielversprechendsten und am schnellsten wachsenden Märkte in Asien. Nur größere Unternehmen können derartige Kosten tragen und das Risiko in Kauf nehmen, dass die Investition scheitert. Der einzige Weg, diese Probleme zu überwinden, liegt in der Förderung von Unternehmenskonsortien, nach dem Motto: Man schließt sich zu zehnt zusammen und hat einen gemeinsamen Repräsentanten in China. Und genau damit habe ich hoffentlich dazu beigetragen, dass die hiesigen Unternehmen größeres Vertrauen in die Marke Italien gesetzt und sich davon überzeugt haben, dass die Welt uns nicht feindlich gesinnt ist, sondern ganz im Gegenteil unser Land, sein Design und seine Produkte außerordentlich beliebt sind. Die

Schaffung von Unternehmenskonsortien ist notwendig, um sich glaubwürdig präsentieren zu können und eine geeignete Organisationsstruktur aufzubauen, über die diese so schwierigen Märkte erreicht werden können. Nur durch die Verteilung auf mehrere Schultern lassen sich die hohen Fixkosten auf ein erträgliches Maß reduzieren.

Natürlich machte ich mir keine Illusionen darüber, dass die Unternehmer, die an diesen „Missionen" im Ausland teilnahmen, sofort Verträge mit potenziellen Kunden abschließen könnten, doch ich erhoffte mir, dass sie sich die passende Mentalität aneignen würden, um ausländische und insbesondere asiatische Märkte erschließen zu können. Dies vor allem deshalb, weil der Preis der Unerfahrenheit und der mangelnden direkten Kenntnis ausländischer Märkte sehr hoch ist. Viele Unternehmer, die genau deswegen gescheitert sind, weil sie nicht das nötige Rüstzeug besaßen, um die nationalen Grenzen zu überschreiten, wissen das nur zu gut.

Man kann beispielsweise keine hochmodernen Küchen nach China verkaufen, wenn die Lieferung per Schiff aus Italien drei Monate dauert. Wer etwas vom chinesischen Markt abbekommen möchte, muss vor Ort produzieren, wo im Übrigen auch andere Standards gelten, was ebenso auf den Geschmack, das Marketing und die Kreditinstrumente zutrifft. Jeder Markt hat seine ganz eigenen Besonderheiten.

Durch die Förderung des Modells der Unternehmenskonsortien haben wir dazu beigetragen, dass unser ausgedehntes Netz kleiner und mittelgroßer Unternehmen in die Lage versetzt wird, das Handicap des Zwergunternehmertums zu überwinden und somit seine Chancen beim Eintritt in ausländische Märkte zu vergrößern. Es scheint mir, dass dieses Modell auf den Wunsch von Emma Marcegaglia[23] hin in die neueste Gesetzgebung zu den Unternehmensnetzwerken aufgenommen worden ist, die auch

---

23 Emma Marcegaglia war von 2008 bis 2012 Vorsitzende der größten italienischen Arbeitgeberorganisation *Confindustria*.

Steuererleichterungen vorsieht, um die Unternehmen zu fördern und ihre Fähigkeit zu steigern, sich dem Exportgeschäft zu öffnen und in internationale Märkte vorzudringen.

Frage: *Sie haben auch auf das Instrument der „zusätzlichen Anmerkung" zurückgegriffen, eine Methode, die Ugo La Malfa[24] 1962 angewendet hatte, um die Ungleichgewichte der italienischen Wirtschaft darzustellen. Ihre „Anmerkung" befasste sich mit der weiblichen Beschäftigung. Warum das?*

Antwort: Als Ministerin für europäische Angelegenheiten musste ich 2007 den Bericht zur Umsetzung der Ziele des Lissabon-Vertrags koordinieren und nach Brüssel schicken. Dabei handelt es sich um ein Programm, das nur als „Anregung" zu verstehen ist und keine Sanktionen vorsieht – und genau darin liegt sein Schwachpunkt. Es galt zu bewerten, wie die Empfehlungen zur Innovation und zum Arbeitsmarkt in konkrete Politik umgesetzt worden waren. Zu den darin behandelten Themen gehörten auch Initiativen zur Verbesserung der Beschäftigungslage und des Status der Frauen. Ich schickte Anfragen an die verschiedenen Ministerien. Nachdem ich die Daten erhalten hatte, schickte ich sie wieder zurück. Dieser Vorgang

---

24 Ugo La Malfa (1903 – 1979), der der Republikanischen Partei Italiens angehörte, war in den Jahren 1962/63 Finanzminister in der von Aminto Fanfani angeführten Koalitionsregierung aus Christdemokraten, Republikanern und Sozialdemokraten. Seine kurz nach seinem Amtsantritt als Finanzminister veröffentlichte Schrift „Nota aggiuntiva" („Zusätzliche Erklärung" oder „Zusätzliche Anmerkung") lieferte ein allgemeines Bild der italienischen Wirtschaft und der sie charakterisierenden Ungleichgewichte und zeigte die Ziele und Instrumente demokratischer Wirtschaftsplanung mittels einer in Zusammenarbeit mit Unternehmensverbänden und Gewerkschaften vorgenommenen Einkommenspolitik auf, die die Bekämpfung der Inflation durch Stabilisierung des Preisniveaus zum Ziel hatte. Die von La Malfa dabei als vorrangig betrachteten Aufgabenfelder waren der Agrarsektor, die Industrialisierung des Südens und entlang der Adriaküste sowie öffentliche Verbrauchsgüter und Dienstleistungen.

wiederholte sich mehrmals, da ich die Angaben für falsch hielt. Ich konnte nicht glauben, dass wir in Europa in allen Bereichen zu den Schlusslichtern gehören sollten. Aber die Überprüfung meiner Mitarbeiter ergab, dass es tatsächlich stimmte.

Anstatt daraus ein Kapitel des Berichts über die Umsetzung des Lissabon-Vertrags zu machen, entschied ich mich, auf Anregung meines Beraters im Ministerium, Donato Speronis, einen separaten Bericht in Form einer „zusätzlichen Anmerkung" zu schreiben (ohne dabei La Malfa nachäffen zu wollen): Die Notlage der italienischen Frauen musste unbedingt auch in Italien bekannt gemacht werden – nicht nur in Brüssel. Man sollte begreifen, dass die Frauen den Notstand Italiens verkörperten, mit einer Beschäftigungsquote von nur 46,35 % im Jahre 2006 gegenüber einem damaligen europäischen Durchschnitt von 57,40 %. Selbst wenn es ihnen mit vielen Schwierigkeiten gelingt, die „gläserne Decke" zu durchbrechen und Führungspositionen zu erreichen, liegen ihre Gehälter nur bei drei Vierteln dessen, was ihre männlichen Kollegen verdienen. In der Zwischenzeit hat sich die Situation nicht verbessert: Die weibliche Beschäftigungsrate stagniert bei 46 %, wie aus einem Bericht der Bankitalia[25] von 2011 hervorgeht.

Wenn Italien nicht das absolute Schlusslicht von Europa war, lag das nur daran, dass Malta – wenn man das so sagen kann – uns davor bewahrte. So wurde mir, die ich mich zunächst als Bürgerrechtlerin im Hinblick auf die weibliche Entscheidungsfreiheit und dann auch auf internationaler Ebene mit den Rechten der Frauen befasst hatte, erst – unter ein wenig an den Haaren herbeigezogenen Umständen – als Ministerin bewusst, in welchem Maße das Potenzial der Frauen auch in wirtschaftlicher Hinsicht brachlag, wenn es nicht sogar herabgewürdigt wurde. Wir brachten eine Reihe von Initiativen auf den Weg, darunter die Tagung in Catania 2007 mit dem Präsidenten des

---

25 Kurzform für *Banca d'Italia*, die italienische Zentralbank

sizilianischen Arbeitgeberverbandes, Ivan Lo Bello.[26] Wir entschieden uns bewusst für den Süden, wo die Zahlen, die den Zugang der Frauen zum Arbeitsmarkt beschreiben, besonders dramatisch sind: Die Beschäftigungsquoten liegen hier noch um zwanzig Prozentpunkte unter denen in Mittel- und Norditalien. Wir gründeten „Pari e dispare" („Gleich und verschieden"), einen Verein gegen geschlechtsspezifische Diskriminierung unter dem Vorsitz von Cristina Molinari.

Während die Lage der Frauen ohnehin schon ernst genug war – was nicht allein Berlusconi anzulasten ist – sind in den letzten Jahren als Krönung auch noch Verhöhnung und Witze, mit einem Wort, vulgäre Stereotypen hinzugekommen.

---

26 Der Unternehmer und Bankier Ivanhoe Lo Bello war von 2006 bis 2012 Präsident des sizilianischen Unternehmerverbandes *Confindustria Sicilia (Sicindustria)*.

Die andere Hälfte der Welt

Frage: *Die niedrige weibliche Beschäftigungsrate, die Ungleichheit im Hinblick auf Karrierechancen und Bezahlung gegenüber Männern, die höhere Belastung von Frauen im Haushalt (im Vergleich zu Männern 3 Stunden und 40 Minuten mehr Hausarbeit pro Woche gemäß der OECD-Studie von 2011), ihre spärliche Präsenz in Führungspositionen und hohen Ämtern, ein Übermaß an Vulgarität in Fernsehsendungen und Werbung, die Verbreitung sexistischer Stereotypen, die Art, wie der weibliche Körper benutzt wird, sind nach Ihrer Definition der Ausdruck eines italienischen Notstandes. Fungieren Freiheit und Frauenrechte als Schlepptau für alles Übrige, das zu einer gut funktionierenden Demokratie gehört?*

Antwort: Zunächst einmal lässt sich feststellen, dass es in einem Land wie Italien, das solche Mühe hat zu wachsen – die letzten zehn Jahre waren in dieser Hinsicht verlorene Jahre, im besten Fall liegt das Wirtschaftswachstum bei null Komma irgendwas – schlichtweg einen Fehler darstellt, 50 % der menschlichen Ressourcen nicht zu nutzen. So etwas hat nirgendwo auf der Welt mit guter Politik zu tun. Das wäre ungefähr so, als ob man bei den Olympischen Spielen nur auf einem Bein laufen und somit auf 50 % seines Potenzials verzichten würde. Nicht nur unter dem Gesichtspunkt der dadurch möglichen Ankurbelung der Wirtschaft ist das ein Fehler, sondern auch insofern, als 50 % der Bevölkerung nicht wertgeschätzt werden für das, was sie sind und repräsentieren. Das führt zwangsläufig zu Frustrationen. Die italienischen Frauen sind schließlich auch nicht schlechter als die spanischen, die deutschen oder die französischen; es ist nicht die geografische Herkunft, die ihnen zum Verhängnis wird. Krank ist allein die italienische

Politik, die es vorzieht, wenig für Sozialleistungen auszugeben, weil der überwiegende Anteil der gesellschaftlichen Fürsorge – die Betreuung der Kinder und die Pflege kranker älterer Menschen – ja von den Familien übernommen wird, wie es scheinheilig heißt; genauer gesagt, wird er den Frauen aufgeladen. Die Konsequenz davon ist einerseits weniger wirtschaftliches Wachstum, andererseits unterbewertetes Potenzial. Dabei handelt es sich um ein Phänomen, dessen Wurzeln auf die uralten Traditionen und Rollenverteilungen des italienischen Familienverbandes zurückgehen. Und dabei reden wir noch gar nicht vom Selbstbestimmungsrecht, der Trennung von Staat und Kirche, der freien Wahl der medizinischen Versorgung, den durch das Gesetz Nr. 40 auferlegten Verboten im Hinblick auf die künstliche Befruchtung, den Kontroversen um die Abtreibungspille RU486 und die „Pille danach", die bis hin zu der Absurdität führten, den Apothekern das Recht einräumen zu müssen, aus Gewissensgründen den Verkauf von Verhütungsmittel zu verweigern.

Wenn man Ende der Siebzigerjahre während der Kampagnen für das Abtreibungsgesetz, das Recht auf Selbstbestimmung und sexuelle Freiheit alle Frauen, die illegal abgetrieben hatten, hätte ins Gefängnis stecken wollen, dann hätte man Stadien und Fußballplätze dafür bereitstellen müssen. Heute fahren die Paare nach Madrid, wenn sie eine – in Italien illegale – künstliche Befruchtung durch eine heterologe Insemination[1] durchführen oder allgemein die mit der Reagenzglaszeugung verbundenen Einschränkungen und Verbote umgehen wollen, scheren sich aber leider einen Teufel darum, deswegen Kämpfe des zivilen Ungehorsams auszufechten. Wenn dieser Kampf auf

---

1   Im April 2014 wurde das Verbot der Samenspende durch Dritte vom italienischen Verfassungsgericht aufgehoben.
2   Das im Jahr 2005 von den radicali initiierte Referendum zur Abschaffung einzelner Bestimmungen des Gesetzes Nr. 40, das die hetorologe Insemination, die Eispende und die Leihmutterschaft verbietet, scheiterte an dem erforderlichen Quorum (mindestens 50 % der Wahlberechtigten).

Gesetzesebene auch verloren zu sein scheint[2], zeigt sich doch deutlich, dass gesetzliche Verbote in der Praxis überhaupt nichts bringen. So gibt es wenig Grund zum Triumphieren, da diese unsinnigen Gesetze leicht umgangen werden können.[3] Ich glaube allerdings, dass sich in diesen Jahren die große Rebellion der italienischen Frauen darin ausdrückt, dass sie keine Kinder mehr gebären: Innerhalb von zwei Generationen wurde aus der italienischen Mama eine Frau, die keine Kinder mehr in die Welt setzt. Nach dem Motto: Ihr stellt uns nicht nur keine öffentlichen Dienstleistungen zur Verfügung, sondern bürdet uns sogar noch die Last auf, diese Leistungen selbst zu erbringen, und überdies beleidigt man uns in einem fort mit Stereotypen und Klischees: Da machen wir nicht mehr mit. Aber dieses Verhalten ist bloß ein Akt des Sich-Entziehens, ein individueller Widerstand, vielleicht sogar eine Kapitulation angesichts eines unerträglichen Zustands. Leider ist es keine Haltung, die zu einem kollektiven Bewusstsein führt, sondern im Gegenteil dazu, dass die Frauen sich ihm sogar entziehen.

Frage: *Sollten sich die italienischen Frauen also ihr Bewusstsein zurückerobern und wieder auf die Straße gehen?*

Antwort: Niemand wird uns jemals etwas schenken, wir müssen es uns selbst erkämpfen. Vielleicht räumt man uns auf dem Arbeitsmarkt ein wenig Platz als Verkäuferin oder Lehrerin ein, aber ganz sicher nicht in Spitzenpositionen. Es ist ganz einfach: Die absolute Leere existiert weder in der Physik noch in der Politik, und wenn alle Positionen von netten Bürschchen besetzt sind und eine Frau sich für einen dieser Posten interessiert, muss sie dafür sorgen, dass der entsprechende Herr ihn verlässt. Wenn nicht im Guten, dann im Bösen. Ich kann das Gerede über *leadership* nicht

---

3 Schon im Jahre 2006 – zwei Jahre nach dem Inkrafttreten des Gesetzes Nr. 40 – wandten sich 4173 Paare an ausländische Zentren (Quelle: *Osservatorio sul Turismo Procreativo*).

mehr hören. Wir Frauen haben bewiesen, dass wir durchaus Führungsqualitäten haben; was wir brauchen, ist *Macht*.

2006 fand in Mailand die große Demonstration „Usciamo dal silenzio" („Raus aus der Stille") zur Verteidigung des Abtreibungsgesetzes Nr. 194 statt. Damals sagte ich zu den Frauen: „Denkt daran, dass die von uns eingenommene defensive Haltung der Sache nicht angemessen ist. Angriff ist die beste Verteidigung! Nur indem wir neue Rechte einfordern, können wir die bereits errungenen verteidigen." Man sagte mir, dass meine Vorstellung unrealistisch sei. Dann sind die Proteste wieder erloschen. Am 13. Februar 2011 fanden dann im Zuge der Affäre um die Escort-Damen, das Casting von Tanzgirls[4] für öffentliche Positionen und die frauenverachtenden Witze Berlusconis Protestkundgebungen im ganzen Land für die Würde der Frau unter dem Motto „Se non ora quando?" („Wenn nicht jetzt, wann dann?") statt. Es war ein Aufschrei, ein Ausbruch des Protests, der dank großzügiger Fördermittel und Unterstützung der CGIL[5] und der Medien um die ganze Welt ging. Das zog weitere Demonstrationen nach sich. Aber eine Demonstration währt nur einen Tag, wenn man sich kein langfristiges Ziel setzt, das den Augenblick überdauert. Die vielfältige Welt der Frauen ist zweifelsohne in Aufruhr und heutzutage lebendiger als in früheren Jahrzehnten, aber sie hat sich bisher kein Ziel setzen können, das in der Lage wäre, die gegenwärtigen Verhältnisse umzuwälzen und zugleich die Frauen zu einer Bewegung zu vereinen.

---

4 Hierbei handelt es sich um eine Anspielung auf die auf Canale 5 ausgestrahlte Satiresendung „Striscia la notizia" („Streif die Nachricht"), in der zwei als *veline* (etwa „durchsichtige Nachrichtenblätter") bezeichnete, halbnackte junge Frauen als Assistentinnen auftreten und auf dem Schreibtisch des Moderators tanzen. (Der Ausdruck *velina* wurde in der Folge zu einem Synonym für in Fernsehsendungen als Assistentinnen oder Tänzerinnen auftretende Frauen.)

5 Die *Confederazione Generale Italiana del Lavoro* (CGIL / Allgemeiner italienischer Verband für Arbeit) ist die größte italienische Gewerkschaft.

Zum Thema der Würde möchte ich hinzufügen, dass ich mit denen übereinstimme, die festgestellt haben, dass es vor allem die Würde der Männer ist, die in Italien zur Diskussion steht: Denn wenn sie sich mit Berlusconi identifizieren, sind sie es, die ein Problem haben. Und schließlich muss betont werden, dass auch die Rubys[6], die Minettis[7], der ganze Harem um Berlusconi Frauen sind und nicht etwa Käfer. Ich will damit sagen, dass zum Glück auch die Frauen unterschiedlich sind: Schließlich sind wir Menschen und nicht einfach irgendeine Kategorie.

Frage: *Sie haben die skandalöse Lage der Frauen in Italien auf dem Kongress „Women in the World" im April 2011 in New York erläutert und dadurch heftige Polemiken auf sich gezogen.*

Antwort: Mir wurde vorgeworfen, ein Bild der italienischen Frauen gezeichnet zu haben, als würden sie noch in der

---

6 Die Marokkanerin Karima el-Mahroug (in den italienischen Medien als „Ruby Rubacuori" – „Ruby Herzensbrecherin" – bezeichnet) stand im Mittelpunkt eines Prozesses gegen Berlusconi, der wegen Amtsmissbrauchs und Förderung der Prostitution mit Minderjährigen angeklagt und im Juni 2013 in erster Instanz zu sieben Jahren Haft verurteilt wurde. Nach Auffassung der Richter hatte der damalige Regierungschef Berlusconi Sex mit Ruby im Austausch gegen große Summen Geldes und andere Vorteile, obwohl er wusste, dass sie noch minderjährig war. Den Urteilsbegründungen nach soll Ruby in ein System der Prostitution im Rahmen der wilden sogenannten „Bunga-Bunga-Partys" in Berlusconis Privatvilla bei Mailand eingebunden gewesen sein.
7 Nicole Minetti war Showgirl in einer Sendung Berlusconis und lernte ihn später als Zahnpflegerin in einem Krankenhaus kennen. Im April 2010 wurde sie von Berlusconi persönlich auf die Liste zur lombardischen Regionalwahl gesetzt und war bis Oktober 2012 für den *Popolo della Libertà* Abgeordnete im Regionalparlament der Lombardei. Im Zuge der Ruby-Affäre (s. vorherige Fußnote) wurde sie im Juli 2013 wegen Förderung der Prostitution in erster Instanz zu fünf Jahren Haft verurteilt, da das Gericht es als erwiesen ansah, dass sie für die sogenannten Bunga-Bunga-Partys in Berlusconis Privatvilla bei Mailand junge Prostituierte engagiert hatte, darunter auch die damals minderjährige Nachtclubtänzerin Ruby. Minetti bestritt die Vorwürfe, gab aber eine sexuelle Beziehung mit Berlusconi zu.

Steinzeit leben; aber mir ging es nur darum, die schlechte Politik anzuprangern. Tatsächlich gehöre ich ja zu denen, die sich immer bemüht haben, die Frauen voranzubringen und auf ihr Potenzial hinzuweisen. Und ich verurteile die lange Tradition politischer Entscheidungen, die uns Frauen gettoisiert haben. Um beim Gebiet der Politik zu bleiben: Abgesehen von den *radicali*, Luciana Sbarbati bei den Republikanern und Grazia Francescato bei den Grünen gab es bisher keine weiblichen Parteisekretäre. Es gab nicht eine Bankdirektorin, gerade mal zwei Universitätsrektorinnen und ein paar Chefredakteurinnen von Tageszeitungen. Vielleicht möchte man uns sogar dafür auch noch Komplimente machen. Aber wenigstens das möge man uns ersparen! Die Lehre, die man daraus zu ziehen hat, ist für mich jedoch: „Meine lieben Frauen, wenn euch die Situation so gefällt und ihr euch damit zufrieden gebt, dann sei es so. Aber wenn ihr damit nicht zufrieden seid, müssen wir uns die neuen Ziele selbst erkämpfen, weil niemand uns etwas schenken wird. Denn es geht dabei um Macht, und Macht ist eine Sucht, wie eine Droge, eine Abhängigkeit, von der nicht mehr loskommt, wer sie einmal hat."

Die Politik kann, wenn sie will, die Dinge ändern. Nachdem in einem katholischen Land mit einer starken patriarchalen Familientradition wie Spanien eine neue politische Klasse an die Macht gekommen war, setzte der neue Premierminister Zapatero seine politischen Akzente auf aktives Bürgerbewusstsein und Bürgerrechte. Da er verstanden hatte, wie wichtig es war, Zeichen zu setzen, besetzte er seine letzte Regierung bewusst mit neun Frauen und acht Männern. Bereits Aznar hatte die PACS[8] als Möglichkeit einer zivilrechtlichen Partnerschaft auch für homosexuelle Paare eingeführt, und auf Zapateros Initiative hin wurden Gesetze zur Gleichstellung verabschiedet, die auch Quoten vorsehen. Es handelt sich um eine

---

8   Die Abkürzung für den 1999 in Frankreich eingeführten *pacte civil de solidarité* (ziviler Solidaritätspakt) steht heute als Synonym für zivilrechtliche Partnerschaften.

vorläufige Verordnung im Rahmen eines umfassenden Gesetzes, das die Probleme der staatlichen Fürsorge in Angriff nimmt. Zweifellos hat sich in den letzten zehn Jahren die gesellschaftliche Stellung wie auch das öffentliche Bild der spanischen Frauen verändert. Die Frauen identifizieren sich mit Carmen Chacón, der Verteidigungsministerin, die von unzähligen Polemiken begleitet im siebten Monat ihrer Schwangerschaft nach Afghanistan reiste und auf diese Weise demonstrierte, dass die Schwangerschaft eine Lebensphase und kein Handicap darstellt – allenfalls eine Bereicherung, wie Chacón ausführte.

Die Politik vermag Vieles. Derart Vieles, dass unsere Politik genau die gegensätzlichen Signale aussendet. In symbolischer Hinsicht ist es eine Sache, eine Regierung aufzustellen, in der Frauen und Männer paritätisch vertreten sind, oder mehr Frauen als Männer; und eine ganz andere, Witze über *Bunga Bunga* zu reißen. Symbole sind wichtig, weil sie es den Leuten erlauben, sich mit den Dingen zu identifizieren. Sie machen das Leben nicht unmittelbar einfacher – dafür bedarf es angemessener politischer Maßnahmen – doch lassen sie uns Hoffnung schöpfen, dass die Überwindung der Probleme möglich ist. Selbstverständlich ist auch die Entscheidung derjenigen zu respektieren, die sich für einen anderen Weg entscheiden; doch für diejenigen, die sich einbringen wollen, sollte es keine Hindernisse geben.

Frage: *Um das Ungleichgewicht zu beenden, erscheinen Ausgleichsmaßnahmen angebracht. Sie sind aber nach wie vor gegen Frauenquoten?*

Antwort: In einem Land, das das Leistungsprinzip nicht kennt und in dem eine Oligarchie herrscht, die derart in sich abgeschlossen ist, dass sie für Neueinsteiger – seien es Jugendliche, Frauen oder Migranten – keinen Raum lässt, kann man sich leicht ausmalen, aus welchen Familien-, Wahl- oder noch übleren Seilschaften die auserwählten Frauen kommen.

Außerdem kann ich mir vom theoretischen Standpunkt aus keine Gesellschaft vorstellen, in der es jeweils Quoten für Junge, Alte, Weiße, Schwarze, Frauen usw. gibt. Das ist nicht die Gesellschaft, für die ich kämpfe. Ich beuge mich nicht dem Machiavelli-Prinzip „Der Zweck heiligt die Mittel"; nach meiner Vorstellung wird der Zweck durch die Mittel vorherbestimmt. Ich lehne eine Quotengesellschaft ab, denn ich denke, dass es einen anderen Weg gibt: einen Weg, der länger und komplizierter ist, sich aber mittelfristig auch als vorteilhafter für die Chancengleichheit und das Leistungsprinzip herausstellen wird.

Ich möchte noch hinzufügen, dass diese Quotendebatte in Italien alt und abgedroschen ist. Bis vor einigen Jahren waren die Frauen, die sich gegen die Quoten aussprachen, noch in der Mehrzahl. Jetzt hat die große Mehrheit auch meiner Freundinnen und der Leute, mit denen ich zusammenarbeite, kapituliert: aus Resignation oder weil sie meinen, dass man die Sache anstoßen müsse, um Besserung erwarten zu können. Diese Stöße erweisen sich dann aber mehr oder weniger als „Stößchen". Wenn alles nach Plan verläuft, werden die Frauenquoten in den Unternehmensvorständen zwischen 2015 und 2019 in Kraft treten.

Ja, ich denke, dass sich die Italienerinnen ihrer Freiheit und ihres Wertes nicht mehr bewusst sind. Sie haben jenen Weg unterbrochen, auf dem sich die Frauen in anderen europäischen Ländern gerade befinden, in Richtung einer allumfassenden gesellschaftlichen Entwicklung der Rolle der Frau, sodass Arbeit und Mutterschaft in Einklang gebracht werden können; für eine finanzielle Absicherung auf dem Arbeitsmarkt und somit für eine freiere Entscheidung zur Mutterschaft gesorgt ist; die Verantwortungen innerhalb der Familie gerechter verteilt werden und das Sozialsystem auf die neuen Bedürfnissen zugeschnittenen wird. Stattdessen dient bei uns die Familie als Serviceprovider, der die soziale Abfederung übernimmt – flankiert vom Provinzialismus, jener anderen italienischen Unsitte.

Frage: *Sie haben einmal gesagt, der Frauenkörper sei ein Schlachtfeld ...*

Antwort: Als man mich im November 2010 darum bat, für die Fernsehsendung von Fabio Fazio und Roberto Saviano „Vieni via con me" („Komm fort mit mir") eine Liste von dem aufzustellen und vorzutragen, was der weibliche Körper zu erleiden hat, machte ich viele Notizen, die ich wieder verwarf, bis ich endlich auf das kam, was mir am prägnantesten und wesentlichsten erschien, wie etwa: „Immer, wenn Frauen sagten ‚Ich gehöre mir'[9], lachte jemand, obwohl es dabei wenig zu lachen gab, denn Frauen gehören per definitionem immer jemanden. Warum sonst lautet das Gebot ‚Du sollst nicht begehren deines nächsten Weib.'" Ein weiterer Punkt auf der Liste war: „Seit Helena von Troja und dem Raub der Sabinerinnen bis heute ist der Körper der Frauen ein Schlachtfeld. In Afghanistan ebenso wie bei uns."

Frage: *Die Lage einer afghanischen oder saudi-arabischen Frau unterscheidet sich jedoch gewaltig von der einer europäischen oder amerikanischen. Die italienischen Frauen müssen keine Burka tragen. Adriano Sofri weist in seinem wunderschönen „Brief an die unsichtbaren Frauen" („Lettera alle donne invisibili"), der im Oktober 2001 in der* Repubblica *veröffentlicht wurde, darauf hin, dass der grundlegende Unterschied des Westens im „Habeas Corpus"[10], der Verfügungsgewalt über den eigenen Körper liege, und dass gerade die „langsame und unter Qualen stattfindende Entfesselung der Freiheit der Frauen" das heimliche Herz der westlichen Welt darstelle.*

---

9 „Io sono mia" ist ein berühmter Slogan der italienischen Frauenbewegung.

10 „Habeas Corpus" (lat. „Du mögest den Körper haben") lauteten ursprünglich die einleitenden Worte von Haftbefehlen im Mittelalter; zu Beginn der Neuzeit wurden sie zu einem allgemeinen Terminus für die Verhaftung. Seit der Einführung des *Habeas Corpus Act* in England bezeichnet der Begriff das Recht Verhafteter auf unverzügliche Haftprüfung vor Gericht.

Antwort: Theokratische Staaten wirken auf alle unterdrückend, aber auf Frauen in besonderem Maße. Es gibt kein männliches Kleidungsstück, das einen Mann von Kopf bis Fuß bedeckt. Die Situation der Frauen war für mich immer ein Indikator für die demokratische Entwicklung eines Landes, was an der Tatsache liegen mag, dass ich eine Frau bin, dass ich über die Abtreibungsthematik zur Politik gekommen bin, wie auch an meinen Erfahrungen bei den *radicali*. In Anlehnung an Voltaire sagte schon Cesare Beccaria[11], dass sich der Zivilisationsgrad eines Landes am Zustand seiner Haftanstalten ablesen lasse. Auf der Grundlage dieser Überlegungen und nachdem ich die Welt in Zusammenhang mit meinen Verpflichtungen und Verantwortlichkeiten oder aus bloßer Neugier bereist habe, ist mir bewusst geworden, dass neben Bevölkerungswachstum und ausländischen Investitionen als zusätzliches Kriterium eine Übersicht über die Lage der Frauen nötig ist, sowohl im Hinblick auf die Gesetzgebung als auch die Umsetzung gesetzlicher Bestimmungen. Dieses Kriterium zur Bewertung der demokratischen Verfassung eine Landes hat noch nie getrogen: Je weniger Rechte die Frauen haben, desto größer sind die Schwierigkeiten des Landes. Apartheid sorgt für Empörung, Diskriminierungen aufgrund des Geschlechts scheinen dagegen aus unerfindlichen Gründen auf größere Akzeptanz zu stoßen. Und doch habe ich auf meinen Reisen in der Welt gerade unter den Frauen besonders viel Mut, Lebhaftigkeit und Vitalität erlebt. Die Frauen setzen alles aufs Spiel.

Khady Koita stellt in ihrem Buch „Die Tränen der Töchter" sehr gut dar, wie sie sich aufgrund ihres Engagements gegen die „Beschneidung" von Mädchen langjähriger Anfeindungen aus ihrer Volksgruppe, ihrem Familienclan, ihrem Umfeld erwehren musste. Khadhy lebt in Brüssel, ist

---

11 Cesare Beccaria (1738 – 1794) war ein bedeutender Rechtsphilosoph und Strafrechtsreformer zur Zeit der Aufklärung und gilt als Begründer der „klassischen Schule der Kriminologie".

Präsidentin des europäischen Netzwerks gegen weibliche Genitalverstümmelung *EuroNet FGM* und kämpft gegen Exzision und Infibulation: sehr technische Begriffe für das Verstümmeln der Lust und das Beschneiden des Körpers der Frau – als ob „der Wortschatz Kondome bereitstellen würde, um Unannehmlichkeiten zu vermeiden", wie es Adriano Sofri treffend formuliert.

Aber jede von uns stellt immer irgendetwas infrage und muss dafür auf mittlere Sicht ein Risiko eingehen. Auch hier bei uns. Ich erinnere mich noch daran, als Adele, Vanna, ich und die anderen im Jahre 1975 bei einer Demonstration für das Abtreibungsgesetz auf der Piazza Duomo von einem Mann bespuckt wurden. Dies nur, um zu verdeutlichen, dass mit Demütigungen, Ausgrenzung, Risiken stets zu rechnen ist. Und ich denke dabei heute an meine Mitstreiterinnen bei den *radicali*. Als die Partei 1976 beschloss, dass Frauen in allen Wahlkreisen die Listen für das Abgeordnetenhaus anführen sollten, stellten wir als Spitzenkandidatinnen neben Adele Faccio, Adelaide Aglietta und mir auch Wanda Raheli Roccella, Adele Cambria, Alma Sabatini, Liliana Ingargiola, Maria Adele Teodori, Pinetta Teodori, Marisa Galli, Edith Bruck und Edda Billi auf. Sie waren alle eine Generation älter als ich, und der Großteil von ihnen (insbesondere Liliana Ingargiola und Alma Sabatini) war schon im *Movimento di Liberazione della Donna* (MLD / Bewegung zur Befreiung der Frau) aktiv gewesen, der ersten Frauenbewegung, die in den Siebzigerjahren organisiert und der Partei als Verein angegliedert worden war und aus der infolge späterer Abspaltungen auch jene Bewegung hervorging, die sich in der Via del Governo Vecchio in Rom versammelte.[12]

Auch die Nonne Marisa Galli arbeitete mit uns zusammen, die sich besonders für die Unterstützung zerrütteter

---

12 Am 2. Oktober 1976 besetzte eine kleine Gruppe von Mitgliedern des MLD den Palazzo Nardi in der Via del Governo Vecchio in Rom. In der Folge entwickelte sich dort eines der wichtigsten Zentren des italienischen Feminismus.

Familien engagierte und die insbesondere aufgrund von Auseinandersetzungen über die Politik der Kirche zum Scheidungsrecht ihren Orden verließ. Sie wurde dann im Jahre 1979 ins Parlament gewählt. In der letzten Legislaturperiode waren Rita Bernardini[13], Maria Antonietta Farina Coscioni, Elisabetta Zamparutti und Donatella Poretti als Abgeordnete im Parlament. Zu erwähnen ist auch das wertvolle Engagement von Antonella Casu, Antonella Spolaor und – in jüngerer Zeit – Valeria Manieri und Sabrina Gasparrini, um nur einige zu nennen, mit denen ich häufigeren Kontakt in Rom gehabt habe. Abgesehen davon waren und sind Frauen in ganz Italien, überall dort, wo die *radicali* aktiv sind, sehr präsent, sehr häufig in Führungspositionen: von Anna Autorino in Neapel über Giulia Simi in Siena, Donatella Trevisan in Bozen, Monica Mischiatti in Bologna, bis hin zu Deborah Cianfanelli in Imperia. Und beim letzten Wahlkampf in Mailand habe ich mich über den Enthusiasmus des blutjungen Nachwuchses sehr gefreut. Sicherlich gibt es innerhalb des weiblichen Kosmos der *radicali* neben Affinitäten und Sympathien auch Argwohn und Reibereien, aber ich denke, dass die Schule der *radicali* uns gelehrt hat, Gefühle und Ressentiments zu beherrschen. Und in den allermeisten Fällen ist uns das sogar gelungen.

Schließlich weiß ich nicht, wie ich Mariateresa Di Lascia angemessen würdigen soll. Wir nannten sie „die Hexe" aufgrund ihrer Fähigkeit, in andere hineinzuschauen. Sie hat tiefe Spuren hinterlassen, ihr vorzeitiger Tod war sehr schmerzlich. Ihre ganze Persönlichkeit spiegelt sich in ihrem Buch „Passaggio in ombra" („Schattengang") wider, das posthum mit dem Strega-Preis[14] ausgezeichnet wurde.[15]

---

13 Derzeitige Parteisekretärin der *Radicali Italiani*
14 Bedeutende literarische Auszeichnung in Italien
15 Näheres zu Mariateresa Di Lascia und ihrem Roman „Schattengang" in: DER SPIEGEL 32/1995

Frage: *Ihr internationales Engagement für die Frauenrechte begann 1997 mit der Kampagne „Eine Blume für die Frauen von Kabul"?*

Antwort: Als EU-Kommissarin für humanitäre Hilfe ging ich damals auf eine Mission nach Afghanistan. Nach unserer Ankunft erfuhren wir, dass gemäß einer Verordnung der Taliban die Gesundheitsversorgung der Frauen nur in einer einzigen zentralen Einrichtung erlaubt wurde.

Angesichts der enormen Schwierigkeiten der Frauen, sich an einen anderen Ort zu begeben, bedeutete dies, dass sie praktisch ohne jegliche Versorgung waren. Ich beschloss, diese neue Einrichtung in Kabul zu besuchen. Als ich dort die Treppe hinaufging und die Journalisten, die uns gefolgt waren, im Erdgeschoss zurückließ, brach ein Aufstand aus. Da die Journalisten Fotos und Videoaufzeichnungen machten, wurde die Religionspolizei gerufen. Sie kamen in einem Toyota an und verhafteten uns. Nachdem wir wieder zu unseren Autos zurückgekehrt waren, stieg in jedes von Ihnen ein Taliban ein; die Kalaschnikow auf uns gerichtet, befahlen sie uns, ihnen zu folgen. Es begann eine dreistündige Verhandlung. Dann kam der stellvertretende Gesundheitsminister und entschuldigte sich bei uns für den Vorfall. Bei der Verhandlung wurde zunächst quer über den Hof gebrüllt, in den sie uns verfrachtet hatten. Dann wurde die Verhandlung am Telefon, vermutlich mit dem Mullah, der sie anführte, fortgesetzt. Schließlich entspannte sich die Situation, und man teilte uns sogar mit, dass wir das journalistische Material zurückerhalten würden, sie jedoch zuvor die Aufnahmen sehen wollten. Es oblag der CNN-Journalistin Christiane Amanpour, die Fotos zu zeigen, was bei den Taliban für Vergnügen und Gelächter sorgte. So viel zur Unberechenbarkeit dieser Gruppierung.

Nachdem ich von der Mission zurückgekehrt war, schrieb ich einen Bericht an die europäischen Regierungen, in dem ich auf die alarmierende Situation der Frauen aufmerksam machte sowie auf die Tatsache, dass Afghanistan eine Ausbildungsstätte für Terroristen war. Offensichtlich war die Wirkung aber nicht eindringlich genug, um es ihnen begreiflich zu machen.

Jedenfalls machte die Kampagne „Eine Blume für die Frauen von Kabul" die Öffentlichkeit auf das Schicksal der afghanischen Frauen aufmerksam, als Symbol für die weltweit von den Frauen ausgetragenen Kämpfe. Kabul wurde zur Metapher für alle Orte, an denen die Rechte der Frauen verletzt werden. Die afghanischen Frauen befinden sich heute mitten auf einem beschwerlichen Marsch zum gegenüberliegenden Ufer eines Flusses: Es gibt keinerlei Garantien für die Eroberung ihrer Rechte, sie ist immer schwierig und vorläufig, wie sich selbst in Italien zeigt. Manchmal geht es ein wenig voran, dann werden wieder Rückschritte gemacht. Das Wichtigste ist, dass man nicht einfach am Flussufer sitzen bleibt und wartet, dass etwas passiert, sondern sich gegenseitig hilft, unterstützt und gemeinsam kämpft.

Frage: *Haben diese Frauen Ihr Leben verändert?*

Antwort: Die Begegnungen verändern das Leben. Auch meine Entscheidung, nach Kairo zu ziehen, als ich nach der Wahlschlappe 2001 Abstand zu Italien brauchte, weil ich mich unverstanden und geradezu wie „ausgespuckt" fühlte, hatte mit den Begegnungen zu tun, die ich dort gemacht hatte, und der Neugierde, die sie in mir geweckt hatten. Die Beziehung zu Nawal Al Saadawi, einer wegen Apostasie verurteilten Ärztin und Schriftstellerin – einer feministischen Globalisierungsgegnerin, mit der ich im Übrigen vom theoretischen Standpunkt her nichts gemein habe – hatte in mir ein noch stärkeres Interesse für den Mittelmeerraum ausgelöst. Eines Tages hatte mich eine tunesische Freundin vom Verband der Rechtsanwältinnen angerufen und gesagt: „Hör mal zu, wir müssen unbedingt nach Kairo fahren, wir haben ein internationales Komitee zur Verteidigung von Nawal Al Saadawi gegründet, die der Apostasie angeklagt wird und der daher die erzwungene

Scheidung und wer weiß wie viele Jahre Gefängnis drohen." Ich sagte: „Ich komme." Ich fuhr hin, um diese Frau kennenzulernen, und besuchte dann den Prozess. Sie hielt eine Pressekonferenz ab, auf der sie erklärte, sie hätte Dutzende Male darüber nachgedacht, sich von ihrem Mann scheiden zu lassen, doch wenn man sie dazu zwingen wollte, würde sie bei ihm bleiben. Während dieses kurzen Aufenthalts in Kairo lernte ich Barbara Ibrahim kennen, die mir von ihrem im Gefängnis einsitzenden Mann erzählte. Mir wurde klar, dass mich die ägyptische Welt mehr interessierte als nach Oxford oder ans MIT nach Boston zu gehen. Also bin ich für drei Jahre dorthin gezogen. Ich habe Arabisch gelernt, eine Kultur entdeckt, eine andere Welt kennengelernt. Ich versuchte einfach zu verstehen. Letztlich ist das Mittelmeer ein See, der uns vereint, kein Meer, das uns voneinander trennt, und in Europa hätte man schon vor langer Zeit begreifen müssen, dass die Entwicklung des afrikanischen Kontinents eine Priorität für Europa darstellte oder vielmehr immer noch ist.

Ich möchte auch noch die marokkanischen Freundinnen erwähnen, die ich kennengelernt hatte, als ich EU-Kommissarin für Fischerei war. Viele von ihnen habe ich als Aktivistinnen während des arabischen Frühlings wiedergetroffen, im Jemen sowie in Tunesien. In einer Hauptstraße in Tunis fiel mir an einer Mauer ein schöner Slogan ins Auge: „La femme tunisienne est libre et restera libre." („Die tunesische Frau ist frei und wird auch frei bleiben.")

Im Jahre 1996 hatte ich ein Treffen mit der burmesischen Oppositionsführerin und Friedensnobelpreisträgerin Aung San Suu Kyi. Ihr widmete ich den Prinz-von-Asturien-Preis[16] (gemeinsam mit einer Gruppe von Frauen, die sich für die Menschenrechte einsetzten). Wenn ich sie am Telefon höre, ist das sehr bewegend. Es war eine großartige Begegnung. Schon lange hatte ich vorgehabt,

---

16 1998 erhielt Emma Bonino den Preis der unter dem Vorsitz des spanischen Thronfolgers stehenden Stiftung Prinz von Asturien für ihre Verdienste im Bereich internationale Zusammenarbeit.

dorthin zu fahren, und als ich als EU-Kommissarin endlich dazu kam, wurde ihr die Genehmigung erteilt, an einem Abendessen in der französischen Botschaft teilzunehmen. Daraufhin verbrachte ich einen Tag in ihrem Haus am Fluss und wir redeten über Gott und die Welt. Ich gelte zwar als eher klein, doch um sie zu umarmen, musste ich mich hinunterbeugen. Ich kam zufällig mit der Nase an in ihren Haarknoten, in den immer Blumen eingeflochten sind. Damals waren es Jasmin-Blüten – der Duft ihres Mutes. Wo ich auch hinfahre, habe ich immer ein Foto von ihr dabei, das meine Freundin Micheline Pelletier gemacht hat.

Aung San Suu Kyi verkörpert Widerstandskraft und Beständigkeit: typische Eigenschaften der *radicali*. Und es ist die Beständigkeit, die den Dingen ihre Form verleiht. Das, was die Beständigkeit der Freiheit ausmacht und ihr ihre Form gibt, sind die Rechte und Pflichten.

Frage: *Begann damit auch Ihr Engagement gegen die weibliche Genitalverstümmelung?*

Antwort: Eine Gruppe von afrikanischen Frauen führte bereits seit Jahren einen Kampf gegen diese fürchterlichen Praktiken. Sie baten mich um Hilfe. Ich glaube nicht, dass – vor allem, wenn es um internationale Probleme geht – politische Kämpfe aufgezwungen werden sollten, sondern dass man Kämpfe dort unterstützen sollte, wo sie entstehen. Ich bin nicht davon überzeugt, dass sich die Demokratie exportierten lässt, schließlich ist sie kein beliebiges Import-Export-Produkt. Wir diskutierten darüber und das Ergebnis unseres Dialogs war, dass die Frauen ihre Einstellung ein wenig änderten. Ebenso wie mein Engagement für die Legalisierung der Abtreibung war auch ihr Kampf gegen die Genitalverstümmelung aus einer traumatischen persönlichen Erfahrung heraus entstanden. In vielen der betroffenen Gesellschaften ist das Thema ein großes Tabu, weil es dabei um Sex, um das Recht auf Sexualität, um das Recht auf körperliche Lust geht. Die Aktivistinnen selbst wagten es nicht, auf dieser Ebene zu argumentieren, und behandelten das Thema jahrelang vor allem als Gesundheitsproblem, im Hinblick auf Infektionsrisiken. Tatsächlich antworteten einige Regierungen: „Na gut, dann sorgen wir dafür, dass der Eingriff im Krankenhaus stattfindet." Irgendwann wurden sich die Frauen bewusst, dass es vorrangig darum ging, ihre Rechte einzufordern, vor allem das Recht auf körperliche Unversehrtheit und Selbstbestimmung. Stellen wir uns nur mal vor, es würde darum gehen, reihum den Männern ein Ohr abzuschneiden ... 1993 entmannte eine Frau namens Lorena Bobbit ihren Mann mit einem Messer, was weltweit zu großem Aufsehen wegen einer einzigen männlichen Genitalverstümmelung führte. Die Zahl der von Genitalverstümmelung betroffenen Frauen liegt dagegen bei 130 Millionen und jedes Jahr bei drei Millionen Mädchen. Regt man sich bei uns deswegen nicht so sehr darüber auf, weil uns das alles so weit weg erscheint? Wem die Welt jedoch weit weg erscheint, der kümmert sich nicht um die Todesstrafe, die Genitalverstümmelung, den Hunger, die Armut, die 100 Millionen Mädchen, die in China und Indien aufgrund ihres Geschlechtes direkt nach der Geburt beseitigt werden. Wer dagegen an die Universalität der Rechte glaubt, dem ist die ganze Welt Heimat. Das verändert die Perspektive. Ich hoffe indessen, dass die Resolution gegen die Genitalverstümmelung – für die sich Frauen aller Länder stark gemacht haben – von der UNO gebilligt wird.[17] Aber am aufregendsten ist, dass es die afrikanischen Frauen selbst sind, die diesen Kampf führen und in der Lage sind, ihre Länder in die Pflicht zu nehmen.

Frage: *Trotzdem hat sich Vieles verändert, seit sich Giuliano Amato für die Unterstützung Ihrer virtuellen Präsidentschaftskampagne „Emma for President", die viel Zustimmung*

---

17 Die im Dezember 2012 verabschiedete UNO-Resolution fordert alle Mitgliedsstaaten zum Verbot der Genitalverstümmelung sowie zu Unterstützungsmaßnahmen für davon betroffene Frauen und Mädchen auf.

erntete, mit den Worten rechtfertigen musste: „Alles in allem habe ich keine Kakerlake vorgeschlagen!" Die amerikanische Außenministerin Hillary Clinton hat erklärt, dass die Bedingungen dafür, Frau zu sein, heute besonders günstig seien.

Antwort: Wie auch immer und wo auch immer, die Frauen werden weiterhin vor Herausforderungen stehen, die vielleicht immer wieder völlig anders sind als die vorherigen. Jedenfalls geht es nicht mehr bergab.

Frage: *Um wieder auf den Ausgangspunkt zurückzukommen: Der Körper der Frauen ist ein Schlachtfeld. Aus welchem Grund?*

Antwort: Weil die wahre Macht über den Körper ausgeübt wird.

Körper und Politik

Frage: *In der politischen Kultur der radicali – die arm an finanziellen Mitteln, aber reich an Ideen sind – kommt dem Körper – vom Satyagraha ausgedörrt und ausgehungert, abgemagert oder eingesperrt im Gefängnis – eine besondere Bedeutung zu. Der kranke Körper – sei es der von amyotropher Lateralsklerose gemarterte Luca Coscionis oder der ans Beatmungsgerät gefesselte Piergiorgio Welbys – wurde zum Symbol der schwierigsten Kämpfe der* radicali. *Politik wird also mit dem Körper gemacht?*

Antwort: Unser Slogan aus dem Jahr 2000 ist meines Erachtens vielleicht nach wie vor der beste, den wir je ersonnen haben: „Vom Körper des Kranken ins Herz der Politik". Er entspricht der Auffassung der *radicali*, dass die Politik stets nicht nur die Wirtschaft und die Fabrik betrifft, sondern auch die wesentlichen Probleme, die mit dem Privatleben der Menschen zu tun haben, verstehen, regeln und lösen sollte. Es geht nicht darum, durchs Schlüsselloch zu schauen, sondern darum, dass die zu garantierenden Bürgerrechte auch die Freiheiten umfassen, die mit dem Leben der einzelnen Menschen und der Familien, den Lebensgemeinschaften, der Mutterschaft, der Geburt, dem Lebensende in Zusammenhang stehen. All diese Angelegenheiten, die heute leider unter der Bezeichnung „ethisch sensible Themen" zusammengefasst werden – eine Definition aus der klerikalen Welt, die ihrerseits juristischen Begriffen gegenüber gänzlich unsensibel ist. De facto wird mittels dieser Definition geleugnet oder ignoriert, dass es sich dabei um gewaltige soziale Probleme handelt, die mit Gefahren und Leiden verbunden sind, wenn sie nicht offen zur Diskussion gestellt und auf juristischer Ebene gelöst werden. In weniger extremer Form haben wir *radicali* aber schon viel früher den Körper als Mittel der Politik für uns entdeckt. Man hat mir erzählt, dass zur Zeit der Scheidungskampagne ein junger Aktivist, der aus New York zurückkam, den Mitgliedern der LID (*Lega per il Divorzio* / Liga für die Scheidung) von den dortigen „Sandwich-Männern" berichtete, die sich Pappschilder mit aufgemalten Slogans an einem Band um den Hals hängten. Die Aktivisten der LID machten sich diese Idee zu eigen. Obwohl es vielleicht nicht mehr als zehn Aktivisten waren, die auf den Plätzen und Straßen damit herumliefen, verbreitete die Presse am Tag darauf diese merkwürdigen Bilder. Der Körper „kommunizierte". In gewisser Weise war es eine Revanche des Individuums an den Massen.

Dasselbe gilt für den Kampf für die Abtreibung, die aufgrund eines Gesetzes, das sich in der Praxis gar nicht anwenden ließ, im Verborgenen stattfinden musste. Das Gesetz sollte die Frauen bestrafen, denen die ganze Schuld aufgeladen und das Recht auf freie Sexualität aberkannt wurde. Während die Frauen in der Folge ihre Gesundheit riskierten, kamen die Hebammen, die „goldenen Löffel", die tagsüber vielleicht das Recht auf Abtreibung in Abrede stellten und nachts in ihren Praxen daraus sozusagen ein einträgliches Geschäft machten, faktisch straffrei davon.

Ich erinnere mich daran, dass das Magazin *L'Espresso* im Jahre 1975, als die Abtreibungskampagne im vollen Gange war, eine schwangere Frau am Kreuz auf der Titelseite abbildete. Die Innovation der *radicali* bestand darin, die enorme Last einer ganzen Reihe sozialer Probleme, die die Frauen und auch einige Männer im Privaten zu ertragen und erleiden hatten, wieder in eine würdevolle Debatte eingebracht und einer politischen Lösung zugeführt zu haben. Hierauf beruhte viele Jahre später auch unser Engagement im Rahmen der Kampagne „Vom Körper der Bürger ins Herz der Politik." Personen wie Luca Coscioni oder Piero Welby haben mehr bewirkt als tausend Zeitungsartikel.

Diese Unternehmung der *radicali* war zu einem guten Teil ein Alleingang, denn die Politik wurde, wie gesagt, von den großen Volksparteien DC und PCI beherrscht und die Aufmerksamkeit der Bürger nur in sehr geringem Maße auf unsere Ideen gerichtet. Im Gegenteil wurden die individuellen Freiheiten sogar als Bedrohung für die Gesellschaft angesehen oder zumindest wurde dies den Menschen durch die Propaganda eingehämmert. Wenn man bei den sogenannten ethisch sensiblen Themen zu irgendeiner Lösung kommen will, gelangt man unweigerlich zum Problem oder besser gesagt zum Prinzip der strikten Trennung von Kirche und Staat. Aus der Laizität ergeben sich genau definierte Regeln und Gesetze, die für alle gelten, niemandem etwas aufbürden und niemanden a priori aufgrund seiner persönlichen Überzeugungen verurteilen. Es ist doch völlig klar, dass man nicht ein ganzes Volk unter einem religiösen Bekenntnis subsummieren kann, das aus Gläubigen, Nichtgläubigen und verschiedenen Andersgläubigen besteht. Das ist und bleibt in Italien der heikelste Punkt in der diesbezüglichen politischen Debatte.

Frage: *Coscioni starb am 20. Februar 2006. Er war Präsident der Radicali Italiani und hatte sich mit seiner ganzen Kraft für die Liberalisierung der embryonalen Stammzellenforschung eingesetzt. Er war ein Symbol und ein Emblem, aber vor allem war er ein Bürger, der von den radicali damit betraut wurde, bei den Parlamentswahlen 2001 die Lista Bonino anzuführen. Trotz des Appells von 50 Nobelpreisträgern wurde er nicht gewählt. Die radicali verzeichneten eine herbe Niederlage. Ist die Politik einfach eine Sache, die eigenen Regeln folgt, oder lässt sich vielleicht durch die Konfrontation mit Schmerz und Krankheit keine Zustimmung erlangen?*

Antwort: Um der Kandidatur und unserem politischen Kampf Nachdruck zu verleihen, unternahm ich einen langen Durststreik und Luca Coscioni verringerte die Dosis der von ihm benötigten Medikamente. Wie schon gesagt, kandidierten wir nur in Mailand. Auf den Durststreik und die Initiativen der *radicali* antworteten die damaligen Spitzkandidaten Rutelli, Berlusconi und D'Alema, dass unsere Themen keine Wahlkampfthemen seien. Offen für unsere Anliegen zeigten sich dagegen der Staatspräsident Carlo Azeglio Ciampi und der damalige Ministerpräsident Giuliano Amato[1]. Wir schafften es nicht einmal, die wissenschaftliche Forschungsfreiheit zu einem politischen Schwerpunktthema zu machen, erwiesen uns aber als vorausschauend, denn das Thema der wissenschaftlichen Forschung wurde später zum Dreh- und Angelpunkt des gegenreformerischen Gesetzes Nr. 40 zur künstlichen Befruchtung, das man bereits damals im Parlament zu diskutieren versuchte. Wir wollten, dass man sich vor den Wählern darüber direkt äußerte und sich offen zu diesen Problemen positionierte. Doch solche brennenden Fragen wurden gar nicht richtig angesprochen, sondern auf das Sorgfältigste gemieden.

Dieser gewaltlose Kampf war aufregend und bewegend zugleich. In seinem Verlauf begannen irgendwann Hunderte von Kranken, ihre Medikamentedosen zu verringern. Und trotzdem wurde keiner von uns *radicali* ins Parlament gewählt. Ich war darüber nicht nur enttäuscht, sondern fühlte mich, wie ich ich schon öfter gesagt habe, „ausgespuckt" von diesem Land, zugleich aber auch verantwortlich für die inhaltliche Ausrichtung des Wahlkampfes, die uns diese schmerzliche Niederlage eingebracht hatte. Man muss dazu allerdings auch sagen, dass die Medienzensur uns gegenüber erdrückend war. Nachdem die *Lista Bonino* zwei Jahre zuvor bei der Europawahl 8,5 % erhalten und wir bei den Regionalwahlen eher schlecht abgeschnitten hatten, wurden wir ab Juli 1999 vom Fernsehen und den Zeitungen völlig ignoriert. Hätte ich mich in jenen zwei Jahren in der Karibik statt in Italien aufgehalten, hätte das

---

1 Unabhängiger Übergangsministerpräsident der Mitte-Links-Koalition L'Ulivo von 2000 bis 2001, nachdem Francesco D'Alema aufgrund einer Niederlage des Bündnisses bei den Regionalwahlen zurückgetreten war

für die italienische Öffentlichkeit keinen Unterschied gemacht. Von diesem Zeitpunkt an reifte in mir die Idee, nach Kairo zu gehen, wo ich im August 2001 schließlich hinzog.

Frage: *Was für ein Verhältnis hatten Sie zu Luca Coscioni? War die Niederlage nach seinem Ableben – ohne dass die italienische Politik daraus irgendeine Lehre gezogen hatte – noch bitterer?*

Antwort: Ich lernte Luca im Jahr 2000 kennen. Wir wählten die nationalen Vorstandsmitglieder per E-Mail und Luca Coscioni erklärte seine Kandidatur. Zum ersten Mal hörte ich diese metallisch klingende Stimme. Indem ich ihn kennenlernte, wurde für mich offenbar, was Krankheit bedeutet. Trotzdem bestand er stets darauf, nicht als Kranker betrachtet zu werden, sondern als ein Bürger. Bis dahin hatte ich mich in meinem Leben, in meinem engsten Freundes- und Familienkreis nie mit dem Problem der Krankheit auseinandersetzen müssen. Es war, als ob ein Schleier zerrissen wurde und sich mir ein neue Welt eröffnete. Luca sprach – auch aufgrund seines Studiums – über die Wissenschaft, die Forschungs-, die Behandlungs-, die Therapiefreiheit wie auch über die Freiheit, jegliche Behandlung beziehungsweise Therapie abzulehnen: genau das Gebiet, auf dem die Bürgerrechte besonders verletzt werden – angefangen mit der Aberkennung der persönlichen Freiheit jedes Einzelnen.

Frage: *Bei den Regionalwahlen im Jahre 2005 lehnte die Mitte-Links-Koalition* L'Unione *ein Bündnis mit der Liste der* radicali, *die unter dem Namen Coscionis firmierte, wiederum ab. Filippo Ceccarelli schrieb damals in der Zeitung* La Repubblica, *es habe sich dabei um ein Veto gegen „Coscioni als Namenssymbol, als Person, politische Figur und Körper" gehandelt. Ein weiteres Mal hätte man die* radicali *ausgegrenzt.*

Antwort: Wir unterbreiteten damals sowohl der rechten wie der linken Koalition den Vorschlag, uns in ihr Bündnis aufzunehmen. Ich erinnere mich an eine Telefonkonferenz – ich war gerade in Straßburg – mit Pannella sowie D'Alema, Castagnetti, Parisi und anderen des Mitte-Links-Bündnisses *L'Ulivo* in Rom. Wie man die Sache auch drehte und wendete, das Hindernis bestand allein darin, dass sie sich nicht mit einer Liste verbünden wollten, die nach Coscioni benannt war.

Frage: *Die* radicali *wollten eine Debatte über die embryonalen Stammzellen und das therapeutische Klonen in Gang setzen – Themen, die das öffentliche Gewissen des Landes erschütterten. Es ist aber doch wohl das gute Recht der anderen politischen Kräfte, die Konfrontation auf anderen Feldern zu suchen, die nicht so hochgradig umstritten sind.*

Antwort: Es ist immer das Gleiche: Politik ist etwas „Anderes", sie befasst sich stets mit anderen Themen als den wichtigen Bedürfnissen der Bürger. Das ist absolut nichts Neues: In der Zeit der Scheidungsdebatte verhielten sich Enrico Berlinguer und andere führende Politiker der Linken zögerlich und wollten davon nichts wissen, da sie meinten, dass die wahren Probleme des Landes „andere" seien und das Thema der Scheidung zur Spaltung der „großen Massen" der katholischen und kommunistischen Arbeiter geführt hätte. Dem war nicht so, denn das Thema Scheidung wurde mit Begeisterung aufgenommen, und, wie Pannella damals wiederholte, der Sieg in der Auseinandersetzung um das Scheidungsrecht stellte einen Gewinn für alle dar: Gerade die Durchsetzung des neuen Bürgerrechtes, das niemanden zu etwas verpflichtete, sondern vielen mehr Freiheit einräumte, trug zur Einigung des Landes bei. Die Absage der Linken an die Lista Coscioni beruhte nicht darauf, dass der Anblick des kranken Körpers von Luca seelische Schmerzen verursachte oder einem das Herz zusammenziehen ließ: In dem Fall hätte man ja einfach nur wegschauen müssen. Die Wahrheit ist, dass man damit eine Debatte über die embryonalen Stammzellen ausgelöst hätte. Und dies wiederum hätte die Beziehung zum Vatikan aufs Spiel gesetzt, der bekanntermaßen den Fötus und den Embryo als Person betrachtet. Mit dem Gesetz Nr. 40 zur künstlichen Befruchtung ist sogar der Versuch unternommen worden, dem Embryo Rechtspersönlichkeit zu verleihen. Das war der Beginn einer obsessiven Beschäftigung mit den Zygoten, einer krampfhaften Aufmerksamkeit für den Embryo. Wenn aber jemand geboren wird und tatsächlich eine Person ist, kümmert sich niemand mehr um ihn und darum, ob ihm irgendeine Versorgungsstruktur oder Hilfsmaßnahme fehlt.

Wenn wir mit Luca Cosconi beispielsweise eine Diskussion über Polio und nicht über embryonale Stammzellen hätten eröffnen wollen, hätte es an einer Liste mit seinem Namen keinerlei Beanstandungen gegeben. Der Knackpunkt bestand in der Entscheidungsfreiheit im Hinblick auf die großen existenziellen Themen. Genau wie im Fall der Patientenverfügung: Eine säkulare politische Lösung, die nicht mit der Haltung des Vatikans im Einklang steht, scheint in Italien unmöglich zu sein. Die Sünde – sofern es sie gibt – soll zum Straftatbestand werden. Die Haltung von Eugenia Roccella, der Staatssekretärin für Gesundheit in der Regierung Berlusconi, war in dieser Hinsicht exemplarisch. In einer säkularen liberalen Gesellschaft mögen ja Sünden existieren – über die sich jeder mit seinem Gott und seinem Beichtvater auseinanderzusetzen hat –, es ist jedoch nicht Aufgabe der Politik, sich damit zu befassen. Und Straftaten zeichnen sich gemäß Luigi Einaudi dadurch aus, dass es ein Opfer gibt. In England gilt noch immer die Habeas-Corpus-Akte, die den Verdächtigen davor bewahrt, dass ihm durch Unrecht Gewalt angetan wird; bei uns wird dagegen Gewalt selbst gegen die persönliche Intimsphäre ausgeübt, indem die Menschen aufgrund einer ethisch-religiösen Schuld verurteilt werden.

Luca Coscioni hat ein Zeichen für die Würde des Bürgers gesetzt und die Aufmerksamkeit aller auf eine Frage von Freiheit und Laizität gelenkt: Wie verhält sich ein

Land gegenüber Bürgern, die zu diesen Themen eine andere Meinung haben als es die Thesen des Vatikans vorschreiben? Sind wir etwa zu einem Staat geworden, der sich der vatikanischen Ethik unterwirft und seine Gesetze nach dessen spezifischer religiöser Doktrin ausrichtet? Darin besteht das Dilemma, das uns seit Jahrzehnten begleitet. Selbst wenn es uns gelingt, eine breite Zustimmung der Bevölkerung gegen diese Einstellung zu erringen, werden wir immer wieder mit dem Konkordat konfrontiert.

Als Luca starb, waren wir darauf vorbereitet. Die Ärzte sagten, dass sein hartnäckiges Engagement ihm einige zusätzliche Lebensjahre eingebracht hatte.

Frage: *Kommen wir zu Welby und seinem Kampf für einen „angemessenen Tod": Piergiorgio Welby, der an Muskeldystrophie litt und nur von einem Beatmungsgerät am Leben gehalten wurde, führte einen Kampf für einen würdevollen, erlösenden Tod. Am 20. Dezember 2006 wurde seinem Leid durch einen Anästhesisten, der das Beatmungsgerät abschaltete, ein Ende bereitet. In den Briefen, die er damals schrieb, in den Aussagen seiner Ehefrau Mina, in seinen mit festem Willen bekundeten Worten „ich bin an meine Grenzen gestoßen, ich kann nicht mehr, von hier an ist es kein Leben mehr" drückt sich die äußerste Dramatik seiner Entscheidung aus. Wem gehört unser Körper?*

Antwort: Allein uns selbst.

Frage: *Das Individuum lebt jedoch in einem Netz von Beziehungen. Bei den Gläubigen steht an allererster Stelle eine transzendente Beziehung. Stefano Rodotà stellt in seinem dem Laizismus gewidmeten Buch „Perché laico" („Warum laizistisch") fest, dass das Risiko dabei im clash of absolutes bestehe, dem Zusammenprall als absolut aufgefasster Werte. Sollte der Gesetzgeber nicht gerade in Bezug auf diese gegensätzlichen Werteordnungen von Gläubigen und Laizisten, in diesem äußerst heiklen Fall, in dem Leben und Tod das Feld der Politik betreten, zumindest Vorsicht walten lassen?*

Antwort: Das Gesetz hat sicherlich nicht festzulegen, wie Beziehungen zu sein haben. Das ist nichts, was durch Normen geregelt werden sollte. Wenn es etwa um Abtreibung geht und man ein gutes Verhältnis zu seinem Partner hat, trifft man gemeinsam eine Entscheidung. Aber wenn er lediglich als Samenspender fungiert hat und sich nicht mehr blicken lässt, warum sollte dann ein Gesetz sein Einverständnis erforderlich machen, wenn nicht mal sein Aufenthaltsort bekannt ist?

De facto spiegelt sich darin ein mangelndes Vertrauen zu den Individuen wider. Ich denke, dass ein liberaler Staat in Demut anerkennen muss, wie weit er gehen kann; er sollte einen Sinn für das rechte Maß haben und genau erkennen, wo seine Verantwortungen liegen. Ein solcher Staat, demütig, aber auch standhaft im Hinblick auf seine Gesetze – der sich allen gleichermaßen zuwendet, im Gegensatz zum Glauben, der sich stets nur auf jeden Einzelnen bezieht –, ist ein säkularer Staat. Es ist ein Fehler anzunehmen, dass aus dem Zusammentreffen des Säkularen mit dem Religiösen ein *clash of absolutes* resultieren muss. Es ist falsch so zu denken, denn Laizist zu sein bedeutet nicht, gegen irgendetwas zu sein, sondern, dass man alle – unabhängig von ihrem Glauben – vor dem Gesetz als gleich betrachtet, sodass jeder frei seinem Gewissen folgen kann. Wenn ich um Sterbehilfe bitte, zwinge ich niemanden dazu, das Gleiche zu tun. In den Polemiken im Zusammenhang mit dem Fall von Eluana Englaro, der jungen Frau, die sich siebzehn Jahre lang im Wachkoma befand und deren künstliche Ernährung schließlich abgestellt wurde, wurden der Entscheidung ihres Vaters die Entscheidungen anderer Familien entgegengehalten, die ihre Angehörigen in einem irreversiblen Koma weiterhin am Leben erhalten wollten, komme was da wolle. Niemand hat sie jemals gezwungen, dem Beispiel Eluanas zu folgen, doch das reicht einigen Absolutheitsverfechtern nicht: Sie wollen allen anderen ihre Auffassung aufzwingen. Sie sind die eigentlichen Gewalttäter. Wir Frauen beispielsweise müssen das Recht auf sexuelle Freiheit einfordern. Anders sieht es mit der sexuellen Erfüllung aus: Dabei handelt es sich nicht um ein Recht, sondern um ein Glück, das mitunter vorkommt, aber ganz sicher nicht durch einen Amtsstempel, ein Gesetz, einen Richter oder was auch immer garantiert wird. Dessen sind sich im Übrigen Frauen wie Männer bewusst.

Bei dem einzufordernden Recht geht es letztlich um die Unantastbarkeit der Verfügungsgewalt über den eigenen Körper. Es handelt sich um ein Recht, das sich über Jahrhunderte entwickelt hat und dem Menschen ganz sicher nicht angeboren ist. Die römischen Vestalinnen[2] mussten Jungfrauen bleiben und wurden umgebracht, wenn sie sich dieser Pflicht entzogen. Ganz zu schweigen von der weiblichen Genitalverstümmelung, von der Millionen von Frauen immer noch betroffen sind.

Das Individuum trägt mindestens so viel Verantwortung wie der Gesetzgeber; es geht mir nicht in den Kopf, warum dieser mehr Verantwortung tragen soll als ein einfacher Bürger. Und es ist nicht der Staat, der die Beziehungen und Verhältnisse schafft. Wir gehen immer von der falschen Annahme aus, nach der der Staat, die Regierung, die zuständigen Behörden mehr Verantwortung tragen als die Bürger. Man denke nur daran, dass man zum Beispiel, um sich scheiden zu lassen, erst einmal für eine Bedenkzeit von drei Jahren formal voneinander getrennt sein muss. Aber warum eigentlich nicht zwei Jahre oder sieben? Die Absicht dahinter ist, dass die Scheidung den Leuten nicht allzu leicht gemacht werden soll, und dafür setzt man dann eine beliebige Frist fest, ohne dass es dafür eine besondere Begründung gibt. So ist es auch mit der Abtreibung: Durch Artikel 1 des Gesetzes Nr. 194 wurde festgelegt, dass Frauen nur abtreiben dürfen, wenn sie krank, arm, psychisch labil sind oder ich weiß nicht welchen anderen Kriterien entsprechen. Eine Heuchelei wie sie im Buche steht! Ein Arzt handelt nicht als Steuereintreiber, sondern er muss auf der Grundlage seiner medizinischen Kenntnisse

---

2   Im alten Rom die Priesterinnen und Hüterinnen des ewigen Feuers im Tempel der für Heim und Herd zuständigen Göttin Vesta

entscheiden. Aber diese Formulierung diente dazu, das „Wohlwollen" der Christdemokraten zu erhalten, die sich gegen das Gesetz wehrten. Aus rechtsstaatlicher Sicht war das schlicht und ergreifend eine Niederlage. Darüber hinaus hieß es, dass die Abtreibung dann „entschuldigt" oder ermöglicht werden würde, wenn die Frau den langen Weg über eine Beratungsstelle einschlagen und die Abtreibung in einem öffentlichen Krankenhaus vornehmen lassen würde; wendete sie sich dagegen an eine Privatklink, wäre dies eine Straftat und was weiß ich, vielleicht eine moralische Schuld ... Es herrscht bei uns ein völliger Irrsinn, der eines säkularen Rechtsstaats unwürdig ist.

Frage: *Tatsächlich wurde mit der Formulierung des Artikels 1 des Gesetzes zum Schwangerschaftsabbruch der Katholik Raniero La Valle betraut. Eine solche Vermittlung kann jedoch prinzipiell hilfreich sein. Immerhin machte sie das Gesetz möglich.*

Antwort: Ich denke, wenn wir das Referendum sofort in Angriff genommen hätten, wären wir zu einem offeneren und besseren Gesetz gekommen. Wenn die Menschen nur etwas informiert sind, sind sie auch in der Lage, ihre Entscheidungen zu treffen. Ich wiederhole: wenn sie informiert sind. Es war aber die Zeit des historischen Kompromisses, und PCI und DC wollten keinen öffentlichen Disput führen. Um das befürchtete Referendum zu vermeiden, wurden im Juni 1976 die Wahlen vorgezogen, und jenes Gesetz wurde 1978 verabschiedet, als die Mächtigen wieder fest im Sattel saßen.

Frage: *Kehren wir zur Debatte über das Lebensende zurück. Ist das Recht auf einen würdevollen Tod das Recht auf Sterbehilfe?*

Antwort: Ich unterstütze die legale Sterbehilfe und bin absolut gegen die illegale Sterbehilfe, wie sie heutzutage weit und breit in den Krankenhäusern ohne jede gesetzliche

Grundlage praktiziert wird. Wir wollen schließlich nicht heuchlerisch sein. Wer eine solche Entscheidung trifft, sollte bis zum letzten Moment seines Lebens begleitet werden, und ebenso ist auch seine Familie zu unterstützen. Die heutige Situation sieht dagegen so aus, dass die Familie, wenn erst einmal die Sonde eingesetzt worden ist, die den Patienten am Leben hält – wenn man das so nennen kann –, allein gelassen wird. Es ist traurig, in einem Land zu leben, in dem sich der Regisseur Mario Monicelli gezwungen sah, um würdevoll sterben zu können, aus dem Fenster eines Krankenhauses zu springen. In dem Roman „Accabadora" von Michela Murgia[3] ist die Protagonistin eine Figur mit Mitgefühl, so habe ich sie jedenfalls verinnerlicht. Sie ist mitfühlend und voller Respekt gegenüber der freien Entscheidung der anderen und insofern eine liebevolle Frau.

Die Abtreibung wie auch die Entscheidung über das Lebensende sind Themen, die eines tiefen gegenseitigen Respekts bedürfen. Die öffentliche Behandlung des Falls von Eluana war in höchstem Maße ungehörig, vulgär und anmaßend. Berlusconi äußerte die unvergesslichen Worte: „Mir wurde gesagt, dass Eluana Kinder haben könnte"; Gaetano Quagliariello[4], damals stellvertretender Fraktionsvorsitzender des PDL, schrie im Plenarsaal den Parlamentariern „Mörder!" entgegen, die die Entscheidung Beppino Englaros, des Vaters von Eluana, unterstützt hatten.

Frage: *In Würde zu sterben, das Recht auf Ablehnung lebensverlängernder Maßnahmen, ist eine Sache, die Sterbehilfe eine andere. An der katholischen Demokratin Rosy Bindi[5], die ich in dem Buch „Quel che è di Cesare" („Was des Kaisers ist")*

---

3 Die Hauptfigur des Romans „Accabadora" der studierten Theologin Michela Murgia ist eine alte Schneiderin, die im „Nebenberuf" Menschen beim Sterben hilft.

4 Minister für Verfassungsreformen im Kabinett der großen Koalition unter Enrico Letta (Partito Democratico) 2013/14

interviewt habe, hat mich ihre undogmatische Religiosität beeindruckt und wie sie sich, gerade beim Thema Lebensende, auf die Tugend des Zweifelns beruft, weil der Grat, auf dem sich jeder bewusst Handelnde bewegt, äußerst schmal ist. Läuft die laizistische Unbeirrbarkeit nicht Gefahr, zum Spiegelbild derjenigen der katholischen Klerikalen zu werden?

Antwort: Nein, dabei handelt es sich um zwei gänzlich verschiedene Ebenen. Wie ich gerade eben schon erklärt habe, zwinge ich als Laizistin niemandem meine Ideen auf, während gemäß der starren Haltung der Klerikalen allen eine identische Sichtweise auferlegt werden soll. Ich dagegen zwinge niemanden zu etwas, jeder trifft in dramatischer Eigenverantwortlichkeit seine Entscheidungen selbst. Zwischen beiden Einstellungen liegen Welten. An diesem Punkt verstehen wir uns nicht. Der Klerikale zwingt seine Sichtweise auf und behauptet, sie sei die richtige oder vielmehr die einzig richtige. So sehr ich den Katholiken auch zuhöre und mich mit ihnen austausche, ich verstehe einfach nicht, warum das Gesetz Unterscheidungen und Ausschlussbedingungen enthalten muss wie: wenn man seit mehr als soundso vielen Jahren krank ist, ... wenn man gelähmt oder halbseitig gelähmt ist ... Was machen wir hier eigentlich, wenden wir die Kasuistik nach dem Vorbild der Jesuiten[6] auch noch auf das Lebensende an? Die liberale Idee vertraut eher auf die schwierige Verantwortung jedes Einzelnen als auf einen Gesetzeskompromiss, der – wenn er denn zustande kommt –, nur unter der Bedingung funktioniert, dass er niemals eingehalten wird.

---

5   1987 bis 1994 Europaabgeordnete für die *Democrazia Cristiana (DC)* und Parlamentarierin der Parteien *I Popolari, La Margherita, L'Ulivo* sowie *Partito Democratico*. 1996 bis 2000 bekleidete sie das Amt der Gesundheitsministerin und 2009 bis 2013 war sie Präsidentin des *Partito Democratico*.
6   Die Kasuistik, die sich mit der Anwendung christlich-ethischer Normen in konkreten Einzelfällen befasst, hatte in der Theologie und Lehre der Jesuiten im 17. und 18. Jahrhundert einen besonderen Stellenwert.

Frage: *Die Verantwortung für eine solche überaus italienische Sackgasse schreiben Sie der Einmischung des Vatikans zu?*

Antwort: Das eigentliche Problem sind die durch das Konkordat auferlegten Einschränkungen. Ich bin eine entschiedene Gegnerin des Konkordats. Ich möchte an die Kampagne des Kardinals Ruini anlässlich des Referendums gegen das Gesetz Nr. 40 erinnern. Ob er ein guter Katholik ist, kann ich nicht beurteilen, aber zweifelsohne ist er ein vortrefflicher Politiker: Ruini hatte verstanden, dass es einfacher war, das Referendum von 2005 scheitern zu lassen, als sich auf eine Partie zwischen „ja" und „nein" von zumindest zweifelhaftem Ausgang einzulassen. Und so ersann er die Kampagne für die Wahlenthaltung. Wie er allerdings aus Versehen zugab, war es einfacher, 25 % der Italiener dazu aufzufordern, ans Meer zu fahren und sich der Wahl zu enthalten und sie zu jenen 25 % zu addieren, die im Durchschnitt ohnehin nicht wählen gehen, als sich in der Öffentlichkeit einer offenen Debatte über das Für und Wider der künstlichen Befruchtung – vielleicht sogar im Fernsehen – zu stellen und dabei eine Niederlage zu riskieren, wie man sie bereits bei der Scheidung erlebt hatte.

Die Stellung der Bischöfe wurde außerdem durch die Tatsache begünstigt, dass die Methode von sogenannten „manipulativen"[7] Referenden (bei denen es nur um die Abschaffung einzelner Teile des Gesetzes ging) zur Anwendung gekommen war, die sich gegen die Einschränkungen der embryonalen Stammzellforschung, gegen das Verbot der Kryokonservierung von Embryonen und die Auflage, nur maximal drei Embryonen zu implantieren, gegen das

---

7 Durch ein Referendum ist es möglich, auch nur Teile oder einzelne Wörter eines Gesetzestextes aufzuheben, sodass die darin ausgedrückten Regeln und Vorgaben grundlegend verändert werden können. Referenden, die auf derartige Eingriffe in den Gesetzestext abzielen, werden daher auch als *referendum manipulativi* bezeichnet. (Aus diesem Grund ist oft auch von „Referendum für ..." die Rede, obwohl die italienische Verfassung auf nationaler Ebene nur abschaffende Referenden vorsieht.)

Prinzip, die Rechte des ungeborenen Lebens und jene der Frauen auf eine Stufe zu stellen und das Verbot der heterologen Insemination richteten. Die Referendumskampagne wurde so zu einer Art halbwissenschaftlicher Debatte, während es doch eigentlich um die Freiheit ging. Eine Abstimmung über die völlige Abschaffung des Gesetzes – also das Referendum, das die größte Sprengkraft besessen hätte – wurde vom Verfassungsgericht für unzulässig erklärt. Mit dem Ergebnis, dass wir nun das Gesetz Nr. 40 haben. Aber letztlich wurde dieses Gesetz, dank der Hartnäckigkeit der Associazione Luca Coscioni[8] und einiger verantwortungsbewusster und mutiger Paare,[9] Schlag auf Schlag vom Verfassungsgericht demontiert, das mit seiner Rechtsprechung die unhaltbarsten Aspekte des Gesetzes beseitigt hat, wie beispielsweise die festgelegte Anzahl der zu implantierenden Embryonen. Das Verfassungsgericht hat völlig Recht: Ist es vernünftig, dass ein Parlament darüber entscheidet, dass die Anzahl der zu implantierenden Embryonen maximal drei sein darf? Und warum eigentlich nicht fünf oder nur einer? Als ob das Parlament über den Bau der Brücke von Messina entscheiden und zugleich festlegen würde, dass dafür hundert Tonnen Stahlbeton, die halbe Menge Stahl und so weiter benötigt würden. Das wäre der helle Wahnsinn. Die Entscheidung über ein

---

8 Der dem *Partito Radicale Nonviolento Transnazionale e Transpartito* angeschlossene Verein *Associazione Luca Coscioni per la libertà di ricerca scientifica* (Vereinigung Luca Coscioni für die Freiheit der wissenschaftlichen Forschung) wurde 2002 vom an Amyotropher Lateralsklerose erkrankten und 2006 verstorbenen Luca Coscioni gegründet. Der Verein setzt sich u.a. für die Freiheit der Forschung insbesondere im Bereich der embryonalen Stammzellen, das therapeutische Klonen, die Gentherapie, aber auch für die Legalisierung von Marihuana als Arzneimittel, die Patientenverfügung, Sterbehilfe, künstliche Befruchtung (einschließlich der heterologen Insemination) und die Präimplantationsdiagnostik ein.
9 Die Kernpunkte des Gesetzes wurden von einigen italienischen Paaren gemeinsam mit der *Associazione Luca Coscioni* erfolgreich vor verschiedenen Gerichtsinstanzen einschließlich des Europäischen Gerichtshofs für Menschenrechte angefochten.

Bauvorhaben wie diese Brücke ist aufgrund technischer Maßgaben von einem Ausschuss von Fachleuten zu treffen. Bei uns wird dagegen sogar die Präimplantationsdiagnostik verboten, was aus streng medizinischer Sicht eine Ungeheuerlichkeit darstellt.

Frage: *Abgesehen vom Gehorsam gegenüber dem Heiligen Stuhl oder dem, was Gustavo Zagrebelsky[10] als die Ordnungsgewalt der Kirche bezeichnet, ist aber doch die Überzeugung der Gläubigen von der Heiligkeit des Lebens zu respektieren.*

Antwort: Niemand bedroht die Heiligkeit des Lebens. Es ist nicht so, dass ich nicht bereit wäre, in einen Dialog einzutreten. Es gibt Katholiken, die ich schätze, aber mit welchem Recht soll mir ein Verbot auferlegt werden? Und was wäre, wenn ich das Gegenteil fordern würde und auf der medizinisch unterstützten Befruchtung zur Lösung des Geburtenrückgangs bestehen würde? Dann würde man mich in eine psychiatrische Anstalt stecken. Und von all diesen Überlegungen abgesehen, was bedeutet „Heiligkeit des Lebens" eigentlich konkret? Die Kirche hat akzeptiert, dass der Tod heute zu attestieren ist, wenn keine Gehirnströme mehr messbar sind, nicht mehr dann, wenn das Herz aufhört zu schlagen. Sie hat es akzeptiert, obwohl es sich dabei um eine bloße Konvention handelt, weil andernfalls Tausende von Organtransplantationen von Toten auf Lebende nicht mehr möglich wären.

Das eigentliche Problem liegt also bei einer politischen Klasse, die für die strikte Trennung von staatlichen Institutionen und Kirche Sorge tragen müsste, dies jedoch nicht tut. Dabei müsste sie es gerade aus Respekt vor der Religiosität und den Gläubigen tun. In Spanien, dem katholischen Land des Opus Dei, wussten die Politiker der Linken, aber auch der Rechten (man denke noch einmal daran, dass die eingetragene Lebenspartnerschaft in Spanien von einem rechten Politiker wie Aznar eingeführt wurde)

---

10 Ehemaliger Präsident des italienischen Verfassungsgerichts.

den Bischöfen entgegenzuhalten, dass es die staatlichen Institutionen sind, die die Regeln des Zusammenlebens der Bürger bestimmen, seien diese nun Katholiken, Muslime oder Atheisten. Ich sage es zum tausendsten Mal: Es ist die Aufgabe des Gesetzgebers, allgemeine Regeln des Zusammenlebens von Menschen mit verschiedenen religiösen Anschauungen aufzustellen. Wenn die parlamentarische Mehrheit Gesetze verabschiedet, die dieses Grundprinzip nicht respektieren, heißt das, dass unsere politische Klasse ihren Aufgaben nicht nachkommt. Lassen wir individuelle Verhaltensweisen und persönliche Widersprüche lieber außen vor, um kein Fass ohne Boden aufzumachen; aber sowohl rechte als auch einige linke Politiker haben den Sinn dafür verloren, dass die Laizität die Grundvoraussetzung der staatlichen Institutionen darstellt, gerade auch aus Respekt gegenüber der Religiosität eines jeden Menschen. Und man muss auch der Idee entgegentreten, dass es auf der einen Seite eine „Partei des Todes" gibt, die die Sterbehilfe befürwortet, und auf der anderen Seite eine „Partei des Lebens", die das Leben in seiner „Heiligkeit" verteidigt. Ähnliche Äußerungen gab es auch schon in der Zeit der Abtreibungsdebatte. Jener Slogan scheint mir aber zumindest aus der Mode gekommen zu sein, und sei es nur, um die Frauen nicht länger zu beleidigen, die sich einer so schwierigen Prüfung unterziehen müssen.

Es gibt „erwachsene" Katholiken[11], die ich schätze, wie beispielsweise Romano Prodi ... Beim Gesetzesvorschlag über die Rechte und Pflichten von Lebenspartnern (*Diritti e doveri delle persone stabilmente conviventi* / DiCo) – der später untergraben wurde – habe ich mit Rosy Bindi zusammengearbeitet. Und wir haben uns nicht geschlagen.

---

11 Nachdem Kardinal Ruini die Italiener anlässlich des Referendums über das Gesetz Nr. 40 zur Wahlenthaltung aufgefordert hatte, antwortete Romano Prodi am 09.03.2005 auf die Äußerung des Kardinals mit den Worten: „Sono un cattolico adulto e vado a votare." („Ich bin ein erwachsener Katholik und gehe wählen."). Seitdem steht die Wendung *cattolico adulto* für Katholiken, die sich dem Diktat des Vatikans widersetzen.

Man kann und muss mit allen diskutieren. Ohne dabei jedoch zu vergessen, dass die wichtigen Kämpfe für die Laizität in diesem Land – vom Scheidungsrecht bis zur Abtreibung – letztlich dank der Katholiken gewonnen wurden: Denn obwohl die Italiener mehrheitlich katholisch sind, wurden die jeweiligen Referenden mit 59,1 % beziehungsweise 88,4 % der Stimmen angenommen. Diese Siege verdanken sich also im Wesentlichen den Katholiken und nicht der kleinen „gottlosen" Minderheit. Die Katholiken als eine Art „Wählerpaket" zu betrachten, empfinde ich ihnen gegenüber als respektlos. Auch in Familien gläubiger Katholiken gibt es Probleme, die sich um Kinder, die in Partnerschaften zusammenleben, oder um künstliche Befruchtung drehen. Wie schon gesagt, gilt es, die sozialen Probleme zu regeln; mit Unterdrückung oder Verboten darauf zu reagieren, stellt einen schwerwiegenden Eingriff in Demokratie und Rechtsstaat dar und ist vor allem völlig nutzlos angesichts des sozialen Drucks in einem Land, in dem sich die Sitten und Gebräuche rasend schnell ändern. Es ist ja nicht so, dass man nur die Augen schließen muss, damit die Probleme verschwinden.

Ich erinnere mich an einen Besuch in China, den ich im Jahre 1978 zusammen mit Tullia Carrettoni[12], Dacia Maraini[13], Suni Agnelli[14] und Tina Anselmi[15] – also einer Gruppe ziemlich unterschiedlicher Persönlichkeiten – unternommen habe. Nachdem man uns immer nur Kindergärten gezeigt hatte, beschlossen Suni Agnelli und ich eines Tages, dass wir stattdessen lieber eine psychiatrische

---

12 Politikerin der Sozialisten und der Unabhängigen Linken, u.a. Europaabgeordnete
13 Schriftstellerin und Frauenrechtlerin, die sich in ihren Romanen u.a. mit Themen wie Vergewaltigung, Prostitution und lesbischer Liebe aus feministischer Sicht auseinandersetzt
14 Susanna Agnelli (1922 – 2009) war Enkelin des FIAT-Gründers Giovanni Agnelli, Politikerin der Republikanischen Partei und 1995/1996 die erste Frau an der Spitze des italienischen Außenministeriums.
15 Christdemokratische Politikerin und Partisanin

Anstalt besuchen wollten. Das war in Shanghai. Nach vielem Hin und Her besuchten wir eine Nervenheilanstalt, in der man uns die dort angewandten Methoden erläuterte: Elektroschocks, Ergotherapie. Ich fragte, ob es zutreffe, dass sie diese Methoden auch bei Homosexuellen anwenden würden. Darauf antwortete der Direktor: „Bei uns gibt es keine Homosexuellen, wir sind doch nicht dekadent ... Na ja, vielleicht gibt es hin und wieder mal einen, den behandeln wir dann mit Elektroschocks. Das Problem ist leider, dass sie rückfällig werden."

Frage: *In Italien dürfen Homosexuelle nicht heiraten. Die Gesetzesvorschläge zur Regelung von Lebensgemeinschaften wurden untergraben. Hinzu kommt noch, dass sogar die Verfassung im Artikel 29 „die Rechte der Familie als natürlicher Gemeinschaft, die sich auf der Ehe gründet" festlegt.*

Antwort: Einerseits bin ich sowieso kein großer Fan der Ehe ... Aber die Gesellschaft und die Familien entwickeln sich weiter und nicht einmal die Verfassung ist unantastbar. Ich hätte mich jedenfalls mit der eingetragenen Partnerschaft zufriedengegeben, über die sich zwischenmenschliche Beziehungen rechtlich regeln lassen, von denen ja jeder seine ganz eigenen hat.

Frage: *Die Technik kann zum Verlust des Menschlichen führen. Glauben Sie nicht, dass sie auch Grenzen haben sollte? Sehen Sie keine Risiken?*

Antwort: Aber wer soll diese Grenzen festlegen? Mit dem Zweifel zu leben, im Zweifel zu sein und diesen zu beherrschen, erfordert eine große Kraft. Aber da es uns auch Angst macht, uns selbst einzugestehen, dass wir uns nicht sicher sind, haben wir manchmal das Bedürfnis, dass uns jemand absolute Wahrheiten verabreicht, die uns für den Moment beruhigen, selbst wenn wir bereits wissen, dass es sich dabei um Trugschlüsse handelt. Als ich jung war, habe ich meine Suche nach der Freiheit mitunter verflucht, besonders in den schmerzhaften und einsamen Momenten; doch dann habe ich zum Glück die Kraft und Energie gefunden, diese Momente zu überwinden. Das wünsche ich allen. Den Zweifel zu akzeptieren und mit ihm zu leben ist sicherlich anstrengend. Ich bleibe jedoch, ganz dieser Welt verhaftet, auf meinem mit Zweifeln übersäten Weg.

Was soll es bedeuten, dass die Technik entmenschlicht? War es vielleicht menschlich, an Cholera zu sterben? Meine jüngste Schwester ist auf menschlichste Weise an Kinderlähmung gestorben, im Alter von nur drei Monaten. In diesem Land tragen wir die Angst vor der Wissenschaft und der Forschung mit uns herum. Das ist eine fideistische, antimoderne Einstellung. Nicht ausschließlich eine katholische, das stimmt schon, aber in Italien ist der Katholizismus eine der Säulen der Macht. Nur als lustige Anmerkung nebenbei: In England befindet sich auf der Rückseite des Zehn-Pfund-Scheins ein Bildnis von Darwin.

Konflikte, Pazifismus und Gewaltfreiheit

Frage: *Das Prinzip der verantwortungsvollen Freiheit hat allerdings einen Schwachpunkt: Sobald widerstreitende Interessen im Spiel sind, treten Konflikte auf – es geht mir hier um die Konflikte zwischen Staaten. Dagegen hilft auch kein verantwortungsvolles Handeln.*

Antwort: Der Konflikt ist unvermeidlich, er gehört sogar zu den grundlegenden Wesensmerkmalen des Menschen und ist in den zwischenmenschlichen Beziehungen immer präsent: im Verhältnis zwischen Eltern und Kindern beispielsweise als sogenannter Generationenkonflikt. In wirtschaftlichen, sozialen und industriellen Beziehungen kommt dem Konflikt selbstverständlich eine sehr große Bedeutung zu. Und er ist, ganz unvermeidlich, der auslösende Faktor für das Streben nach Macht und Eroberungen unter den Nationen. Die Frage ist, ob wir ihn in utopischer Weise negieren oder versuchen wollen, ihn zu verhindern oder ihn zu beherrschen, um wenigstens das Ausmaß der damit einhergehenden Gewalt zu reduzieren.

Aus der Vielfalt der Interessen und den damit verbundenen Konflikten kann, wie mir scheint, allerdings auch etwas Positives erwachsen: Sie sind ein Motor für Fortschritt und Entwicklung. Es geht also darum zu erkennen, mit welcher Art von Konflikt man es zu tun hat.

Frage: *Ist für eine gewaltfreie politische Kämpferin wie Sie der Weg aus der Gewalt gleichbedeutend mit dem Weg in die Freiheit?*

Antwort: Die Gewaltlosigkeit ist ein Mittel und zugleich ein Ziel: Sie ist eine Methode, die in erster Linie von dem

Prinzip ausgeht, dass die Ziele durch die angewandten Mittel bestimmt werden.

Gewaltlosigkeit bedeutet daher nicht automatisch Freiheit, sondern sie nimmt, allerdings auch mit praktischen Konsequenzen, gewissermaßen symbolisch die Gesellschaft vorweg, die wir uns wünschen: eine Gesellschaft, die zwar nicht frei von Konflikten, aber in der Lage ist, sie zu lösen. Es ist die Ordnung, das Gesetz, der Rechtsstaat, von dem die Lösung eines Konflikts auszugehen hat oder ausgehen sollte.

Hier liegt der Unterschied zwischen Pazifisten und Gewaltlosen. Die Ersteren halten an einer utopischen Ideologie fest: In der Tradition der Manichäer[1] glauben sie an eine Trennung der Welt in Gut und Böse. Sie sind bedingungslose Ireniker[2]. Die Pazifisten sind normalerweise der Auffassung, dass dort, wo es keinen Krieg gibt, Frieden herrscht. Demnach würden sich Syrien[3], der Irak und Nordkorea ebenso im Frieden befinden wie Burma oder wir hier in Italien. Dem ist nicht so. Tatsächlich handelt es sich beim Frieden à la Burma oder Nordkorea um einen Fall von dauerhafter Bewegungslosigkeit, eine Art Totenstarre. Man begnügt sich damit, von Frieden zu sprechen, wenn es keinen Krieg zwischen Staaten gibt. Aber kann die Unterdrückung der Bürger eines Landes durch einen Diktator auch als Frieden bezeichnet werden? Ich denke nicht. Die Unterscheidung, auf die ich hinauswill, ist folgende: Der Pazifist ist aus Prinzip gegen Interventionen, während der Gewaltlose generell bereit ist einzugreifen oder eine Intervention zumindest akzeptieren kann. In Anbetracht

---

1 Der Manichäismus ist eine im dritten Jahrhundert von Mani in Persien begründete monotheistische Religion, die von einem radikalen Dualismus zwischen Licht (Gut) und Finsternis (Böse) ausgeht.

2 Irenik oder Irenismus (von griech. *eirene*, „Friede") ist eine im 16. Jahrhundert im Christentum entstandene Denkrichtung, die sich, ausgehend vom friedensstiftenden Charakter der christlichen Religion, für eine Versöhnung der Konfessionen einsetzt.

3 Zum Zeitpunkt des Interviews hatte sich der Konflikt in Syrien noch nicht zu einem offenen Bürgerkrieg entwickelt.

des Umstands, dass die Welt nicht gewaltfrei ist, lässt der Pazifist zu, dass jedes Land auf sich selbst gestellt ist. Ich und wir als *radicali* sind demgegenüber für Interventionen, aber wir waren immer darum bemüht, Interventionen vorzuschlagen, bei denen die Menschen und – soweit es ging – auch die Dinge möglichst geschont wurden.

Frage: *Um Freiheit und Demokratie zu erlangen, sind Kriege demnach legitim?*

Antwort: Das sage ich nicht, ich bin für Gewaltlosigkeit. Ich stelle allerdings fest, dass wir in einer Welt leben, die vielleicht aus Trägheit, vielleicht aus ethischer und intellektueller Unfähigkeit davon ausgeht, dass eine effektive Intervention fast nur militärisch möglich ist. Ich glaube an die Pflicht zur Einmischung, wie man das in den Achtzigerjahren nannte, was heute in detaillierter ausgearbeiteter Form als Prinzip der „Schutzverantwortung"[4] existiert, ausgehend von dem Recht und der Pflicht, sich überall dort einzumischen, wo die Bürger- und Menschenrechte eklatant verletzt werden: ein auf internationaler Ebene akzeptiertes und sogar unterstütztes Prinzip (allerdings nicht ohne Schwierigkeiten, wie man sich vorstellen kann und wie man das bei der UNO oft erlebt).

Dabei denke ich an Bernard Kouchner, an humanitäre Einmischung und humanitäre Korridore – eine Praxis, die auf dieser Überlegung aufbaut. Gerade in diesen Tagen, angesichts der Entscheidung zur Intervention in Libyen, sind diese Erwägungen für mich wichtige Leitgedanken. Vielleicht, weil in mir die Wunde von Srebrenica noch nicht verheilt ist.

Frage: *Sie haben die Gewalt auf dem Balkan unmittelbar miterlebt. Kaum dass Sie 1995 zur EU-Kommissarin unter*

---

4   Maßgeblich von der *International Commission on Intervention and State Sovereignty* (ICISS) 2000 / 2001 entwickeltes Konzept der internationalen Politik und des Völkerrechts

anderem für humanitäre Hilfe ernannt worden waren, sind Sie nach Sarajevo gefahren – eine symbolische Entscheidung. Angesichts der Grausamkeit des ethnischen Konflikts, der Massaker, der Massengräber prangerten Sie die sogenannte Realpolitik an, in deren Namen die europäischen Staaten Milošević und seinem Freund Mladić einfach freie Hand ließen. Sie forderten eine Nato-Intervention.

Antwort: Ich möchte zunächst daran erinnern, dass ich Srebrenica persönlich und als aktiv Beteiligte miterlebt habe. Während der Krise im Gebiet der Großen Seen in den Jahren 1993 / 94 – des Völkermords in Ruanda – hatte ich noch keine direkte Verantwortung getragen und wurde als EU-Kommissarin erst im Rahmen der nachträglichen Schadensbegrenzung aktiv. In Srebrenica war es anders: Die Stadt war von den Vereinten Nationen in einer Resolution zum *safe heaven*, zum „sicheren Hafen" erklärt worden, die allerdings mit keinerlei Schutzmaßnahmen verbunden war, da die UNO dafür keine Truppen aufstellte, oder jedenfalls nicht in ausreichendem Maße. Mladić kam daher zu dem Schluss, dass Srebrenica keine Schutzzone war und nahm die Stadt ein. Das war im Juli 1995. Zu dieser Zeit hatte Srebrenica 42.000 Einwohner.

Als ich gerade von einer Mission im Gebiet der Großen Seen zurückkehrt war, wurde mir mitgeteilt, dass 33.000 Menschen aus Srebrenica in Tuzla angekommen waren und entlang der Flughafenpiste kampierten. Diejenigen, die mich über die Sache informierten, hatten keinerlei Erklärung dafür, warum sich unter den über 30.000 Flüchtlingen praktisch keine Männer, sondern ausschließlich Frauen, Kinder und alte Menschen befanden. Wie sich bei der Überprüfung herausstellte, fehlten 8.000 Personen. Ich eilte nach Tuzla, um mir selbst ein Bild von der Situation zu verschaffen. Bei Gesprächen erzählten mir einige der Frauen, dass man sie voneinander getrennt hatte: in der einen Gruppe die Männer im kriegsfähigem Alter, in der anderen die Frauen. Ich versuchte mit dem Roten Kreuz Kontakt aufzunehmen, um herauszufinden, wo die Männer gelandet waren, ob sie vielleicht in Krankenhäuser eingeliefert worden waren ... Aber niemand hatte sie gesehen oder von ihnen gehört. Ich dachte sofort an ein Massaker. Ich hielt darüber eine Pressekonferenz ab und informierte auch die europäischen Regierungen, doch niemand glaubte mir – bis schließlich die Amerikaner, insbesondere Madeleine Albright, Anfang August die Satellitenfotos von den Massengräbern öffentlich machten.

Als Gaddafi im März 2011 ankündigte: „Ich werde die Bewohner von Bengasi vernichten", dachte ich: Wenn wir nichts unternehmen, werden wir ein weiteres Srebrenica erleben. Bei der Durchführung des Militäreinsatzes in Libyen hatte ich große Bedenken, angefangen mit der Tatsache, dass jede derartige Aktion stets darauf abzielt, Flugzeuge, Bomber und Militärstützpunkte außer Gefecht zu setzen. Für einen nach den Prinzipien der Gewaltlosigkeit Handelnden stellt demgegenüber das Außer-Betrieb-Setzen des nationalen Fernsehens ein ebenso bedeutendes, wenn nicht sogar ein wichtigeres Ziel dar.

Aber zurück zum Balkankrieg. Als EU-Kommissarin verlangte ich vor allem eine militärische Intervention zum Schutz der Zivilbevölkerung. Ich forderte Militäreinheiten an, denn wer hätte sonst eine Million Menschen von Kukës nach Pristina transportieren können? Mein Ansinnen löste Empörung aus. Im Kosovo, wo sich eine Million Flüchtlinge aufhielten, hatte es keinen Sinn, *Médecins sans frontières (Ärzte ohne Grenzen)* um Hilfe zu bitten, da sie nicht über die Infrastruktur und die Kapazitäten verfügten, um eine solche Aufgabe zu erfüllen. Ich hielt gemeinsam mit dem damaligen NATO-Generalsekretär Javier Solana eine Pressekonferenz ab und sagte an die Adresse der Ärzte ohne Grenzen gerichtet: „Ihr leistet euren Beitrag, aber die Zelte werden von der Nato gestellt, denn für diesen Einsatz sind militärische Zelte mit drei Stoffschichten notwendig, in die bei Regen kein Wasser eindringen kann und die nicht vom Berg rutschen." Sofort setzten die Polemiken ein: Man sprach sich gegen eine Verbindung von militärischen und zivilen Einsätzen aus und stellte den Zweck der Aktion infrage. Derartige Vorbehalte tangieren allerdings das grundlegende schwerwiegende Problem der Rettung von Menschenleben überhaupt nicht. Die damit verbundenen Fragen lenken vom eigentlichen Ziel ab, dem humanitären Einsatz selbst – darin besteht die vorrangige Bedeutung und Verpflichtung einer solchen Aktion. Es gelang uns schließlich, diese Menschen zu retten. Falls jemandem etwas einfällt, das wertvoller ist als ein Menschleben, möge er es mir bitte mitteilen. Dem ECHO (*European Community-Humanitarian Office* / Europäisches Amt für Humanitäre Hilfe) fehlte und fehlt ganz offensichtlich ein Mandat, um humanitären Katastrophen vorzubeugen, gegen die Urheber vorzugehen und Konfliktparteien zu entwaffnen. Humanitäre Hilfe stellt aber einen Wert an sich dar. Jedenfalls versteiften sich viele europäische Länder darauf, dass sie mithilfe einer Nichtregierungsorganisation für den Transport und die Aufstellung der Zelte sorgen wollten. Diese kamen im 1.500 Meter über dem Meeresspiegel gelegenen Kukës an und stellten ihre Campingzelte auf. Am nächsten Morgen waren alle ins Tal gerutscht. Und dann wurden – wie so oft im Wettstreit der Großzügigkeit – Keller und Lagerräume leer geräumt und alles Mögliche geschickt, von Schokolade über Puppen bis hin zu Badeanzügen. Um den Ansturm der Großzügigkeit nicht zu beleidigen, vermied man es andererseits zu erwähnen, dass die Container mit den Spenden den Flughafen verstopften. Jeder von uns ist manchmal großzügig mit dem, was er selbst nicht mehr braucht.

Im April 1999 beschloss die Nato schließlich zu intervenieren. Ich war damit einverstanden. Im vorhergehenden Sommer war ich immer wieder in den Kosovo gefahren, und es war für mich offenkundig, dass hier eine Militarisierung der Politik im Gange war, mit organisierten Schlägertrupps, einer „Wüstenbildung" an den Grenzen des Kosovo und einer Bevölkerungskonzentration im Zentrum. Dörfer wurden dem Erdboden gleichgemacht, nachdem man nicht existierende Konflikte konstruiert hatte. All dies deutete darauf hin, dass ein Blutbad bevorstand. Ich erinnere mich an die Nacht vom 31. März auf den 1. April 1999, als ich von Skopje zum Grenzübergang von Blace eilte und es nicht fassen konnte, wie die verplombten Waggons zwischen Pristina und Mazedonien hin- und herfuhren: Hinter der Zollschranke befanden sich Tausende von Deportierten schweigend aneinandergereiht und kampierten wie verängstigte Tiere auf einer Weide.

In Kukës lag das Unglück bereits in der Luft. In einem Artikel im *Corriere della Sera* berichtete ich darüber, wie die Landbevölkerung in einem Menschenstrom versuchte, die Grenze zu passieren; über die ersten Erschöpfungstoten, über die Schwierigkeit, Hilfsgüter bis dorthin zu transportieren, denn die einzige kleine Straße, die zur Adria führte, gab unter den schweren Rädern von Lastwagen und Traktoren nach. Nur unter Rückgriff auf Militärlogistik bestand Aussicht darauf, die Schäden zu begrenzen. In dieser Situation war es für mich ebenso dringlich, eine umfassende und weitreichende humanitäre Offensive einzuleiten, wie der politischen und militärischen Karriere von Milošević, dem serbischen Hitler, ein Ende zu bereiten. Meine innere Stimme zwingt mich dazu, sagte ich zu mir selbst, lauthals gegen die Auswüchse der Realpolitik zu protestieren, die seit zehn Jahren die europäischen Regierungschefs daran hinderten, mit dem Belgrader Regime so umzugehen, wie es ihm gebührte.

Frage: *Die „Schutzverantwortung" scheint allerdings mit zweierlei Maß gemessen zu werden: Mal dient sie als Kriterium, in anderen Fällen nicht.*

Antwort: Das stimmt. Das geschieht manchmal allein aufgrund politischer Interessen: Einer Intervention in Bengasi wurde zugestimmt, in Tschetschenien nicht. Die unterschiedlichen Entscheidungen beruhen auch auf der ernsthaften Abwägung des Risikos, mehr Schaden anzurichten als Nutzen zu bringen. Es ist im Übrigen richtig, sich Fragen zu stellen. Ein Militäreinsatz stellt für mich den letztmöglichen Ausweg dar – ihn zu verhindern, verdient daher Anerkennung. Man kann, wie gesagt, ja auch zu der Einschätzung kommen, dass man die Situation damit eher verschlimmern als verbessern würde. Die Entscheidung kann jedoch auch von der Tatsache beeinflusst sein, dass die Unterdrückung von einem befreundeten Regime ausgeht beziehungsweise von einem Regime, das mit bestimmten Ländern befreundet ist. Opportunismus? Kalkulierte Entscheidung? Um zum Verständnis der Debatte beizutragen, sollte über all das offen geredet werden. Warum intervenieren wir beispielsweise nicht in Syrien? Vielleicht weil wir nicht in der Lage sind, ein viertes oder fünftes Kriegsszenario zu eröffnen. Und warum nicht aussprechen, dass wir Saudi-Arabien nicht bombardieren würden, weil unsere Autos sonst aus Benzinmangel stillständen? Das entspricht nicht gerade dem Bild, das wir uns von der Welt gern machen würden, aber angesichts der Tatsache, dass alle darüber Bescheid wissen, wäre so zu tun, als ob es nicht so wäre, das Gleiche, als wenn man versuchen würde, die Lügen von Pinocchio zu übersehen. Worauf ich als Gewaltlose immer bestehe, ist, dass die militärische Intervention die Ultima Ratio sein muss. Und es ist nicht zu akzeptieren, wenn von einem Extrem ins andere übergegangen wird: Entweder wird gar nichts unternommen oder ein Krieg begonnen. Genau darin besteht ja das Drama der internationalen Beziehungen: Entweder folgt man der Realpolitik des Schweigens oder man unternimmt eine militärische Intervention – dazwischen gibt es nichts.

Der Jemen beispielsweise ist ein Land, das sich gerade im Aufruhr befindet. Mit unseren äußerst bescheidenen Möglichkeiten hatten wir *radicali* im Jahre 2004 verstanden, dass dem Jemen die Funktion eines bedeutenden Bindeglieds zukam und dort die wichtigste Konferenz zum Thema Demokratie unter der Beteiligung von Tausenden von Persönlichkeiten organisiert. Im Jahr darauf sind wir mit der Organisation *No Peace without Justice* dorthin zurückgekehrt. Dies geschah nicht nur deshalb, weil wir zu erkennen glaubten, dass ein Teil des dortigen Establishments nach einem Weg suchte, die Stammesgesellschaft zu überwinden. Dieser Teil der jemenitischen Elite sah in einem möglichen Eintritt in den Golf-Kooperationsrat eine Möglichkeit, sich in einen überregionalen Zusammenhang einzugliedern, auch wenn die reicheren Golfstaaten gegen eine Aufnahme des Jemens waren. Es ist also nicht wahr, dass es zwischen der einfachsten Diplomatie, die sich einer Realpolitik verschreibt, und einer militärischen Intervention keine andere Alternative gibt. Es stimmt nicht, dass es nur Mubarak auf der einen Seite und die Islamisten auf der anderen gibt. Man muss mit den Regimen reden, mit wem sonst? Und es trifft ebenfalls nicht zu, dass man nicht auch positive Widersprüche erleben kann. Ich habe in Kairo mit Suzanne Mubarak beim Thema Genitalverstümmelung wunderbar zusammengearbeitet und werde sie ganz bestimmt nie von unserer Website verbannen. Positive Widersprüche gilt es zu nutzen und die Menschenrechte zu verteidigen.

Stattdessen sind wir in einer Art Wiederholungszwang gefangen: Zuerst wird nicht einmal ein Quäntchen Kritik geübt und dann gibt es als einzige Alternative die militärische Intervention. Gerade in diesen Zwischenraum gilt es für die Gewaltlosen einzudringen: sei es durch die Nutzung der neuen Technologien oder dadurch, dass man Informations- und Kommunikationskanäle in die Lage versetzt, die tragende Rolle bei der Schaffung offener Gesellschaften zu übernehmen – ein bedeutender Faktor, der von der traditionellen Diplomatie nicht erkannt wird.

Frage: *Im Irak bestand zwischen Intervention und Information ein geradezu perverses Verhältnis: Laut den uns von der amerikanischen Regierung unter Bush gegebenen Informationen sollte Saddam über Massenvernichtungswaffen verfügt haben und daher eine Intervention unvermeidbar gewesen sein. Demgegenüber stellte sich die Sichtweise der Pazifisten als richtig heraus, die gegen die Lügen der Befürworter der militärischen Intervention mobil gemacht hatten. Hat Sie das Blutvergießen im Irakkrieg im Tausch gegen Erdöl nicht empört?*

Antwort: Ich bin nicht für den Frieden um jeden Preis, sondern für den Primat des Rechts um jeden Preis. Die Pazifisten haben meinen tiefsten Respekt, aber ich denke, dass früher oder später doch immer alles ans Licht kommt. Wir hatten uns dafür eingesetzt, Saddam ins Exil zu schicken, weil wir das für einen gangbaren Weg hielten, aber Bush, Blair und die mit ihnen übereinstimmenden Regierungschefs, einschließlich Berlusconi und Gaddafi, wollten diese Option nicht in Betracht ziehen – bewusst und keineswegs zufällig. Wir waren nicht für eine Intervention. Die Leute gingen zu Millionen gegen die Militäraktion auf die Straße und taten damit Saddam einen Gefallen. Denn auf diese Weise erlangten die westlichen Pazifisten in der arabischen Welt Aufmerksamkeit. Für die Exil-Lösung sprachen sich bei den Demonstrationen nur wenige aus. Ich finde, es reicht nicht aus, „nein" zu sagen. Übrigens ging es uns auch bei der bekanntesten Gewissensverweigerung schlechthin, der Verweigerung des Militärdienstes zur Respektierung des Gebots „Du sollst nicht töten", mehr um die Erringung eines Bürgerrechts als darum, einem Gewissensdiktat zu folgen, wie es bei den Quäkern der Fall ist. Dies nur, um unseren Standpunkt deutlich zu machen: Wir wollten eine rechtliche Voraussetzung schaffen, um den Bürger vor dem Staatsmoloch, dem ethischen Staat zu schützen. Im Fall von Saddam handelte es sich um dieselbe Überlegung: Es ging um die Rettung des „Bürgerrechts" Saddams in einem gerechten Prozess.

Frage: *Als Saddam gehängt wurde, führte ich ein Interview mit Tullia Zevi – die früher einmal Vorsitzende der jüdischen Gemeinde war und als junge Journalistin den Eichmann-Prozess verfolgt hatte – über Barmherzigkeit und Strafe im Fall eines Tyrannen. Sie sagte mir: „Ich bin jedes Mal verstört; wir sind alle gegen die Todesstrafe, aber dem Tod eines Tyrannen kommt eine exemplarische Bedeutung zu." Ich frage Sie: Handelt es sich bei der Hinrichtung von Saddam oder etwa von Mussolini um eine legitime Gewaltanwendung?*

Antwort: Nein. Wir *radicali* gehören mit der Organisation *Hands off Cain* zu den Vorkämpfern der Kampagne gegen die Todesstrafe. Die Methode nimmt das Ziel vorweg, und das erste Zeichen, das eine neue Gesellschaft aussendet, sollte nicht das Töten des Tyrannen sein: Das gilt für Tareq Aziz, Mubarak, Gaddafi und selbstverständlich auch für Mussolini. Den Tyrannen zu verschonen und auch sein Leben als heilig zu betrachten, ist für mich, vom Standpunkt der Demokratie aus betrachtet, von exemplarischem Wert. Nach der Gefangennahme und der Hinrichtung von Bin Laden sagte der amerikanische Präsident Obama: „Gerechtigkeit wurde hergestellt." Diese Worte würde ich nicht benutzen.

Frage: *Im August 1998 haben Sie mit* No Peace without Justice *die Unterschriftenkampagne für die Strafverfolgung von Milosević und die Errichtung eines Gerichtshofs für Kriegsverbrechen in Ex-Jugoslavien auf den Weg gebracht.*

Antwort: Wir starteten die Kampagne und begannen gleichzeitig mit der Beweissammlung – dem sogenannten *mapping*, das kontinuierlich fortgeführt wurde. Der so entstandene Text wurde vom Internationalen Haager Gerichtshof verwendet. 1993 beschloss der UNO-Sicherheitsrat, einen Ad-hoc-Strafgerichtshof für das ehemalige Jugoslawien einzurichten. Italien, damals unter der Regierung von Giuliano Amato, bereitete zusammen mit Frankreich die Satzung vor. Diese Satzung, die bereits die Todesstrafe ausschloss, wurde einstimmig verabschiedet. Nach der Einrichtung des Ad-hoc-Strafgerichtshofs setzten wir unsere Arbeit fort, angefangen mit den Zeugenaussagen und einigem anderen. Ein Teil dieser Dokumentation wurde dann gegen Milošević verwendet. Jetzt sind wir soweit, die Anklage gegen Mladić sowie gegen Karadžić und Hadžić erheben zu können; endlich sind wir soweit … Das hat es der serbischen Gesellschaft ermöglicht, sich zu erneuern, und ihr die Tür nach Europa geöffnet.

Frage: *In einem Vortrag auf dem Kongress „Women International for Peace" in Sanaa haben Sie gesagt, dass mehr Frieden für Nordirland auch mehr Katholizismus für Mairead Corrigan und mehr Protestantismus für Betty Williams bedeutete. Beide erhielten als Gründerinnen der Organisation* Community of Peace People *den Friedensnobelpreis, und dies nicht deshalb, weil „sie im Grundsatz, sondern weil sie in der Methode – der Gewaltlosigkeit – übereinstimmten. Denn diese lässt Konflikte gleichzeitig hart und kämpferisch sein und hält dennoch einen Weg für die Versöhnung offen". Liegt darin die Wurzel der Laizität?*

Antwort: Gewiss: Die Wurzel der Laizität als Antithese zur Ideologie. Die Wurzel der Laizität, die bedeutet: „Setzen wir uns gemeinsam an einen Tisch und diskutieren." Oder: „Wir sind zu keiner Lösung gekommen, aber ich bombardiere dich mit Informationen statt mit Raketen": Bei einer gewaltfreien Initiative muss man sich auf die Informationen verlassen können.

Aus dem Versäumnis heraus, sich über die Dinge Gedanken zu machen, wird ignoriert, dass die Regime immer gewalttätiger und grausamer werden und dabei zunehmend nicht nur Instrumente zur physischen Kontrolle der Menschen heranziehen, sondern auch den Geist und den Verstand der Menschen kontrollieren. Warum haben wir es in Libyen nicht vermocht, sofort das Staatsfernsehen außer Betrieb zu setzen? Weil wir nicht daran gedacht haben, dass eine der Möglichkeiten, einen Diktator zu isolieren und die Macht der Bürger zu stärken, nicht darin besteht, ihn in einen Bunker zu zwingen, sondern darin, ihm das Instrument zur geistigen Gleichschaltung, das das Staatsfernsehen darstellt, aus der Hand zu nehmen. Man hat nicht begriffen, nicht einmal in der arabischen Welt, dass seit wenigstens zehn Jahren, mit der Gründung von *Al Jazeera* und *Al Arabiya*, ein geistiger Befreiungsprozess aus der Vernebelung durch staatliche Propaganda im Gange ist. Just infolge dieser Entwicklung hat sich dort die Erkenntnis verbreitet, dass man in der Türkei zugleich muslimisch, demokratisch und reich sein kann.

Die Freiheit ist eine „Massenanziehungswaffe"; die Freiheit zu wissen, zu sehen, was in der Welt vor sich geht, informiert zu sein. Sie ist einer der Faktoren, die die Autokratien der arabischen Welt am stärksten aus den Angeln gehoben haben.

Die Freiheit zu informieren, das Recht zu wissen

Frage: *Ist die Demokratie ohne Informationsfreiheit blockiert?*

Antwort: Sagen wir besser: Ohne Informationsfreiheit ist die Demokratie nicht praktizierbar. Die Demokratie ist die Regierung des Volkes (ich ziehe es vor, von Bürgern zu sprechen) durch Gesetze und Institutionen; und, um Popper zu zitieren, in einer offenen Gesellschaft ist es die Information, die den Gedankenaustausch sicherstellt, ohne den eine „Regierung des Volkes" nicht möglich ist. Die Öffentlichkeit muss über Mittel zur Bewertung der *accountability*, der Zuverlässigkeit der Exekutive, der Führungselite und allgemein des institutionellen Systems und der Verwaltung verfügen. Die effektive Teilnahme an der Demokratie beruht auf dem Prinzip, dass man über eine Sache Bescheid wissen muss, um darüber entscheiden und beschließen zu können. Und mit „Bescheid wissen" meine ich die garantierte Möglichkeit einer echten öffentlichen Auseinandersetzung und nicht ihre Karikatur, wie wir sie im Fernsehen dank des Par-conditio-Gesetzes[1] zu sehen bekommen (denn die Gewährung gleicher Sendezeiten für alle Parteien stellt keine ausreichende Garantie, sondern nur den notwendigen Rahmen dafür dar). Nach dem Grundsatz: „Ich habe meine Ideen und stelle sie deinen gegenüber; ich mache dich nicht kampfunfähig, indem ich deine Stimme ausblende." Denn es reicht, den anderen in

---

1 Das von der damaligen Mitte-Links-Koalition 2000 verabschiedete sogenannte „Par-condicio-Gesetz" soll garantieren, dass für alle Parteien bei der Präsentation im Rundfunk „gleiche Bedingungen" herrschen: 45 Tage vor dem Urnengang steht allen Parteien auf allen Sendern die gleiche Sendezeit zur Verfügung.

den Medien unsichtbar zu machen, um ihn vom Verhandlungstisch auszuschließen.

In einer detaillierten Analyse für das *Centro d'ascolto d'informazione radiotelevisiva*[2] zeigt Gianni Betto die traurige Lage der Berichterstattung im Fernsehen auf, das nach einer Umfrage des ISTAT[3] von 2009 für die Mehrheit der Italiener nach wie vor das bei Weitem meistgenutzte Informationsmedium darstellt. Die italienische Fernsehberichterstattung kann wahrlich als ein neo-goebbelsches Vergehen bezeichnet werden, ein Produkt und Instrument der modernen real existierenden Demokratie.[4] Wie Goebbels sagte: „Eine Lüge muss nur oft genug wiederholt werden, dann wird sie geglaubt." Und wenn es immer dieselben Stimmen sind, die im Getöse der Macht widerhallen, sind es nicht nur die Minderheiten, sondern schlicht und einfach die Bürger, die nicht mehr wahrnehmbar sind. Somit werden die protestierenden Arbeiter, die Arbeitslosen, die prekär Beschäftigten, die Immigranten (sofern sie nicht straffällig werden) und alle diejenigen, die aufgrund einer ihnen unterstellten „Andersartigkeit" aus der öffentlichen Sphäre verbannt werden, nicht wahrgenommen, bleiben dem Rest der Gesellschaft unbekannt und ohne die Möglichkeit, ihre Belange auszudrücken und ihre Rechte zu beanspruchen.

Dazu kommen die verdrängten Stimmen der politischen Minderheiten: Im demokratischen Spiel kämpft eine Minderheit darum, ihrerseits zur Mehrheit zu werden. Wenn jedoch die regierende Mehrheit praktisch die gesamten Medien kontrolliert und der Minderheit keine Möglichkeit gegeben wird, von der Öffentlichkeit gesehen und gehört zu werden, wird diese immer eine Minderheit bleiben. Als Regime sucht man sich außerdem die Gegner aus,

---

2 Staatliches Informationszentrum für Radio und Fernsehen.
3 Istituto Nazionale di Statistica (Nationales Statistikinstitut).
4 Die *radicali* und insbesondere Marco Pannella bezeichnen die italienische Demokratie in Anlehnung an den sogenannten „real existierenden Sozialismus" gern als „real existierende Demokratie".

die einem bequem sind, die dann ihrerseits aus Gier nach Medienpräsenz das Spiel mitspielen oder sich zumindest nicht als die wahre oppositionelle Minderheit erweisen. Berlusconi bevorzugte etwa den Kaschmir-Kommunisten Fausto Bertinotti oder Antonio Di Pietro[5] in seiner Rolle als *manettaro* („Handschellenliebhaber"). Die von Gianni Betto tabellarisch aufgelisteten Zuschauerzahlen der verschiedenen Parteien in Talkshows und Nachrichtensendungen können dafür als Beispiele dienen.

Nie gibt es eine wirkliche Debatte über die großen ethischen Themen beziehungsweise Bürgerrechte, wie wir *radicali* sie lieber nennen; nicht einmal über die Wirtschafts- und Finanzkrise, die das Land erschüttert hat. Das Par-condicio-Gesetz sorgt für die Ausgewogenheit der Zeitzuteilungen an die „üblichen Verdächtigen": Kurzum handelt es sich um nichts als eine Posse.

Frage: *Nach Schätzungen der amerikanischen Organisation „Freedom House", die unter anderem die Unabhängigkeit der Medien überwacht, hat die Berlusconi-Regierung in den Jahren 2001 bis 2006 die Kontrolle über 90 % der italienischen Medien ausgeübt; und seit 2009 stuft sie Italien, was die Unabhängigkeit der Informationen angeht, als nur „teilweise freies" Land ein. Wie der Journalist Guiseppe D'Avanzo beklagte, geht es somit um die Sicherstellung unserer Demokratie, um die Frage unserer demokratischen Standards. Stellt der Interessenkonflikt folglich eine riesige Last für unser Land dar?*

Antwort: Ja, aber es ist nicht nur das. Oder besser gesagt, hängt das von der Definition ab. Die Situation hat sich verschlimmert. Ich erinnere mich an meinen ersten Durststreik im Jahre 1976: Berlusconi und das, was wir heute unter dem Interessenkonflikt verstehen, waren noch kein

---

5   Antonio Di Pietro, ehemals einer der leitenden Staatsanwälte der „Mani pulite"-Ermittlungen gegen korrupte Politiker, trat 1996 in die Politik ein und gründete 1998 die Partei *Italia die Valori* (Italien der Werte).

Thema. Bei meinem Durststreik ging es um die Regeln der Wahlkampfdebatten in jenem Jahr. In unserem Land ist man immer ohne den geringsten Widerspruch davon ausgegangen, dass den Parteien, die mehr Stimmen bekommen, auch mehr Präsentationsraum zusteht. Dabei sollte es doch eigentlich so sein, dass jeder die gleichen Ausgangschancen hat und dann der Beste gewinnt. Bei uns dagegen wird demjenigen, der mehr Abgeordnete und mehr prozentuale Zustimmung hat, auch mehr Medienpräsenz eingeräumt. Natürlich führt das dann zu einem ungleichen Rennen, bei dem immer derselbe gewinnt. Berlusconi hat diese Dinge zu einer ausgeklügelten Methode entwickelt, aber die schlechte italienische Angewohnheit, politische Protagonisten auszuschließen, um ihre Ideen zu unterdrücken, ist eine alte Praxis. Um die Referenden über die Abtreibung sowie über die *legge Reale* zur Wahrung der öffentlichen Ordnung[6] aufzuschieben, wurden 1976 vorgezogene Wahlen ausgerufen. Im Januar löste sich die Regierung auf und die radicali traten mit ihrem brandneuen Parteiemblem „Rosa nel pugno", der Rose in der Faust in Anlehnung an einen möglichen Sozialismus à la Mitterand, zu den Wahlen an.[7] Und es war sofort klar, dass man die Referenden nur aufschieben konnte, wenn man den neuen politischen Kräften weniger Raum gewährte – vor allem den *radicali*, die die Initiatoren der Referenden waren.

Kurz gesagt, dieses Verdecken unliebsamer Meinungen hat es immer gegeben, insbesondere gegenüber uns *radicali*, weil wir eine hartnäckige, rigorose, authentisch liberale Kraft sind, die zwar eine Minderheit ist, doch darauf zielt, den breiten Mehrheiten der öffentlichen Meinung eine Stimme zu geben. Wir waren anders als die *Democrazia*

---

6 Das als *legge Reale* bezeichnete, am 22. Mai 1975 als Reaktion auf den Terror der Roten Brigaden verabschiedete Gesetz Nr. 152 sah unter anderem den Schutz vor Strafverfolgung von Polizisten, die im Dienst jemanden verletzt oder getötet hatten, sowie Hausdurchsuchungen ohne richterliche Anordnung vor.
7 Bis dahin war das Parteisymbol die französische Symbolfigur Marianne mit einer phrygischen Mütze (Jakobinermütze).

Cristiana, die Kommunistische oder die Sozialistische Partei und auch nicht wie die anderen laizistischen beziehungsweise liberalen Parteien jener Zeit, die Republikanische und die Liberale Partei, die den liberalen Ansatz zwar in der Wirtschaft verfochten, von denen man aber sicher nicht behaupten kann, dass sie sich als Speerspitzen im Kampf für individuelle Freiheiten und Bürgerrechte hervorgetan hätten. Diese Parteien, vor allem die kleineren, waren nur damit beschäftigt, ihr eigenes Überleben zu sichern, und mussten dafür jedweden Neuzugang im politischen Spektrum aus der öffentlichen Wahrnehmung ausschließen – insbesondere, wenn er für die als besonders störend empfundenen Forderungen nach Laizität und Legalität eintrat.

Der Versuch, die Strömung der radikal-liberalen Minderheit zu unterdrücken, hat eine sehr lange Tradition. Zuweilen ist es uns aber gelungen, diese stagnierende und selbstreferenzielle Welt zu überrumpeln. 1999 investierten wir 20 Milliarden Lire in den Wahlkampf für die Europawahl sowie in die Kampagne *„Emma for President"* zur Wahl des Staatspräsidenten im Mai desselben Jahres. Ich hielt mich nicht einmal in Italien auf. Wir gaben sechs Milliarden Lire für Werbespots aus; Pannella hatte den Einfall, einen handgeschriebenen Brief an alle Wahlberechtigten zu verschicken. Es war eine Blitzaktion, für die wir unsere Besitztümer – Agorà Telematica[8] und unseren zweiten Radiosender – verkauften. Aber im Hinblick auf

---

8   Das im Jahre 1988 von den *radicali* gegründete Bulletin Board System Agorà Telematica (Telematik-Marktplatz) beschäftigte sich in einer ersten Phase mit der technologischen und kommerziellen Entwicklung der telekommunikativen Verknüpfung von Informationssystemen und später mit dem Internet und dessen Verbreitung in Italien. Im Laufe seiner Geschichte wurden von ihm unzählige Websites, Portale und Anwendungen mit Web-Technologien für die öffentliche Verwaltung, Verbände und Unternehmen entwickelt und verwaltet. Agorà Telematica war eines der ersten italienischen BBS, das Dial-up-Internetzugänge sowie eine Begegnungs- und Diskussionsplattform anbot, die als Treffpunkt der Pioniere des Netzes in Italien diente.

das Verhältnis zwischen Medienpräsenz und der Zustimmung für unsere Politik war sie ein Erfolg.

Schon lange haben wir für die Verbindung zwischen öffentlich-rechtlichen und privaten Fernsehsendern den Ausdruck „Raiset" (RAI & Mediaset) verwendet – und nun liegt der Beweis für diese Verbindung aufgrund von Ermittlungsakten – wie jenen zur *Struttura Delta*[9] – schwarz auf weiß vor. Doch was hat sich selbst nach dieser „Entdeckung" geändert? Nichts, wie mir scheint. Das Problem des Ausschlusses der *radicali* aus dem Informationssystem dieses Landes besteht unverändert fort. Sind wir denn so unsympathisch?

Unter dieser bleiernen Glocke des Interessenkonflikts ist sicherlich alles möglich, beispielsweise auch die Selbstzensur von Journalisten. Wie in vielen, wenn nicht in allen Regimen, gibt es in Italien, abgesehen von den Jasagern und Schleimern aufgrund ihres Charakters oder aus Berufung, tatsächlich auch solche Journalisten, die sich selbst zügeln, noch bevor sie von außen gezügelt werden, um keine Schwierigkeiten zu machen und selbst keine zu bekommen. Das Wort „Regime" verwenden wir *radicali* übrigens im rein technischen Sinne: Ein Regime kann demokratisch oder auch diktatorisch sein. Ich bezeichne unseres als ein „Parteienherrschaftsregime", das buchstäblich von den Parteien zerfleischt wird. Wodurch sonst lässt sich ein Regime charakterisieren, wenn nicht dadurch, dass die Parteizugehörigkeit mehr zählt als die persönlichen Verdienste? Wenn letztere noch hinzukommen, umso besser, doch die

---

9 Mit *Struttura Delta* bezeichnet man den im Jahre 2008 durch Abhörungen aufgedeckten Skandal um eine Gruppe von Journalisten und Mediaset-Führungskräften, die die RAI-Posten besetzten, um auf die Sendungen und die Berichterstattung Einfluss zugunsten Berlusconis auszuüben und die „RAI so zu organisieren, als ob sie *Forza Italia*" sei, wie aufgrund der Abhörung eines Telefonats zwischen Francesco Pionati (ehemaliger RAI-Journalist und Parlamentarier) und Deborah Bergamini (ehemalige Sekretärin von Berlusconi, spätere RAI-Marketingdirektorin und Forza-Italia-Parlamentarierin) bekannt wurde.

Parteizugehörigkeit bleibt das entscheidende Kriterium für die Stellenvergabe in den öffentlichen Stadtwerken, den Berggemeinden und den öffentlichen Unternehmen inklusive der RAI.

Dies ist das einzige Land, in dem es drei staatliche Fernseh- und Rundfunkkanäle gibt, und das aufgrund des Verteilungsprinzips und ganz sicher nicht, weil sie nötig sind. Die Linke hat schließlich schon immer diese blendende Idee gehabt, jede noch so kleine von ihr bestellte Parzelle zu verteidigen, und indem sie bei den Parteienproporzverhandlungen auf fallende Preise spekulierte, erwies sie sich auch nicht gerade als glaubwürdig ... In diese zähe, in sich abgeschlossene, bereits ausdünstende Masse der italienischen Fernsehlandschaft konnte Berlusconi dank der beiden Dekrete von Craxi von 1984 und 1985 und der *legge Mammì* von 1990 eindringen. Berlusconis Einstieg in die Politik führte dann zur Börsennotierung von Mediaset, das zum „nationalen Gut" wurde. Und somit haben wir heute das „System Raiset", in dem, wie man dank der Telefonmitschnitte erfahren konnte, die beiden Protagonisten, die eigentlich in Konkurrenz zueinander stehen sollten, nicht nur die Werbung, sondern selbst die Programminhalte kontinuierlich miteinander abgesprochen haben.

Frage: *Wir leben allerdings jetzt in der Zeit des freien Netzes, der Blogs, von Twitter, den sozialen Netzwerken, der Infragestellung der Totem-ähnlichen Leitfunktion des Fernsehens; in der Zeit der Augen von Neda, die mit sechzehn Jahren während der vom iranischen Regime niedergeschlagenen Revolte starb und durch YouTube in der ganzen Welt bekannt gemacht wurde; in der Zeit von WikiLeaks. Vieles hat sich also verändert.*

Antwort: Es ist dabei, sich zu verändern. In vielen Ländern hat sich bereits einiges verändert und bei uns beginnt es gerade, sich zu verändern. Die Meinungsbildung per Internet hat gerade begonnen, nachdem das Netz über viele Jahre lediglich als Nachrichtenquelle gedient hatte, was etwas anderes ist, als wirklich zu informieren. Im Übrigen hinkte Italien bei der Verbreitung des Internets anderen Ländern hinterher. Ich erinnere mich noch: Als wir 1987 die Plattform Agorà auf die Beine stellten und ich als eine der ersten E-Mails nutzte, wurde ich sogar auf EU-Ebene von meinen eigenen Mitarbeitern für eine Außerirdische gehalten. Sciascia hatte uns vorgewarnt: Die bloße Masse an Informationen ist nicht gleichbedeutend mit Wissen. Denn wo findet Meinungsbildung statt? Dort, wo es Auseinandersetzungen gibt! Nicht in Talkshows, sondern in einer nach bestimmten Regeln ablaufenden Debatte, mit einem Journalisten, der mit den Gesprächspartnern kritisch umgeht und niemandem zu Gefälligkeiten verpflichtet ist. Wir dagegen haben Talkshows, die den Eindruck vermitteln, als würde man sich mit Freunden an der Bar treffen, die allerdings immer dieselben sind, egal ob in „Annozero", „Porta a porta" oder „Ballarò". Eine Wandertruppe, die von Sendung zu Sendung zieht.

Frage: *Die Meinungs- und Informationsfreiheit in Presse und Fernsehen haben Grenzen, das Internet nicht. Es gibt neue Probleme, auch hinsichtlich des Datenschutzes, hinsichtlich der Gefährdung der internationalen politischen Gleichgewichte – ich beziehe mich dabei auf den Fall WikiLeaks.*

Antwort: Die Verteidigung des Internets ist von grundlegender Bedeutung. Zweifellos gibt es ein Legalitäts- und ein methodisches Problem, aber die Tatsache, dass man in Italien bei so einem heiklen Thema über eine Verordnung der Aufsichtsbehörde für das Kommunikationswesen[10] nachdenkt, spricht Bände. Man sollte sich vor allem davor hüten – möglicherweise auch ohne es zu wollen – den Informationsaustausch über das Netz abzuhören und den Zugang zu Netzportalen und Blogs zu erschweren. Derartige Versuche, das Netz zu kontrollieren, muten etwas rührend an, können aber für eine gewisse Zeit funktionieren

---

10 Autorità per le garanzie nelle comunicazioni (Agcom).

und werden daher gern angewandt von antidemokratischen und fundamentalistischen Regimen und jenen, die immer glauben, die Wahrheit gepachtet zu haben. Man muss aufmerksam darüber wachen, dass keine Aktionen legitimiert werden, die auf die Einschränkung der demokratischen Freiheiten abzielen, die über das Internet ausgeübt werden.

Und ungeachtet unserer unterschiedlichen Ansätze sind die *radicali* dem Appell gefolgt, die Dokumente der unter Beschuss geratenen Plattform WikiLeaks weiterzuverbreiten, denn von den Regierungen als ihr exklusives Eigentum betrachtete Informationen allen zur Verfügung zu stellen, ist ein Betrag zur Förderung von Transparenz und Liberalität – oder sogar zur Aufdeckung von Menschenrechtsverstößen.

Mit dem Problem des Schutzes persönlicher Daten muss man sich sicherlich befassen. Ich denke dabei an die Abhörungen. Es gibt Datenmissbrauch, Straftaten wie jene der britischen Boulevard-Sonntagszeitung *News of the World*, die, um Sensationsmeldungen zu landen, Tausende von Handys ausspionierte, sodass der Verleger Murdoch sie schließlich einstellen musste und sein riesiges Medienimperium in eine Krise geriet. Aber im Allgemeinen, im alltäglichen Umgang mit solchen Veröffentlichungen verstehe ich nicht, warum man zur Bekämpfung des Problems immer beim letzten Glied der Kette ansetzt, indem man den verantwortlichen Journalisten beziehungsweise Verleger mit einer Geldbuße belegt. Auf derartige Informationen stößt man gewiss nicht zufällig, sondern irgendjemand hat sie, sicherlich aus einem privaten Interesse heraus, zugänglich gemacht und verbreitet. Das Problem muss also an der Wurzel angepackt werden.

Frage: *Die Information rüttelt das zivilgesellschaftliche Bewusstsein eines Landes wach. Doch nie zuvor ist wie in diesem Fall die Freiheit zugleich als Austragungsort und Kampfeinsatz in einer Auseinandersetzung in Erscheinung getreten, die quer durch den Staat und die Leben der einzelnen Bürger* *verläuft. Alles in allem geht es immer darum, welchen Sinn man der Freiheit beimisst, sowie um die Rechte, die ihr Substanz geben.*

Antwort: Kommunikation, Wissen und Information stellen zweifelsohne mächtige Instrumente für das zivilgesellschaftliche Bewusstsein dar. Dabei denke ich auch an das Recht auf Wahrheit, über das man heute eindringlich zu diskutieren beginnt und mit dem wir uns, ausgehend von einem Dokument der Vereinten Nationen, schon seit einiger Zeit beschäftigen. Die UNO behandelt das Thema mit Blick auf die Völkermorde der Vergangenheit: die Wahrheit als Schlüssel, der den Übergang in eine erneuerte Gesellschaft ermöglicht, das Recht zu wissen, was geschehen ist, um die Vergangenheit verarbeiten und eine nationale Aussöhnung anstreben zu können. Vielleicht sollte man mutiger sein: Jedenfalls diente das als Vorbild für unsere Kampagne „Iraq libero" („Freier Irak") und die Dinge, die sich daraus entwickelt haben.

Die Freiheit zu informieren und das Recht zu wissen bilden den Kern der Demokratie. Aus diesem Grund ist das Thema Informationsfreiheit immer umkämpft. Es handelt sich um den gewichtigsten Posten im Kampf zwischen Verteidigern und Feinden der Demokratie. Und es ist wahr, dass es hierbei um das Leben und das Selbstbestimmungsrecht des Individuums geht. Ich nenne das umstrittene Beispiel der Patientenverfügung: Der Bürger muss in der Lage sein, sich eine Meinung zu bilden, denn es handelt sich um ein Thema, das ihn persönlich tief betrifft. Dagegen haben wir ja gesehen, wie stattdessen mit der Sache umgegangen wird: Eine Information durch die Medien fand stets nur in geringem Maße über bereits abgeschlossene Tatbestände statt. Und Wissen geht Hand in Hand mit Technologie: Damals im Krieg gab es das Radio, es gab Flugblätter und sogar Sandwich-Männer, es gab die *dàzìbào*,[11] es gab das Fernsehen. Heute gibt es das Internet,

---

11 In China benutzte, handgeschriebene Wandzeitung.

ohne das es den „Arabischen Frühling" nie gegeben hätte. An die Frauen und Männern der Zukunft kann ich jetzt schon die Botschaft richten, dass sie sich wiederum die künftigen Technologien aneignen müssen, die für die vorherigen Generationen unvorstellbare Möglichkeiten bieten werden. Wir haben immer das Prinzip befürwortet und praktiziert, sich die Waffen des Feindes „anzueignen", wie es die Partisanen der Resistenza getan haben. Nur einen kleinen Fetzen mehr von der Information an sich zu reißen, die einem vorenthalten wird, kann ausschlaggebend dafür sein, dass man den Kampf gewinnt. Die herrschende Macht versucht heutzutage, den neuen Technologien, den Netzwerken und allem, das in der Lage ist, Stimmen jenseits ideologischer, politischer oder realer Grenzen hörbar zu machen, einen Maulkorb zu verpassen. Die Frauen und Männer der Zukunft sollten keine Angst davor haben, sich das kostbarste aller Rechte zu erkämpfen: das Recht auf Information, das Recht auf Wissen.

Analyse der auf die verschiedenen Parteien entfallenen Gesamtzeitspannen und Einschaltquoten in den RAI-Hauptnachrichten*

Zeitraum: 01.06.2011 bis 30.06.2011
185 Sendungen; mittlere Zuschauerzahl**: 2,94 Mio. (Minimum: 0,90, Maximum: 5,89, Varianz: 0,99)

	Partei	Zuschauer in Mio.	Einschaltquoten [%]	Anzahl der Interviews	Zeit [h:min:s]	Zeit [%]
1	Il Popolo della Libertà	1003,0	38,7	342	02:15:14	43,4
2	Partito Democratico	405,3	15,6	142	00:50:03	16,1
3	Lega Nord	345,1	13,3	123	00:34:38	11,1
4	Unione di Centro	240,3	9,3	79	00:22:28	7,2
5	Di Pietro – Italia dei Valori	204,8	7,9	71	00:23:23	7,5
6	Andere	81,6	3,1	28	00:10:50	3,5
7	Sinistra ecologia e libertà	79,4	3,1	28	00:08:20	2,7
8	Iniziativa Responsabile	70,8	2,7	27	00:05:46	1,9
9	Futuro e Libertà per l'Italia	44,7	1,7	16	00:03:48	1,2
10	Federazione dei Verdi	41,3	1,6	15	00:04:43	1,5
11	Radicali Italiani – Lista Bonino	30,0	1,2	13	00:07:22	2,4
12	Alleanza per l'Italia	14,1	0,5	6	00:01:27	0,5
13	Federazione della sinistra	11,6	0,4	5	00:01:17	0,4
14	Gemischte Fraktion	10,4	0,4	5	00:01:32	0,5
15	Movimento per l'Autonomia	9,8	0,4	3	00:00:50	0,3
16	La Destra					
17	Movimento per la sinistra					
18	Partito Socialista Italiano					
19	Partito dei Comunisti Italiani					
20	Rifondazione Comunista					
21	Sinistra Democratica					
22	Südtiroler Volkspartei					
23	UDC SVP Io Sud Autonomie					
24	UDEUR – Popolari					
25	Valle d'Aosta					
	Summe	2592,2	100,0		05:11:41	100,0

* Analyse der Einschaltquoten gemäß den Erhebungen von Auditel zur Erfassung der Gesamtzeitspannen, in denen die Zuschauer von den einzelnen Parteien informiert wurden. Berücksichtigt sind die Auftritte sämtlicher institutioneller Funktionsträger, aber nicht die des Staatspräsidenten.
** Zahl der Zuschauer, die die Sendung für mindestens eine Minute verfolgt haben, bezogen auf die Gesamtsendezeit in min
Quelle: Centro d'Ascolto dell'Informazione Radiotelevisiva

Analyse der auf die verschiedenen Parteien entfallenen Gesamtzeitspannen und Einschaltquoten in den MEDIASET-Hauptnachrichten*

Zeitraum: 01.06.2011 bis 30.06.2011
169 Sendungen; mittlere Zuschauerzahl**: 2,17 Mio. (Minimum: 0,37, Maximum: 4,97, Varianz: 1,45)

	Partei	Zuschauer in Mio.	Einschaltquoten [%]	Anzahl der Interviews	Zeit [h:min:s]	Zeit [%]
1	Il Popolo della Libertà	434,9	39,4	200	02:17:26	64,4
2	Partito Democratico	195,0	17,7	75	00:18:11	8,5
3	Lega Nord	182,1	16,5	58	00:23:51	11,2
4	Unione di Centro	67,9	6,2	21	00:06:37	3,1
5	Sinistra ecologia e libertà	48,6	4,4	16	00:04:41	2,2
6	Andere	44,3	4,0	14	00:06:49	3,2
7	Di Pietro – Italia dei Valori	33,0	3,0	11	00:05:08	2,4
8	Iniziativa Responsabile	28,1	2,5	9	00:02:18	1,1
9	Radicali Italiani – Lista Bonino	20,9	1,9	5	00:04:18	2,0
10	Futuro e Libertà per l'Italia	19,3	1,8	5	00:01:28	0,7
11	Federazione dei Verdi	8,4	0,8	2	00:00:42	0,3
12	La Destra	8,0	0,7	2	00:00:25	0,2
13	Federazione della sinistra	7,2	0,7 '	2	00:00:36	0,3
14	Partito dei Comunisti Italiani	3,8	0,3	1	00:00:46	0,4
15	Alleanza per l'Italia	1,6	0,1	2	00:00:14	0,1
16	Gemischte Fraktion					
17	Movimento per l'Autonomia					
18	Movimento per la sinistra					
19	Partito Socialista Italiano					
20	Rifondazione Comunista					
21	Sinistra Democratica					
22	Südtiroler Volkspartei					
23	UDC SVP Io Sud Autonomie					
24	UDEUR – Popolari					
25	Valle d'Aosta					
	Summe	1103,1	100,0		03:33:30	100,0

* Analyse der Einschaltquoten gemäß den Erhebungen von Auditel zur Erfassung der Gesamtzeitspannen, in denen die Zuschauer von den einzelnen Parteien informiert wurden. Berücksichtigt sind die Auftritte sämtlicher institutioneller Funktionsträger, aber nicht die des Staatspräsidenten.
** Zahl der Zuschauer, die die Sendung für mindestens eine Minute verfolgt haben, bezogen auf die Gesamtsendezeit in min
Quelle: Centro d'Ascolto dell'Informazione Radiotelevisiva

Analyse der Auftritte und Einschaltquoten der verschiedenen Parteien in den Sendungen „Porta a porta", „Ballarò" und „Annozero" *
Zeitraum: 29.03.2010 bis 21.06.2011
201 Sendungen

	Partei/Koalition	Anzahl der Auftritte	Zuschauer in Mio.	Einschaltquoten [%]
1	Il Popolo della Libertà	241	684,6	36,3
2	Partito Democratico	151	447,4	23,7
3	Lega Nord	69	191,0	10,1
4	Di Pietro – Italia dei Valori	56	167,0	8,8
5	Futuro e Libertà per l'Italia	48	124,7	6,6
6	Unione di Centro	35	93,3	4,9
7	Sinistra ecologia e libertà	16	65,4	3,5
8	Alleanza per l'Italia	21	63,7	3,4
9	Democrazia Cristiana	4	14,9	0,8
10	Radicali Italiani – Lista Bonino	3	7,5	0,4
11	La Destra	3	6,4	0,3
12	Andere	4	6,3	0,3
13	Federazione dei Verdi	1	4,9	0,3
14	Rifondazione Comunista	1	4,9	0,3
15	Gemischte Fraktion	2	3,1	0,2
16	Coesione Nazionale	1	1,6	0,1
17	Partito Socialista Italiano	1	1,6	0,1
	Summe	657	1888,3	100,0

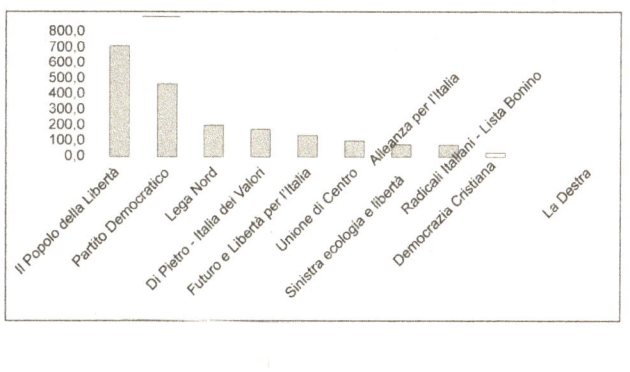

*Einschaltquoten gemäß den Erhebungen von Auditel
Quelle: Centro d'Ascolto dell'Informazione Radiotelevisiva

Daniel Cohn-Bendit
La Bonino

Über die erfahrene Politikerin und Aktivistin Emma Bonino muss als Erstes gesagt werden, dass sie ohne jedes opportunistische Kalkül handelt und es schafft, den häufig lähmenden politischen Konformismus zu durchbrechen.

„La Bonino" scheint gegen die „Krankheit der Macht" völlig immun zu sein. Anders als die meisten Politiker, die häufig in zähe Machtkämpfe verstrickt sind, zeichnet sie sich durch den für sie typischen „demokratischen Radikalismus" aus, und steht dabei außerhalb der üblichen Allgemeinplätze und Machenschaften des politischen Lebens.

Es gibt nur wenige Politiker mit einer vergleichbaren Erfolgsliste an beeindruckenden Einsätzen zur Verteidigung von Freiheit und Recht: z.B. mit dem Anti-Atom-Referendum in Italien, und auch mit ihren zahlreichen Engagements für Abrüstung, für eine wirksame Bekämpfung des Hungers in der Welt, für Sterbehilfe, für die Gleichstellung von Mann und Frau, für die Abschaffung der Todesstrafe, für ein weltweites Verbot von Tretminen, für die Errichtung einer „demokratischen Weltordnung", oder, nicht zu vergessen, für die Schaffung der „Vereinigten Staaten von Europa". Immer wieder erwies sich Emma Bonino in zahlreichen politischen Auseinandersetzungen als eine energische und effiziente Aktivistin. Auch als sie bereits politische Ämter innehatte, veränderte sie ihren Stil nicht.

Von Europa bis nach Afrika, Asien und dem Mittleren Osten: Sie lässt keine Region der Welt und keinen Konfliktfall unkommentiert, unermüdlich bezieht sie Position gegen jegliche Art von Gewalt und Ungerechtigkeit. Von der italienischen Abgeordnetenkammer bis zum Europaparlament, vom italienischen Außenministerium bis zum

Außenkommissariat der Europäischen Union bzw. bis zu ihrem Einsatz bei den Vereinten Nationen: In jede dieser Institutionen trug sie ihre häretische Leidenschaft für die Durchsetzung der Menschenrechte.

Sie beantwortet die schamlose Ämterhäufung in der Politik und die damit oftmals einhergehende Häufung von Mandaten - nicht selten Anlass erheblicher Interessenkonflikte – mit einem kompromisslosen Prinzip der „Diversifizierung à la Bonino". Da sie sowohl innerhalb, als auch außerhalb der institutionellen Grenzen agiert, gelingt es ihr immer wieder, ihre Handlungsspielräume im Dienste der Sache zu erweitern und die dafür zur Verfügung stehenden Mittel zu vervielfachen.

In ihrer Eigenschaft als EU-Kommissarin sowie als Mitverantwortliche der Initiative *Kein Friede ohne Gerechtigkeit* engagierte sich Emma Bonino bei der internationalen Rechtsprechung für die Verurteilung von Kriegsverbrechen und Völkermorden, wie denjenigen in Ex-Jugoslawien, Rwanda oder Sierra Leone. Dieses Ziel verfolgte sie konsequent bis es schließlich im Jahre 1998 zur Verabschiedung des Römischen Statuts für einen internationalen Strafgerichtshof kam. Dieser nahm im Jahre 2002, im Anschluss an eine flächendeckende Kampagne, mit der sie die Länder zur Unterschrift des Vertrages trieb, tatsächlich seine Arbeit auf.

Ein Amt innezuhaben, lähmt ihr politisches Engagement in keiner Weise. Im Gegenteil! Durch ihren Beitrag zur Universalisierung des demokratischen Rechtsstaates wird sie zu einer herausragenden Figur. Während viele es vorziehen, im Schatten ihres Amtes zu operieren, oder sich strengstens an die Vorschriften zu halten, geht sie – sie hatte zu diesem Zeitpunkt das Ressort für Verbraucherschutz, Fischfang und humanitäre Hilfe inne – auf die Straße, um gegen den theokratischen Totalitarismus der Taliban in Afghanistan zu demonstrieren. Dies war zugleich der Beginn der neuen Aufklärungskampagne.

Eine Blume für die Frauen Kabuls ist ein Symbol, das weltweit gegen jede Art von Diskriminierung und Gewalt an Frauen steht. Ihr Kampf gegen die Diskriminierung von Frauen ist immer fester Bestandteil ihres Lebens gewesen. Sie reiste in zahlreiche Städte und Dörfer Afrikas und des Mittleren Ostens, um vor Ort die Bevölkerung zu sensibilisieren und die Frauen in ihrem Kampf gegen die archaischen Praktiken der Genitalverstümmelung zu unterstützen. Als Europaabgeordnete startet sie im Jahre 2001 die internationale Kampagne *Stop female genital mutilation now!*. Diese führte Jahre später zur Internationalen Konferenz in Kairo, auf der die Grundsteine für eine Gesetzgebung zur Verurteilung dieser Praktiken gelegt wurden.

Die Wurzeln für Emma Boninos Kampf für Gerechtigkeit liegen im Italien der 70er Jahre. Damals war das Thema Empfängnisverhütung noch ein Tabu, Ehescheidung und Abtreibung galten als Straftaten. Frauen, die es sich leisten konnten, fuhren ins Ausland, wo Abtreibungen bereits gesetzlich erlaubt waren, alle anderen wurden häufig unter lebensbedrohlichen Bedingungen in die Illegalität getrieben.

„Ist ein Gesetz veraltet oder ungerecht, so muss es geändert werden", lautet sinngemäß die Maxime von Emma Bonino und ihren Mitstreitern der *Nonviolent Radical Party transnational and transparti*.

Aus dem berechtigten Anspruch auf legale Abtreibung leitet sich für sie das legitime Recht auf zivilen Ungehorsam ab. Vor diesem Hintergrund gründete Emma Bonino zusammen mit gleichgesinnten Gynäkologen „illegale" Abtreibungskliniken, was ihre Inhaftierung zur Folge hatte.

Der zivile Ungehorsam wird zur gewaltfreien Waffe für den Kampf für eine bessere Rechtsordnung. Dass ein ungerechtes Gesetz Machtmissbrauch begünstigt, ist eine weitere logische Folgerung.

Nach dem gleichen Prinzip orientierten sich nahezu europaweit und auch in New York Aktionen, in denen Cannabis oder auch sterile Nadeln kostenlos an HIV-positiv getestete Personen verteilt wurden. Das Drogenverbot wird als Zeichen des Scheiterns der jeweiligen Drogenpolitik bewertet. Insofern laufe eine solche Politik der Prohibition den öffentlichen Gesundheitsinteressen zuwider und sei zudem Gift für alle demokratischen Staaten, da sie die Entwicklung von Parallelökonomien und von rechtswidrigen Handlungen begünstige.

Emma Bonino wird wegen der von ihr initiierten Aktionen zur Verbesserung der Gesetzgebung in regelmäßigen Abständen inhaftiert, was sie für die italienische Diplomatie zu einer unbequemen Person werden lässt.

Emma Bonino ist eine Ausnahmepolitikerin. Nichts scheint sie zu beeindrucken oder gar daran zu hindern, eingefahrene Traditionen der Macht in Frage zu stellen. Dass sie mit ihren politischen Handlungen die vorgeschriebenen Grenzen überschreitet, ist wohl ihrer Überzeugung zuzuschreiben, dass die traditionellen Schranken zwischen „Politikern" und Bürgern durchbrochen werden sollten. Für sie bedeutet Demokratie eine Lebensnotwendigkeit schlechthin und ist Grundsatz ihres politischen Handelns.

Dass die politischen Strategen in Europa neuerdings wieder dabei sind, mit nationalistischen Zielvorgaben zu intervenieren, wird von ihr heftig kritisiert, und sie verweigert sich, jeglicher Demagogie eines angeblich übergeordneten „nationalen Interesses" zu folgen. Emma Bonino vertritt den Standpunkt, dass es in einer globalisierten Welt, in der Wirtschaft und Finanzen – von ökologischen Interessen ganz zu schweigen – ihre Wirkung nur noch im Weltmaßstab entfalten, kein nationales Interesse gibt, das ohne eine politische Antwort auf europäischer Ebene durchsetzbar wäre. Als Beweis führt sie das Unvermögen europäischer Regierungschefs an, die nicht imstande sind z.B. die Verlegung von Firmensitzen ins Ausland oder die Schließung nicht wettbewerbsfähiger, bzw. von ausländischen Investoren als wirtschaftlich nicht hinreichend rentabel bewerteter Unternehmen, zu verhindern, oder auch ausländisches Kapital – unter anderem aus Russland und China – zu stoppen. Für die gegenwärtige Krise der EU sind ebenso die schwachen Beschäftigungsraten, der

Anstieg der Armut, Gehaltskürzungen, Einschnitte im Gesundheits- und Bildungswesen zu nennen, wie insbesondere das Ausbleiben einer überzeugenden Antwort auf all das.

So gelang es den Regierungschefs Europas trotz ihrer Bezugnahme auf die „nationalen Interessen" weder, die eigene Herabstufung, noch den politischen Autonomieverlust des Kontinents insgesamt zu verhindern. Emma Bonino, die Idealistin mit Weitblick, ist eine der außergewöhnlichen Politikerpersönlichkeiten, die den Lügen der Demagogen widerstehen, die behaupten, die EU könne an den Ruhm vergangener Zeiten anknüpfen und ohne politische Kurskorrektur auf dem Weltmarkt wieder eine führende Rolle im internationalen Wettbewerb einnehmen.

Das uns zur Verfügung stehende politische Instrumentarium ist in der Tat dürftig und beschämend. Die politische Klasse Europas hat Erwartungen geweckt, die immer weniger einlösbar scheinen. Fehlende politische Innovationen und mangelnde Kohärenz innerhalb der europäischen Führung haben bewirkt, dass sich ein Klima allgemeinen Misstrauens sowohl gegenüber Europa als auch gegenüber der Politik im Allgemeinen eingestellt hat. Die Europäer lassen sich nämlich nicht über die Diskrepanz hinwegtäuschen, die zwischen den in Aussicht gestellten Zielsetzungen (Freizügigkeit, ökonomischer und sozialer Fortschritt, Vormachtstellung Europas …) und der tatsächlichen Ohnmacht der europäischen Staaten, die den Zwängen des weltweiten Wettbewerbs ja in besonderem Masse ausgesetzt sind, nach wie vor besteht.

In dem Bemühen, die Globalisierung zu steuern, wurden sowohl der zwingend notwendige Umformungsprozess der Europäischen Union, als auch das Inkrafttreten einer europäischen Demokratie so weit hinausgezögert, dass das Projekt Europa durch den herrschenden Traditionalismus der Europa tragenden Parteien seiner wesentlichen Substanz beraubt wurde. Deren Nachsichtigkeit gegenüber Unrecht innerhalb und mehr noch außerhalb der Grenzen der Europäischen Union hat schließlich erhebliche Zweifel an den ihr eigenen Grundwerten aufkommen lassen. Die Europäische Union wird zunehmend als ein Ort der Desillusionierung und des demokratischen Unvermögens erlebt – dies betrifft die institutionelle Ebene, vor allem aber das alltägliche Leben der Bürger selbst: Zu viele unüberwindbare Hindernisse stehen symbolhaft für den Beginn der Krise, die unseren Kontinent vergiftet.

Emma Bonino ist eine der wenigen Persönlichkeiten, die die demokratischen Prinzipien und Werte, die dem politischen Projekt der Europäischen Union zugrunde liegen, ernst genommen haben.

Auch als der Ruf nach Souveränität die Debatte über die Grenzen der Europäischen Union zu dominieren begann, stand Emma Bonino treu zur *Deklaration von Laeken*, die besagt: „Die einzige Grenze, die die Europäische Union durchzieht, ist die der Demokratie und der Menschenrechte." Als sich die Gemüter über die europäische Identität erregten mit dem Ziel, die landeseigene Kultur oder Religion als identitätsstiftende Barriere zu errichten, erinnerte Emma Bonino mit Nachdruck an die Gründungsverträge. Wenn eine europäische Identität einen Sinn haben soll, dann liegt dieser in ihrer unbestreitbaren demokratischen Natur. Mit anderen Worten bedeutet dies, dass die Identität Europas nur als eine Identität wahrgenommen werden kann, die sich im fortlaufenden Stadium der Entwicklung befindet. Ihre strukturelle Beschaffenheit orientiert sich unmittelbar an den Kriterien der Europäischen Union. Diese Kriterien unterscheiden sich in ihrer Substanz jedoch grundsätzlich von denen, die bei der Bildung nationaler Identitäten Anwendung gefunden haben. Die demokratischen Kriterien der EU sind von daher nicht dazu geeignet, die Identität Europas immer weiter zu partikularisieren und so dem „nationalistischen Schema" zu folgen, sondern dazu, ihre universale Dimension herauszubilden.

Da das politische Projekt einer Europäischen Gemeinschaft – oder vielmehr gerade weil sie Projektcharakter besitzt – die Möglichkeit vieler unterschiedlicher Erscheinungsformen in sich trägt, muss verhindert werden, dass uns von einigen Wenigen eine einseitige Sichtweise aufgezwungen wird. Dies gilt umso mehr, als die gegenwärtige Morphologie der Europäischen Gemeinschaft weit davon entfernt ist, den mit dem Projekt Europa verknüpften demokratischen Ambitionen zu entsprechen, und deren Wortführer zudem ohnehin nicht in der Lage sind, Antworten auf die Probleme, die die Welt beschäftigen, zu geben.

Da die Mehrheitsparteien sich pro-europäisch ausrichten, wird Europa zunehmend als reiner „Vernunft-Staat" vorgeführt. Dieses Projekt, das ich als „euro-nationalistisch" einstufen würde, bleibt grundsätzlich den demokratischen Vorstellungen nationalstaatlicher Prägung verhaftet.

Die traditionellen Parteien, die sich angesichts offenkundig reaktionärer Rhetorik allzu häufig als äußerst nachsichtig erweisen – sofern sie diese nicht sogar ebenso offenkundig in ihre eigene Rhetorik übernehmen – scheinen sich gegenwärtig mit der naiven Entgegensetzung von „Euro-Nationalisten" einerseits und „Anti-Europäern" andererseits zufrieden zu geben. So entwickelt sich auf europäischer Ebene eine schleichende, aber ungeheuer kraftvolle Komplementarität zwischen einem akzeptablen, konformistischen Konservatismus und einem widerwärtigen, extremistischen Konservatismus, der unseren demokratischen Horizont zunehmend mehr verengt.

Emma Bonino folgend können wir darum sagen, dass das Potential des politischen Projekts, nämlich die Entwicklung einer europäischen, post-nationalen Demokratie, noch weit von ihrer Verwirklichung entfernt ist. Auch besteht kein Zweifel daran, dass mit ihrer Verwirklichung zugleich ein wahrhaft zivilisatorischer Fortschritt einhergehen müsste. Die Valorisierung unseres demokratischen Erbes können wir nur erreichen, wenn wir bereit sind, eine Vielzahl inzwischen anachronistisch anmutender, gemeinsamer Erfahrungen aufzugeben und uns auf das noch ungeschriebene Projekt einer politischen Neuordnung zuzubewegen. Mit anderen Worten würde dies bedeuten, dass wir bereit sein müssen, neue konzeptionelle Überlegungen zuzulassen, um unsere demokratischen Vorstellungen über den Nationalstaat hinaus weiterzuentwickeln.

Vor einer solchen Vorgehensweise hat Emma Bonino, der die Übernahme der neuen Präsidentschaft der europäischen Kommission zu wünschen wäre, niemals zurückgeschreckt.

Daniel Cohn-Bendit, im Juni 2014

Aus dem Französischen von Christiane Rudolph

Ausgewählte Neuerscheinungen in der Europäischen Verlagsanstalt

Radosław Sikorski
Das polnische Haus
Die Geschichte meines Landes

392 Seiten, gebunden
ISBN 978-3-86393-053-0

Im englischen Exil wird für Radosław Sikorski, den ehemaligen polnischen Außenminister, der „dwór", das traditionelle Gutshaus des polnischen Landadels, zum Inbegriff von Geborgenheit, von Zugehörigkeit und kultureller Identität. 1989, nach dem Sieg der Solidarność zurück in Polen, findet Sikorski tatsächlich ein solches Landhaus. Während der Restaurierung offenbart sich ihm Schicht für Schicht mit der Geschichte des Hauses die des eigenen Landes und zugleich die eigene Familiengeschichte: Ein Wegweiser durch die wechselvollen, heroischen und tragischen Kapitel einer Geschichte, die eng mit der deutschen verbunden ist.

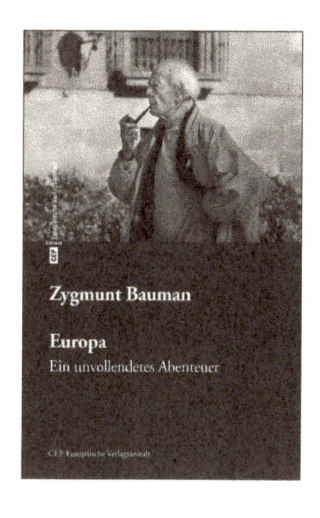

Zygmunt Bauman
Europa
Ein unvollendetes Abenteuer

Als Nachwort eine Laudatio von
Ulrich Beck

216 Seiten, Klappenbroschur
ISBN 978-3-86393-059-2

Zygmunt Bauman plädiert in seinen tief in der europäischen Geistesgeschichte verwurzelten Essays für ein Festhalten am Projekt Europa.

„Sinn und Wahnsinn der Moderne" – eine Laudatio von Ulrich Beck auf den großen Soziologen und Philosophen beschließt den Band.

Thomas Gnielka
Als Kindersoldat in Auschwitz
Die Geschichte einer Klasse

Romanfragment und
Dokumentation
Mit einem Nachwort von
Norbert Frei

184 Seiten, Klappenbroschur
ISBN 978-3-86393-058-5

Thomas Gnielka ist 15 Jahre alt, als er 1944 zusammen mit seiner übrigen Klasse zum Kriegsdienst eingezogen wird. In Auschwitz-Birkenau, wo sie zur Bewachung von Häftlingen eingesetzt werden, erleben diese Kindersoldaten das Kriegsende.

In »Die Geschichte einer Klasse« hat Thomas Gnielka die letzten Kriegsmonate in einem bestürzend authentischen Bericht literarisch verarbeitet.

Das ganze Verlagsprogramm finden Sie im Internet unter
www.europaeische-verlagsanstalt.de